増補新版

村落伝承論

『遠野物語』から

三浦佑之

青土社

まえがき

大学に入学して最初に受けた専門の授業で『古事記』に出あう。この列島で時間を溯ったところに遺された物語（神話）の、そのはじまりに引きこまれた。そこでは、西郷信綱『古事記の世界』（一九六七年）に、神話の読み方を教えられた。そして、喧騒のなかで吉本隆明『共同幻想論』（一九六八年）を読み、『古事記』に並べられたかたちで『遠野物語』を知る。国家の対極に位置する村落に伝えられた伝承を、研究の対象として意識した最初だった。

いま思うと、ずいぶん単純でベタな出あいである。しかも、あの時代に『古事記』とはなんと時代錯誤な、と思わないわけでもない。ただ、あの時代にふれたお蔭で、『古事記』を正攻法で読まないという方法を身につけることができた（何が正攻法かは別にして）。その後、『古事記』と『遠野物語』とを並べながら、神話や伝承はどのように語られるのかということを考え続けてきた。そして、最初にまとまった成果が、『村落伝承論――『遠野物語』から』（一九八七年）であった。

その、私にとってもっとも愛着のある最初に出した本が、二十七年の歳月を経て、装いをあらたに世に出ることになった。新しい読者との出あいを求めて。

自分にとって愛着はあるが、古びてしまったのではないかと虞れていた。読み返してみると、たしかに、今はすっかり忘れられた三十年も前の出来ごとを比喩に使っていたり、こなれない言い廻しがあったりはするが、言いたいことは今もわかるし、今だからこそ出あえる読者もいるのではないかと思った。それで増補新版を出す決意をしたのだが、そもそも「村落伝承」というタイトルをもった書物は、あとにも先にも本書しかなく（国会図書館蔵書検索による）、ユニークさもあるのではないか。

　今回、序章と二部に仕立てた九つの章からなる旧版は、引用資料はそのままに（自分でも詳細を忘れた写真週刊誌のゴシップ記事だけは削除）、文章に手を加えた。ただしそれも、こなれない言い廻しや堅苦しい表現は避けて読みやすくしただけで、内容にかかわる手入れはしていない。

　旧版は、思っていた以上に伝承の表現と語り方にこだわっている。どのように語れば、出来ごとは話になるかということに対する徹底的なこだわりは、今の私にも新鮮だった。今書くとしたら、おそらくこうはならなかっただろう。

　手入れをした旧版に、新たに第III部を加えた。「村落伝承」という範疇からはみ出して、『遠野物語』の周辺を徘徊している文章が多いかもしれない。それは、旧版のあとに私が歩んだ研究の方向とみあっているのだが、「村落伝承」論としては旧版が、私のなかでは一つの完結した形としてあるからだとも言える。

　なお、本書を読み進めていただく時、序章から第九章に現れる「今」は、三十年ほど前の今であり、その時代に私が感じ考えていたことだというふうに、少しだけ時間をずらしていただきたい。そして、そこにある「今」が、二十一世紀に十数年食い込んだ、ただいま現在の「今」と違うのか同じなのか、もし一瞬でもそのような思いが脳裏をよぎったなら、今、村落とはなにかを考えるきっかけになるかもしれない。

　そのような期待をいだいて、本書は編みなおされた。

増補新版　村落伝承論　『遠野物語』から　目次

増補新版　村落伝承論　『遠野物語』から

序章　伝承としての村落

村は今、どのようにして〈村〉でありうるか。ある年の冬、豪雪地帯として名高い新潟の山村への〝雪下ろしツアー〟が企画され、予想をはるかに上回る応募があって大盛況だったというニュースに接して驚いた。しかも、その企画は、過疎に悩む村当局の、苦肉の策であったという。村が、そのように考えたというのは、ある意味でよくわかる。それによって、過疎で沈滞した村を活性化させようとするのは、藁にもすがる思いであったに違いない。そして、ひとまず、その目論見は成功したといえるだろう。日本海側の人々にとって、雪がいかなるものであるかということが、ツアーに参加した人たちに、ほんの少しだけでも体験してもらうことができたのだから。私が気になったことは、そのツアーに応募した人々のことである。彼らは、どんな思いでツアーに応募し、どのような気持ちで電車に乗り、現地で雪を下ろしながら何を考えていたのだろうか。

彼らは、自分を都会の人間だと意識していたのだろうか。あるいは、雪がめずらしい南の地方から東京に住み着いた人たちだったのであろうか。一泊か二泊の旅が、彼らの多くの心の奥に眠っているに違いない、原郷としての村落への思いを、目覚めさせることがあったであろうか。

あまりにも傲慢なと思える、都市に住む人々のレジャーとしての雪下ろしのニュースにあきれ果てるとともに、それを企画したのが豪雪の村の村人であるという点で、村落のしたたかさも同時に感じ取ることができた。たぶん、そのしたたかさがあるかぎり、その村が滅び去ってしまうことはないだろう。しかし、それによって村落が発展してゆくということは決して起こりそうもない。そんな一時的な企画で村が活性化するなんてとても考えられないということは、だれでもわかっていることなのだから。

夏、離村して朽ち果てそうな空き家が別荘がわりに利用され、こちらも、都会の中流たちに喜ばれているとも聞く。そんな家で夏を過ごしていて、恐ろしいことが起きないのだろうか。人が住まなくなって荒れ果てた家の、煤にまみれた屋根裏や奥まった部屋から、もろもろのモノたちが夜中になると蠢き出してくるという心配はないのだろうか。プレハブやモルタルの箱の、消費物としての家に住んで、化学合成された香水を振りまきながら、家の歴史やその家毎の匂いを消すことだけに精をだす人たちにとって、家の歴史を刻んでいたはずの空き家は単なる箱にしか過ぎなくて、家の神や、屋敷神や、座敷童子や、その家で死んでいった先祖たちの魂など、もはや昔話の世界でしかないのだろう。もちろん、私にとっても、それらはほとんど観念の世界のものでしかない。でありながら、私は空き家になった古い家で、夜は過ごせない。

村が、都市に住む者たちにとって「美しき里」になり、心の故郷になったとき、雪下ろしや空き家がレジャーの対象になってゆくのに違いない。間違いなく、そうした意識が生じてくるのは、村落が壊滅の危機に瀕した現代の現象だといってよいだろう。というより、今、村落は崩壊したといってもよい。いや、村はいつの時代にも、不安定で危機に瀕して存在したのだ。そしてそのとき、村を棄てて都市に流れてゆく者たちにとって、村は決して〈美しき故郷〉などではありえない。懐かしさと憎しみが渾然とした原郷でしかないだろう。だから、都市はいつも、恐れと憧れの目で村を見ていたのだし、村落も、都市を恐れと憧れの異郷として対峙し、その往復運動によって都市も村落も活性化され続けていた。

ところが、近代が進むにつれて、両者の関係は不均衡に、いびつになっていく。そして、いつのまにやら近代の村落は、都市に支えられてしか存在しえない共同体に成り果てたのである。

その近代における、都市と村とを結ぶ象徴的な存在が、くまなく張り廻らされた鉄路だった。上り列車に乗って都市に出てきた人たちによって、都市は繁栄した。そうであることによって逆に、都市は、村落にとっての異郷となり、憧れの世界になってゆく。人々を迎え入れ、金や物を還流させる経済力をもった都市によって、村落は活性化され、人々は都市への憧れと恐れをいよいよ増幅させていったのである。しかし、その異郷は、村落を活性化させるための外部として、共同体そのものが生み出した前近代の異郷とは違い、強引に収奪しつづける外部であった。

都市とは、あくまでも近代国家の側のものであり、村落はそこに引きずり込まれてしか存在しえない、受動的な立場に追いこまれていった。それが近代という国家だということである。だから、村落は都市に限りなく吸い取られ、都市に包みこまれてしか存在しえないものへと、変貌を余儀なくさせられた。

近代とは、村落の崩壊を代償として肥大化した都市だけが人間の社会であるかのような時代だといってよい。鉄道は、村落から都市へと人びとを運ぶ人買い列車という役割を担っていた。

今、ローカル赤字線の鉄路が剥ぎとられている。それは、近代のひとつの終焉を意味しているだろう。都市にとって（あるいは国家にとって）、村落はもう収奪の対象としての価値をなくしてしまったのだ。だから、運賃収入だけを前面に押し立てた経済効率論が幅をきかすことができるのである。

かろうじて残る村落は鉄道の廃止でどうなるか。その結果は目に見えている。過疎化に拍車をかけて、完全に村落の息の根をとめてしまうだろう。〝雪下ろしツアー〟を企画する村落のしたたかさをもってしても、村をもちこたえさせることはできなくなるかもしれない。近代の、都市に吸引されてしか存立しえない村作りに加担した鉄道は、近代の村落の側に立っていえば、希望の星でもあったのだ。内部維持装置としての異郷の代替物となった都市は、村落にとって恐ろしき世界であるとともに、村落に富をもたらしてくれる豊饒の地として憧れの世界でもあったからである。その異郷と村とを直接繋いでいるのが鉄道だった。だから、鉄路の先に異郷があるという幻想が、近代の村落に生きることの根拠にもなったのである。それを剥ぎとってしまうという行為は、村落を潰してしまうこと以外にはほとんど何の意味も持たない。

いくらアスファルトで固めてみても、道路は、村落と異郷を繋ぐものにはならない。村と隣の村、そこと隣町とを繋ぐのが道路で、それは、どこまで辿っていっても異郷に行きつくものではない。高速道路も鉄道の代わりをすることはできない。それは新幹線と同じで、東京と地方の都市とを繋ぐだけで、小さな町や村は、はじめから無視されてしまっている。

もう、ほとんど収奪するもののなくなってしまった村落は、今、完全に切って捨てられる。都市は、村落を相手どることをとうの昔にやめてしまい、内部の弱き者に目を向けはじめ、そこに彼らの活性源を求めている。あるいは、地方の時代と称して、大都市は周辺や地方の小都市を相手にしてゆく。だから、無視された村落は、雪下ろしツアーや空き家別荘など、都市に住む人たちのストレスをほんの一瞬だけでも忘れさせてくれるレジャー・ランドでありさえすればよいのである。そこは、積み重ねられた歴史も恐ろしきものも人々の生活する匂いも感じる必要のないところだ。

もういちど問おう。村落を「美しきもの」にしたのは、だれだったのだ、と。

大正十一年（一九二二）、十九歳で夭逝したアイヌの少女が、十八歳のときに遺した次のような文章を思い出す。

其の昔此の広い北海道は、私たちの先祖の自由の天地でありました。天真爛漫な稚児の様に、美しい大自然に抱擁されてのんびりと楽しく生活してゐた彼等は、真に自然の寵児、何と云ふ幸福な人たちであつたでせう。

冬の陸には林野をおほふ深雪を蹴つて、天地を凍らす寒気を物ともせず山又山をふみ越えて熊を狩り、夏の海には涼風泳ぐみどりの波、白い鴎の歌を友に木の葉の様な小舟を浮べてひねもす魚を漁り、花咲く春は軟かな陽の光を浴びて、永久に囀づる小鳥と共に歌ひ暮して蕗とり蓬摘み、紅葉の秋は野分に穂揃ふすすきをわけて、宵まで鮭とる篝も消え、谷間に友呼ぶ鹿の音を外に、円かな月に夢を結ぶ。嗚呼何といふ楽しい生活でせう。平和の境、それも今は昔、夢は破れて幾十年、此の地は急速な変転をなし、山野は村に、村は町にと次第々々に開けてゆく。

太古ながらの自然の姿も何時の間にか影薄れて野辺に山辺に嬉々として暮してゐた多くの民の行方も又何処。僅かに残る私たち同族は、進みゆく世のさまにただ驚きの眼をみはるばかり。而も其の眼からは一挙一動宗教的観念に支配されてゐた昔の人の美しい魂の輝きは失はれて、不安に充ち不平に燃え、鈍りくらんで行手も見わかず、よその御慈悲にすがらねばならぬ、あさましい姿、おお亡びゆくもの……それは今の私たちの名、何といふ悲しい名前を私たちは持つてゐるのでせう。

(以下、省略)

(知里幸恵『アイヌ神謡集』序[*1])

*1 知里幸恵『アイヌ神謡集』(郷土研究社、一九二三年。使用テキストは岩波文庫、一九七八年)。

近代国家に凌辱された民にとって、楽しく美しきコタン（村）は〈昔〉にしか存在しない。そして、その〈昔〉は、〈今〉の生活の根拠としての神話的な〈昔〉ではない。

神話的にいえば、〈昔〉のある出来ごとによって、渾沌の大地は、秩序ある世界に変貌する。そのとき、村落にとっての〈昔〉の出来ごとは、始源から続く〈今〉を保証するものとなるのである。神話的に〈昔〉に生じた始源の出来ごとによって獲得された楽しき村は、本来的にいえば、村落の〈今〉と〈未来〉の豊かさを保証するものであることにおいて、村落の起源としての〈昔〉となる。その神話に守られて人々の生活は安定したものとして持続する。外からみてその生活が貧しくとも苦しくとも、それが始源の出来ごとに保証されてある限り、村落にとっては、豊かで楽しいものとして今も未来も続くのである。

知里幸恵が思い描いた〈昔〉は、決してそうした昔ではない。それとは逆の昔だ。きわめて感情を抑制したもの言いのなかで彼女が見つめている〈今〉は、恐ろしき外部に踏みにじられた大地と、そこに住み続けている同胞たちとであった。「亡びゆくもの」である幸恵自身も含めたそれらと、病に犯されて死に向かう個体としての自分の運命とが、そこでは重ねられていたに違いない。だから、彼女が見つめた〈昔〉は、あまりに惨めな〈今〉の向こう側に、願望として想い描かれた〈昔〉なのであり、〈今〉とは全く無縁な〈昔〉である。そのように、〈今〉に繋がることのない絶望的な〈昔〉しか持てないというところに、彼女とそのウタリ（同朋）とが置かれた〈今〉の現実があったということである。

和人（シャモ）の侵略が本格化する以前、北海道（これは近代国家の側から名付けられた呼び名でしかないのだが）の大地に住むアイヌの飽和人口は、二万八千から三万二千人程度で、その数は江戸時代を通してあまり変わることがなかったという。[*2] つまり、あの広さを持ちながら、狩猟採集民であるアイヌがぎりぎりの生活を保つことのできる人口がその程度だったということをみても、我々の側からいえば、きわめて貧しい生活であっただろうということは、容易に想像することができる。でありながら、おそらくその生活を、かれらは、貧しく苦しいと感じていたわけではないはずだ。

もちろん、厳しく辛いものであるというのは当然だったとしても、その生活が、始源の時から与えられ〈今〉に続くものである限り、豊かに保証された生活でもあり続けたはずだからである。熊を狩り、鮭を取り、ウバユリを採集する日常は、それらが、彼らに与えられることになった始源としての〈昔〉の出来ごとともに、彼らの今と未来から離れてゆくことはない。不安定でありながら、安定した生活は、そのようにして、彼らのものであり続けるし、そうあり続けなくてはならないものであった。

そして、アイヌだけがそのようにあったのではない。前近代の村落は、どこでも、いつの時代にもそのようにしてあった。そのようにしてしか村落はありえなかったのだと言ったほうがよいかもしれない。村落の昔が、楽しく豊かであったなどと考えないほうがよいし、そこに住む人たちが心優しい善人ばかりだったなどと、けっして考えるべきではない。同様に、村はいつも飢饉に襲われ続け、人の心は余裕もなく荒れすさんでいたというふうにも考えるべきではない。豊かな時も飢饉の時もあって、優しい人も意地悪な人もいて、それが村落であった。ただ、村落が真に村落であったとき、その生活は、いつも、始源の〈昔〉に根拠づけられてあったということが大事なのである。

この書物で私が考えてゆこうとすることは、そうしたことどもである。〈村は、どのようにして村と

*2 大井晴男編『シンポジウム・オホーツク文化の諸問題』(学生社、一九八二年)における大塚和義の発言。

してあったのか、人は、どのような存在として村落に生きていたのか〉

なぜそのようなことを問うてみるのだと聞かれれば、村を棄てた者として、今、東京という大都市の只中に暮らしているということに対する、普段はほとんど意識のうちに上ってくることのない、私という存在の確認作業なのかもしれない、と答えるだろう。

*

村落とそこに住む人々を考えようとするこの書物の柱に、『遠野物語』を据える。いうまでもなく、『遠野物語』は遠野の人・佐々木喜善の語った遠野とその周辺の山村に語り継がれていた伝承をもとに、柳田国男の筆録によって成った作品である。「物語」という題名が象徴しているように、この作品は、分類すれば、文学作品というべきものである。民俗学の記念碑的な作品として評価されるけれども、どこまで忠実な村落伝承の記録であるのかという点にこだわれば、そこには大きな疑問があり、たとえば、岩本由輝が、佐々木喜善の友人である小説家・水野葉舟の書き残した作品などとの比較によって、具体的な検証作業を行っており[*3]、それを見ても、『遠野物語』を単に、忠実な村の伝承とは見られないということはよくわかる。

私がここで考えようとしていることは、民俗学的な村落論ではないし、社会学としての村人論でもない。説話学（こういう学問ジャンルが確立しているかどうかはひとまず措いて）からの村落論・村人論を、ここでは目指しているのである。そのとき、柳田国男の筆録の問題も含めて、『遠野物語』は魅力的な素材である。

この書物は、明治四十三年（一九一〇）に柳田国男によって出版された。出版社を介してはいるが、たった三五〇部だけの、自費出版といっていいような書物だった。そこには、岩手県上閉伊郡土淵村（現在の岩手県遠野市土淵町）出身の文学青年、佐々木喜善（筆名、佐々木鏡石）の語った百話あまりの土地の伝承がまとめられていたのだが、その後、喜善が新たに収集した二九九話を「遠野物語拾遺」として加えて、昭和十年（一九三五）に『遠野物語　増補版』（郷土研究社）が刊行され、ようやくひろく人々に知られるようになった。

その『遠野物語』が興味深いのは、昔話とか伝説とか神話だとかの、口承文芸研究の基礎ともなるジャンル分類さえなされていない、混沌とした時代に生きた村落の伝承群が一冊の書物にまとまっているところにある。それゆえに、ここには、近代と前近代との狭間に置かれた村落の伝承がいかなるものであったのか、ということを窺い知ることのできる説話に充ち溢れているようにみえるのである。ある場合には、そこに村落の起源にかかわる神話が読めるし、ある伝承は、村落に生きる人々の醜さや脅えを充分に読みとらせてくれる。それが、どのような筆録の過程を経ていたとしても、『遠野物語』の根底には、村落があると見ることができるし、近代が影を落としながら、前近代の村落の語りを垣間見させてもくれるのである。

柳田国男の提唱した日本民俗学という学問が確立した以後に、村落の伝承を採集した資料集は多く出版されており、学問的にいえば『遠野物語』よりも厳密な仕事は多い。しかし、柳田自身の昔話と伝説

*3 岩本由輝『もう一つの遠野物語』（刀水書房、一九八三年）に収められた諸論考、および、同「柳田国男の紀行文芸をめぐって——『グリム昔話』における書き替えの問題を含めて」（『東北生活文化論集』第四集、一九八五年三月）など。

との厳重なジャンル論の影響などを受けた研究者が、採録の段階で取捨選択した書物がほとんどという状況を生んでいった。とくに、言語表現の面では昔話を重く見る傾向が強いため、いわゆる伝説がまとめられ、言語表現の問題として扱われるということが少ないし、資料集などもあまり見られない。そうした現状において、伝承に対する民俗学的な区分をそれほど明確にもたない時代の、ある一地域の伝承群を集めた『遠野物語』という作品は、村落において言語伝承がどのようにあったかということを考えてゆく際には、重要な意味をもつ。神話も伝説も昔話も混在して、この作品はある。インフォーマントである佐々木喜善によって取捨されているであろうし、筆録者である柳田国男によって村落のとは別の言語秩序が与えられているであろうが、それでも、『遠野物語』には、前近代と近代との狭間に置かれた山深い村落の伝承の一つの〈総体〉が見えているはずなのである。

こうした理由によって、私は本書を『遠野物語』を中心に据えて論じてゆくのだが、しかし、それは『遠野物語』論を展開してゆくということではない。私は本書を通じて『遠野物語』のなかの一つ一つの伝承を通して浮かびあがってくる普遍的な村落の伝承のありようを考えてゆきたいのである。伝承のなかの村落はどのようにあり、人はどのように伝承の村人となってゆくのか、ということである。

お話（伝承）は、あくまでも言語表現として存在するし、それ以外では決してありえない。そこから村落や村人を読み取ることはできるけれども、そこに抽出された村や人は、どこまでいっても、表現としての村落であり、表現としての村人でしかない。このことは、じゅうぶん注意しておいたほうがよい。言葉によって語られた村落は、表現の論理のなかに存在する村落でしかなくて、現実の村落がそこにありのままに見えるというのではない。そのことをもっと追い詰めて言えば、現実なんてじつはどこにもありはしないのだ、ということもできるかもしれない。私たちが現実であるかのように読み取っている村落や人々のあいだで生じた出来ごとが言語表現を介して与えられたものである限り、それは「言語世界の現実」以外の何物でもないからである。

しかし、その言語世界の現実が村落の幻想の言語化であるということにおいて、お話に描かれたそれぞれの出来ごとは、現実以上に村落とそこに住む人々を浮かび上がらせているかもしれない。残された作品としての『遠野物語』のそれぞれの伝承をどのように解読することによって、どのような言語世界の現実としての村落と村人を抽出できるか、それが本書のテーマである。

だから、この書物は〈村落伝承論〉であって、それ以外の何物でもないのだということを、はじめに断っておく。人類学や民俗学からの村落論が盛んに試みられている現在、文学研究の側から村落とその伝承への斬り結びを試みる書物が一冊ぐらいあってもよいのではないか、という思いからこの書物は出発している。村が徹底的に痛めつけられている今、よけいにそのように考えるのである。

第Ⅰ部　村落共同体の伝承

村落が村として生きてあったとき、その伝承はどのようにあったのだろうか。ここでは、『遠野物語』に描かれている説話をとりあげながら、村落伝承を考えてゆく。

村の始まりが語られることによって、村は存在することの秩序をもつに違いないし、神と人との関係性が語られることで、人々はその土地での生活を保証されていたにちがいない。なぜ、ここに人は住み、なぜ、神はそこにいますのかということが、村落が村落であることの証しとして語られてゆく。それは、村とそこに住む人と神（自然）とが始まりをもつことであり、始源をもつことこそが、村落の〈今〉を可能にしているからである。〈始源〉としての始まりの出来ごとが〈今〉を保証し、〈今〉は、それが始源から続くものである限り〈未来〉を包括するものとしてあるから、〈今〉は〈未来〉そのものとしてもあるわけである。したがって、村落の始源にかかわる伝承からは、村落が村落としてあり続ける根拠が見えてくるはずである。

以下の論述に際しては、『遠野物語』とその周辺に語られている伝承を主な資料として扱ってゆくが、『風土記』など古代の説話も、同じレヴェルに置きながら考えてみたい。

第一章　村建て神話――始まりはどう語られるか

今、海鼠《なまこ》には口があり、猿の尾は短かく、海水は塩辛い。当り前のことだ。しかし、いつも今の状態が当り前だったのではない。その昔、海鼠に口はなく、猿は尻尾を長々と垂らし、海は真水であった。はじめに今とは違う状態があり、ある出来ごとが〈今〉を当り前にしたのだ――起源譚や由来譚はこのように語られる。そう語られることで、〈今〉は秩序ある状態として保証されてゆくのである。

神の問いに答えなかった海鼠は、小刀で口を析かれたから今の姿になったのだし、氷の穴に長い尾を垂らして釣をしていた猿は、夜が明けて氷漬けになった尾を引抜こうとして切れてしまったのだし、善良な弟が入手した龍宮の石臼を盗み出した欲張りな兄が塩を吹き出したまま回り続ける石臼を海に落したから海の底では今も塩吹臼が回り続けているのだ、というふうに始まりの時が語られることで〈今〉は始源を獲得する。いうまでもなく、〈今〉は〈未来〉を包括している。ことに、始源から続く〈今〉は〈未来〉そのものだ。そこには、変わることなく流れ続ける時間がある。口を析かれた始源の時があるからこそ、海鼠は今も未来も、その存在を保証されることになったのである。あるがままの存在（渾沌）から意味づけられた存在（秩序）になったときに、海鼠は真に海鼠として存在することになった。

渾沌と秩序を、単に二元論的にとらえるのではなく、王権の神話における渾沌は秩序の側（「古代王権の制度的確立という『終り』（結果）」）から引き出されてきた論理だ、と述べたのは呉哲男である。[*1]それを受けて、私も次のように述べたことがある。

王権にとって、あるいは代々の王にとって、必要なことは秩序を保証する力である。そして、今の王（王権）が保証している秩序のいわれこそ、王の力として語られねばならない。言うまでもなく、秩序はその反対側に混沌を意識することで、はじめて存在する。逆のいい方をすれば、秩序を語るために混沌が引き出されてくるのだということである。[*2]

一　村落の起源と始祖

『遠野物語』の冒頭に置かれた記事は、遠野の地勢紹介といった内容が中心だが、そのなかに、次の一文が挿まれている。

……。伝へ言ふ、遠野郷の地大昔はすべて一円の湖水なりしに、其水猿ケ石川と為りて人界に流れ出でしより、自然に此の如き邑落をなせしなりと。されば谷川のこの猿ケ石に落合ふもの甚だ多く、俗に七内八崎《ナナナイヤサキ》ありと称す。……

（『遠野物語』一話・部分）

柳田国男は、『遠野物語』出版（明治四十三年六月）の前年、明治四十二年八月に東北旅行をし遠野に入っている。その前年の終わり頃から遠野の人、佐々木喜善に多くの伝承を聞き、それらは「平地人を戦慄せしめ」（初版序文）る力をもつものだと言うほどに山村の伝説に興味を示した柳田は、すでにこの旅の折には、『遠野物語』の出版を考えていた。第一話の地勢紹介記事はその旅の体験や知識によるものに違いないが、引用した部分は、それらとは異質の、遠野に伝承されてきた起源神話の断片のように見える。それが佐々木喜善から聞いていたものか、旅行中に他の誰かに聞いたものかはわからない。[*3]

「一円の湖水」を幻想することによって、世界＝遠野は〈始源〉をかくとくする。大昔の、水が流出した時から今へ、そして未来へと変わることなくあり続ける大地が、人々を育くむ豊饒な土地であることの根拠が、渾沌のときの映像化としての湖水と、その水の流出という始源の出来ごとによって語られているのである。不毛の湖水が豊かな大地へと一瞬のうちに逆転する。別のいい方をすれば、あるがままの自然が始源の出来ごとによって人間の土地になったということである。それが起源神話なのだ、といってよい。もちろん、渾沌としての湖水や始源の出来ごととしての流出は、豊かなる大地の側から幻想され、神話化された。

それにしても、第一話の伝承は、起源神話としては余りにも断片的すぎる。湖水の流出は誰によってもたらされたのか、神か人か天変地異か。もちろん、神話的にいえば、それがどのような力であったにしろすべて神に違いないのだが、では、いかなる神の、どのような行為によるものなのか。あるいは、

*1 古代文学会八一年度夏期セミナーにおける呉哲男の報告。その要旨は、「『神統譜から国生み神話』を通して・制度論から」と題して、『古代文学』21号（一九八二年三月）に掲載されている。
*2 三浦佑之「(古事記) 中巻の技法」（『解釈と鑑賞』一九八二年一月号。のち、「中巻の技法——系譜と累積」と改題して、『神話の歴史叙述』〈若草書房、一九九八年〉に収めた）。
*3 佐々木喜善がこの話を知っていたということは、『聴耳草紙』（昭和六年刊）の「鮭魚のとおてむ」と題した話の冒頭に、「昔、遠野郷がまだ大きな湖水であった頃に、同町宮家の先祖が、気仙口から鮭に乗って、この郷へ入って来たのが、この郷での人間住居の創始であるというように語られている」とあることからも窺えよう。

流出ののちの大地に、人はどこからやって来たのか。少なくとも、この断片的な起源神話の周囲には、そうした伝承がさまざまに語られていたはずである。そして、そのいくつかを窺い知る資料が、佐々木喜善の収集した『遠野物語拾遺』（昭和十年刊の『遠野物語増補版』所収）に載せられている。

A　遠野の町に宮といふ家がある。土地で最も古い家だと伝へられて居る。此家の元祖は今の気仙口を越えて、鮭に乗つて入つて来たさうだが、その当時はまだ遠野郷は一円に広い湖水であつたといふ。その鮭に乗つて来た人は、今の物見山の岡続き、鶯崎といふ山端《やまばた》に住んで居たと聴いて居る。其の頃はこの鶯崎に二戸愛宕山に一戸、其他若干の穴居の人が居たばかりであつたとも謂つて居る。

（『遠野物語拾遺』一三八話前半）

「土地で最も古い家」と伝える宮家の遠野入りを語るこの伝承は、村建て神話の形態をとっている。もちろん、この伝承がどれ程古くから伝えられていたものかは疑問であるが、[*4] 村落の起源がどのように語られうるかということを論理として想定してみようとする本章では、いつから語られていたかという実態的な時間はそれほど大きな問題ではない。

鮭に乗って川を溯ってきた始祖（この点については後述）が辿り着いた土地は「一円に広い湖水」で、それは、流出という始源のときに先立つ遙かな昔のことだったという。すでに山添いの高地に何戸かの先住者がいたと語られているから、この神話が遠野郷の起源を語る唯一のものではなかったということはわかる。これは、宮という一族の始祖神話、あるいは宮という家を中心とした一つの集落の村建て神話であり、その他にも、同様の、あるいはまったく別の神話がいくつも語られていたに違いない。たとえば、次に引くのは、これとは別のレヴェルの村建て神話である。

B　村々の旧家を大同と云ふは、大同元年に甲斐国より移り来たる家なればかく云ふとのことなり。大同は田村将軍征討の時代なり。甲斐は南部家の本国なり。二つの伝説を混じたるには非ざるか。

（『遠野物語』二四話）

B′　大同の祖先たちが始めて此地方に到著せしは、恰も歳の暮にて、春のいそぎの門松を、まだ片方《カタホウ》は え立てぬうちに早元日になりたればとて、今も此家々にては吉例として門松の片方を地に伏せたるままにて、標縄《シメナハ》を引き渡すとのことなり。

（『遠野物語』二五話）

歴史としての時間を超えたところにある湖水の流出という始源からみれば、量れるという意味で〈今〉に接した大同元年（八〇六年）の甲斐国からの移住もまた、一つの村建て神話であることに変わりはない。坂上田村麿の蝦夷征伐という中央（国家）の側の歴史に始源を求めることで、「大同」と呼ばれ

＊4　島亨はこの伝承について、「いわば遠野の始祖神話あるいは創世神話のごときものとして印象深いが、遠野郷が一円広い湖水であったとか、穴居であったとかいうのは、明治以降の知識が混入して、佐々木喜善の解釈がこめられてしまったのか、そうではなく全く古くより伝承されてきたものか判定に苦しむところがある」と述べている（大和書房版『遠野物語』〈一九七二年〉二八一頁、補注52）。これは、島が、アイヌ語による「遠野」という地名の解釈（トー・ヌップ＝沼の・丘原）や考古学的知識の介入を考えているから、「明治以降の知識」の混入といった言い方をするのだろうが、こうした語り方が、大地の始まりや一族の始祖を語るときの基本的なスタイルだという点が大事なことなのである。

る家の村建ての根拠を保証しようとしているのである（この大同元年の移住を事実と考える必要はない）。

Aのように〈始源の時〉以前の定住を語るのも、Bのように中央の歴史によりかかって創始を語るのも、ともに、他所からの移動によって〈今〉に繋がる秩序の始まりを語っているという点で、どちらも村建てを語る始祖神話だということができる。Bの伝承は、B´のような、他の、それ以前からの土着の家々とは別の習俗を語る伝承をもつことにおいて、「大同」と呼ばれる始祖の家々の、村落での優位性を保証しようとしている。同様に、Aの場合も、「穴居の人」を対置させることで自己の優越性を保証しようとするのである。しかし、「穴居の人」を語ることが、かえってAで語ろうとする初めての定住者という側面を危うくさせてしまうのだが、そこに、宮家の語る神話が村落のなかで絶対性を持ちえない段階のものだということを表わしてもいる。

自分たちに始まり、〈今〉に続く側、つまり村落の秩序の頂点に立つ者にとっては、いつも、それ以前は渾沌とした無秩序な世界として幻想される。始祖の定住以後とそれ以前という構造しかもたないという意味で、Aは、不確かさを内包してしまってはいるが単純で、大同元年という固有の時を始まりとしてもつことによって歴史性を内包したという意味で、Bは、歴史の彼方に幻想された別のいくつもの始源を許容しうる話となっている。

言葉を変えていえば、Aは村落内部で完結しうる構造をもつのに対して、Bは村落を包み込む外部＝国家をもつという意味で、始源の村落の幻想から引き剥がされている、というふうにその差異を識別することはできる。しかし、AもBも共同体のなかでの優位性を保証するものだという意味において、始祖を語る起源神話としては等価である（なお、B・B´の伝承については、別の視点から第四章で分析する）。

始祖としての鮭

宮家と鮭との結びつきを伝える話が、Aに引いた話と並べて『遠野物語拾遺』に記されている。

C　宮の家が鶯崎に住んで居た頃、愛宕山には今の倉堀家の先祖が住んで居た。或日倉堀の方の者が御器《ごき》洗場《あらひば》に出て居ると、鮭の皮が流れて来た。是は鶯崎に何か変事があるに相違ないと言つて、早速船を仕立てて出かけて其危難を救つた。そんな事からこの宮家では、後々永く鮭の魚は決して食はなかつた。

（『遠野物語拾遺』一三九話）

これも、Aと同じく遠野がいまだ湖水だった頃の話として伝えられているもので、Aで「愛宕山に一戸」と語っていた、宮家と並ぶ始まりの家が倉堀家なのであろう。鶯崎に宮家の元祖が住み着いた時すでに倉堀家は愛宕山に住んでいたというのだから、遠野では最古の由緒正しい家に違いないが、Cの話では、その二家の関係性がはっきりと示されている。宮家は倉堀にその危難を救われたわけで、そこに、共同体における倉堀家の優越性が確認されている。この伝承の背後には、宮家は、倉堀家を除いたあらゆる家々に対しては始まりの家としての優位性を保有しつつ、倉堀家を超えることはできない、という幻想があるはずである。そして、伝承と幻想との畳み重ねとしての〈始源の出来ごと〉が、村落における家々の関係性の秩序を保証するのである。

それにしても、「変事」とはどういうもので、「鮭の皮」が流れて来ることがその予知とどうかかわっているのかということは、この伝承だけではさっぱりわからない。上流から物が流れてくるというのは神話や説話に数多く語られるモチーフで、たとえば、高天の原から追放されて出雲の肥の河上に降りたスサノヲは、流れてきた箸によって上流に人あるを知り、八俣の遠呂智の生贄に捧げられそうになっていたクシナダヒメの危難を救い、結婚する(『古事記』上巻)。

Cの場合も、倉堀は湖の向かい側に鮭を食う者=人間がいることを知り、行って宮家を救ったというふうに語っているのならば(その危難が何かは別にしても)、話としてはよくわかる。しかし、Aの話と並べてみると、倉堀と宮とはすでにその存在を承知しているらしいから、スサノヲの遠呂智退治の神話と同じ展開だと考えることはできない。そこで、次のように読み解いてみる。

宮は「鮭」を食べない家だということが倉堀にはわかっており、だから「鮭の皮」(=身を食べたということ)が流れ着いた時、宮家の危難を察知したのだ、と。Cの末尾に、救われて以後「永く鮭の魚は決して食はなかつた」と語られているが、この禁忌がCの伝承と結ばれる以前から、宮家は鮭を食べることをタブーにしていたのではなかったか。そして、そのタブーが村落における他家との関係性を語る伝承のなかで、新たに位置づけ直されたのではないか。少なくとも、Cで鮭の皮と鮭を食べないという禁忌が結びつけられているということと、Aで宮家の元祖が鮭に乗って入って来たと語っているということとは無縁ではないはずである。

宮家にとって鮭の皮は流すべきものではなかったし、ある時から鮭は食うことを禁止された聖なる魚であったというのは確かなことである。なぜそうした禁忌が宮家に伝えられることになったのかといえば、鮭が始祖神だったからだと考える以外にはないと思われる。しかし、そのことを論証してゆくための一次的な資料はない。ただ、鮭を食べないという禁忌は宮家以外の伝承としても伝えられており、しかも、それらが神婚譚の形態をとって語られているという点で興味深いのが次の伝承である。

D　遠野の裏町に、こうあん様といふ医者があつて、美しい一人の娘を持つて居た。其娘は或日の夕方、家の軒に出て表通りを眺めて居たが、其まま神隠しになつて終に行方が知れなかつた。それから数年の後のことである。此家の勝手の流し前から一尾の鮭が跳ね込んだことがあつた。家では此魚を神隠しの娘の化身であらうといつて、其以来一切鮭は食はぬことにして居る。今から七十年ばかり前の出来事であつた。

（『遠野物語拾遺』一四〇話）

神隠しに遭った娘が鮭になってもどって来たというのである。そして、この家でも鮭を食うことはタブーとされている。この話について谷川健一は次のように述べる。「家人がその娘によせた愛情もさることながら、鮭を娘の化身と考える心意現象には並々ならぬものがある。つまり鮭と自分の家すじの親縁が信じられていなければ、こうした話の生まれる気づかいはない」[*5]、と。そして、この「鮭と自分の家すじの親縁」と鮭を食べないというタブーとのつながりについては、次の話を読めば明確になる。

E　気仙郡花輪村の竹駒という所に美しい娘があった。ある時この娘を一羽の大鷲が攫《さら》って、有住村の角枯し淵に落した。すると淵の中から一人の老翁が出て来てその背中に娘を乗せて、家に送り届けてくれた。実はこの老翁は鮭の大助であった。そして後にその老翁は強いて娘に結婚を申込んでつ

*5 谷川健一『神・人間・動物——伝承を生きる世界』（平凡社、一九七五年）一八一頁。

いに夫婦となった。その子孫は今でも決して鮭を食わぬそうである。（『聴耳草紙』97・鮭の翁）

遠野の南側に接する気仙郡の伝承だが、ここでは「鮭の大助」と呼ばれる鮭の主と娘が結婚し、しかも、その子孫が伝えられ、鮭を食うことの禁忌が一族の始祖と結ばれて語られているのである。前半の鷲にさらわれ救われたという話については後述するが、それが、後半の鮭と結婚する理由になっている。たぶん、鮭との結婚という幻想が素直に語ることのできない忌わしさを内包したとき、伝承は、前半の恩義を付け加えなければならなくなるという段階をEの伝承は示しているはずである。それは、河童の子を秘やかに殺してしまったと語るような（『遠野物語』第五五話）、村落における家の神話とその変貌という問題に重なるものだと考えてよいだろう（この伝承については、後の第八章で扱う）。あるいは、山の神の嫁という聖なる婚姻が姿を変え、山男にさらわれて山奥で怖ろしい生活を送っているというふうに語られる、「神隠し」に遭って山に入った女たちに関する伝承群[*6]、それは『遠野物語』のもっとも大きな柱の一つなのだが、それらとも等質のものだと考えてよいはずである。

DとEとを較べた場合、Dのほうは、一回だけ、しかも鮭に姿を変えた娘がもどってきたと語る点で、娘を隠したもの（神）への恐れが強く語られている。そのために、神婚の始祖性は、その子孫を語らないなど稀薄になっており、鮭を食べないという禁忌が存在するという点だけに仄かに残るに過ぎない。それに対して、Eの場合、話の筋が明瞭でない点はあるが、鮭の主である大助は老翁=男に変身して女のもとへ通い、子を孕ませたというふうに読みとれる。だからこそ、「その子孫」は鮭を食べないのである。来訪する神とそれを迎えて神の子を孕む女とを語る三輪山（丹塗矢）型神婚神話と同じだと考えてよい。つまり、Eの伝承は始祖神話としての性格をかなり濃厚にもっているといえる。

A・Cの宮家の伝承を辿っていった時、鮭と宮家との関係は、Eで語られているような始祖神話として、その原型を想定できるのではないか。

F　宮家には開けぬ箱といふものがあつた。開けると眼が潰れるといふ先祖以来の厳しい戒めがあつたが、今の代の主人はおれは眼がつぶれてもよいからと言つて、三重になつている箱を段々に開いて見た。さうすると中にはただ市松紋様のやうなかたのある布片《きれ》が、一枚入つて居ただけであつたさうな。

（『遠野物語拾遺』一四一話）

この宮家の伝承は、表面的には鮭とはかかわりのない話だが、「開けぬ箱」に入っていたのは最初からただの「布片」だったのだろうか。強引に本章の論旨に結びつけて想像すれば、「鮭の皮」が入っていたのではなかったか、宮家の始祖を明かす揺ぎない証拠の品として。それが、「鮭の皮」から「市松紋様のようなかたのある布片」に変わったところに、鮭を食わないことのタブーがCのように語り変えられる段階、あるいは宮家が鮭の子孫であるということを蔽い隠そうとしていった段階があった、と考えるのは余りにも強引すぎるだろうか。

そこまで言うのは無理としても、遠野及びその周辺には、鮭に姿を変えた女や鮭を始祖とする一族を語る伝承があり、村建てを語る宮家の伝承が鮭にかかわって伝えられているのも、宮家には鮭を始祖

＊6「神隠し」に関しては、柳田国男ののちの著作『山の人生』（大正十五年刊）に詳しい事例の紹介と分析がある。なお、「神隠し」譚については、本書第三章で述べる。

神とする一族の起源神話があったからだ、と考えることは間違っていないはずである。あるとき突然に、鮭に乗って入って来たとか鮭の皮のおかげで危難を救われたとかいう伝承が語り出されたという可能性は、ほとんどありえない。そうした伝承が出てくるには、それを可能にする幻想や基層の伝承が背後にいつも存在しなければならないのである。

川を溯る鮭

じつは、宮家にはもう一つ、鮭にかかわる伝承がある。『遠野物語拾遺』第一三八話には二つの話が伝えられていて、先に引用したAがその前半の話なのだが、そのあとに次の話が続いている。

G　この宮氏の元祖といふ人は或日山に猟に行つたところが、鹿の毛皮を著て居るのを見て、大鷲が其襟首をつかんで、攫《さら》つて空高く飛揚がり、遙か南の国のとある川岸の大木の枝に羽を休めた。その隙に短刀を以て鷲を刺し殺し、鷲もろ共に岩の上に落ちたが、そこは絶壁であつて如何することも出来ないので、下著の級布《まだぬの》を脱いで細く引裂き、これに鷲の羽を綯《な》ひ合せて一筋の綱を作り、それに伝はつて水際まで下りて行つた。ところが流れが激しくて何としても渡ることが出来ずに居ると、折よく一群の鮭が上つて来たので、其鮭の背に乗つて川を渡り、漸く家に帰ることが出来たと伝へられる。（『遠野物語拾遺』一三八話後半）

鷲に攫われ見知らぬ土地に行き、鮭の背に乗って故郷の家に帰りついたという人物も「宮氏の元祖」で、鮭に乗って入って来た始まりの人と同一人物のこととして語られているが、歴史の観念（家の系譜）が入ってくれば、当然、別の人の出来ごととして分化してゆくはずである。話の出来あがり方の順序は別にして、Aのような始まりが宮家には語られているから、その始源に対する幻想に保証されてGの伝承は存在しうるのである。そして、鮭を食べないというタブーは、Cの話にではなく、このGの話に結ばれていてもかまわない。

Gの話は、関敬吾『日本昔話大成』で本格昔話新話型一三「鮭の大助」として、新たに話型分類された昔話なのだが、そこに収められた類話をみると、二つの型があることに気づく。[*7] 一つは、Gと同様、見知らぬ土地にさらわれたが鮭の大助に救われ無事に故郷に帰ることができた、というもの。もう一つは、秋に鮭が溯上するとき、その最初に群を率いて溯る鮭が大助で、それにかかわる習俗やタブーと結びつけて語られているもの、たとえば一例をあげると次のような伝承である。

H　むがし、むがし。
むがしな、鮭川じゃずい分、鮭のよの上ってくる川でしたど。鮭川が黒ぐなるほど鮭が上ってきた、もんでな。その鮭川さは、大川さ似合った、大きな鮭のよの大将がいでな、鮭の大助という鮭でありんしたど。海がら、最上川さ入り、ずっと、鮭川さ上ってくるなでしたど。それはな、鮭の大助が、大勢の鮭のよば率いで、川ば溯ってくる気配が、わかるほどでしたど。
〽鮭川の大川に、鮭の大助、今通るどこだ

*7『日本昔話大成』第七巻には六つの類話が収められているだけだが、岩手・山形を中心に今までに採集された類話は相当の数にのぼる。それらをまとめたものに、野村純一編『日本伝説大系』第三巻「南奥羽・越後」（みずうみ書房、一九八二年）、土田勇人「鮭の大助考」（『昔話――研究と資料』第12号、三弥井書店、一九八三年）などがある。

鮭川の大川に、鮭の大助、今通るどこだ
て、いう大助の声を聞いだ人は、その年の内に死んでしまうて、昔がら伝えられでいでな。
村の人だは、その大助が上って来る夜になると、一晩中川端で酒を飲み、騒ぎたででお祭をして、
大助の声が耳に入らねようにしているなだけど。
そして、大助の上った刻限に、家さ帰って寝るなでしたど。

（『雀の仇討』12「鮭の大助」）

十月二十日のえびす講の日の習俗と結ばれている場合が多く、大助の声を聞かないために「耳塞《ふた》ぎ餅」を作るとか簗を半分あけておくという話もある。聖なる鮭を迎える忌籠《いみごも》りがこうした伝承に展開していったのだろうが[*8]、ここには、鮭の溯上が習俗としての禁忌を伴って語られているというだけではなく、Aの村建て神話やGの遭難と救助などに鮭が登場することの必然性が表われている。

付け加えれば、宮家の始まりを語る鮭に乗った始祖の溯上が宮家固有の伝承ではないということは、山形県の最上川上流の山村に伝えられている次のような伝承があるということからもわかる。

I1　昔々。まだ誰も小国郷さ人ァ住みつかねェ昔。
川なり、サケノオオスケづ大っけな鮭さ乗って、のぼってきた人ァ有ったド。ほの人、初めで小国郷ば拓いだならド。
ほの子孫の家ア、ほんで鮭ば食《カ》ねェ事えしてるな、こうゆう訳あっさえらて、オラ、亡母《ハハ》から聞いだった。

（『ききみみ』四号）

I2 小国郷のはじめは、大昔、小国帰を鮭の大助という大鮭の背に乗ってのぼり、山ふかい中に田を拓いたのをはじめとして、その子孫は後々まで、鮭を断ちものにして食わないことにしていたといわれるが、今は伝承のみで、鮭を食わぬ家系は、弁天信仰のもののみである。(『羽前小国郷の伝承』一二)

Aの宮家の村建ての伝承と、Cの鮭を食べないという禁忌とが、この山形県の伝承では結びついていて、鮭を食べないことの理由が、始祖の鮭に乗った溯上とかかわって語られている。遠野の宮家の場合にも、元来はこうした結びつき方をしていたと想定してみることもできるだろう。そして、現在のところ、遠野と小国郷の伝承しか管見に入ってはいないのだが、始祖が鮭に乗って溯上したと語る村建て神話は、かなり広い伝承圏をもったものであったらしいという点も注目しておいてよい。

村からさらわれて遠くに連れ去られ、鮭に乗ってもどったと語られるGの型の「鮭の大助」の昔話もいくつかの語り口をとって語られているが、その典型話を一例だけあげておく。

J 同郡(気仙郡－三浦注)竹駒村の相川という家に残る昔話である。この家の先祖は三州古河ノ城主であったが、織田信長との戦に負けて、はるばると奥州へ落ちのびてそこに棲まっていた。ある日多くの牛を牧場に放していると、不意に大きな鷲が来て子牛を攫って飛び去った。主人は大いに怒って、どうしてもあの鷲を捕えなくてはならぬと言って、弓矢を執り、牛の皮をかぶり、牧場にうず

*8 野村純一「遠野の大助 最上の小助」(日本の伝説4『出羽の伝説』角川書店、一九七六年)、同「『鮭の大助』の来る日」(『昔話伝承の研究』同朋社、一九八四年、所収)、など。

くまって鷲の来るのを五六日の間待っていた。そのうちに心身が疲れてとろとろっと睡ると、やにわに猛鷲が飛び下りて来て、主人をむんずと引っ提げたまま、杳冥遥かと運んで行った。主人はどうとも為す術がないので体を縮め息を殺して、鷲のする通りになっていると、遠くの海の方へ行く。そしてある島の巨きな松の樹の巣の中へ投げ込んだまま、またどこともなく飛去った。主人は鷲の巣の中にいて、はてどうかして助かりたいものだと思って、あたりを見廻すと、巣の中に鳥の羽がたくさん積まれてあった。そこでそれを集めて縄を綯《な》って松の木の枝に結びつげてやっと地上へ下りたが、それからはどうすることもできぬから、その木の根本に腰をかけて、思案に暮れていた。

そこへどこから来たのか一人の白髪の老翁が現われて、お前はどこからここへ来たのか、何のために来られたか、難船にでもあったのなら兎も角に、こんな所へ容易に来られるものではない。ここは玄海灘の中の離れ島であると言った。主人は今までのことを物語って、どうかして故郷へ帰りたいが、玄海灘と聞くからにはすでにその望みも絶えてしまったと嘆くと、老翁は、お前がそんなに故郷へ帰りたいなら、俺の背中に乗れ。そうしたら、必ず帰国させてやろうと言った。主人は怪訝《けげん》に思って、それではお前様は何人で、またどこへ行かれるかと訊くと、俺は実は鮭ノ大助である。年々十月二十日にはお前の故郷、今泉川の上流の角枯淵《つのがんぶち》へ行っては卵を生む者であるとのことであった。そこで恐る恐るその老翁の背中に乗ると、しばらくにして自分の故郷の今泉川に帰っていた。

こういうわけで、今でも毎年の十月の二十日には礼を厚くしてこの羽縄に、御神酒供物を供えて今泉川の鮭漁場へ贈り、吉例に依って鮭留め数間を開けることにするというのである。

（『聴耳草紙』98・鮭の大助）

G・Jの話は、じつに単純な、そしてシンメトリックな構造で語られている。主人公が鷲にさらわれて見知らぬ土地に連れて行かれ、困っていると鮭の大助が現われ、もとの故郷に連れ帰ってくれたというもので、その構造をもっとも簡略に示せば図1のようになる。そこでは、故郷と異郷、鷲と鮭、空と川、というきっちりとした対応が見えている。構造論的にいえば、加害者である鷲によって故郷を欠如させられた主人公が、援助者である鮭の出現によって欠如を解消された、ということになろうか。

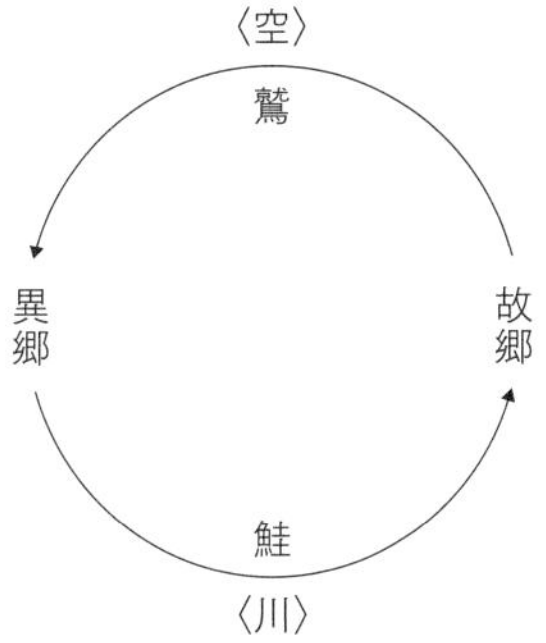

図1

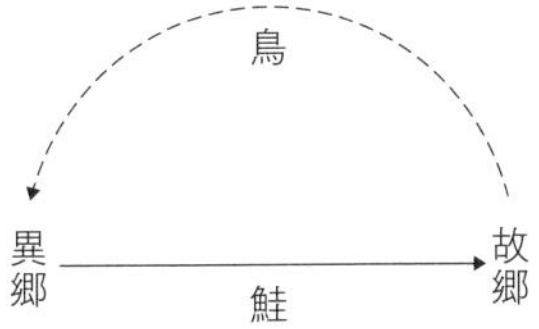

図2

ただし、故郷を回復した主人公は、攫われる前の状態そのものにもどったのではない。援助者である鮭を得たことによって、主人公と鮭との間に関係性を生じさせたのであり、それが、簗（鮭留め）を開けておくとか鮭を食べないとかいった禁忌として語られるのである。そして、その新たに生じた人と鮭との関係性が、村落における〈秩序〉を保証するための始源の出来ごとともなる。つまり、男は、さらわれる前の渾沌の故郷から、秩序ある故郷へと回帰することになったのである。

この、GやJの円環的な構造による人と鮭との関係性をなり立たせているのは、Aの村建て神話にみられるような、異郷から故郷への一方向的な溯上という〈始源の出来ごと〉だと考えてよいだろう（図2の実線部分）。鮭を迎える習俗とそれに関わる禁忌（人と鮭との秩序）を語るHの「鮭の大助」譚もまた、Aを支えるのと等質な幻想に保証された伝承だと考えればよい。それに、図2の点線部分を加えることによって、GやJの「鮭の大助」譚（図1の構造）は形成されているのである。したがって、GJの話に先行して、AやHの伝承があったはずである。少なくとも、AHを保証する幻想がGJに先行してあったはずだ、というべきか。

別に、鮭に乗って始めの人は来なくてもよい。来訪する初めの人（始祖）は神であるはずだから、鮭が自ら溯上し人の始めになった、という型でよいのだ。それが神話として語られてゆく場合には、土地の女が来訪する神を迎えて神の子を産むというふうに、神婚型の始祖神話になってゆく。Aのように、来訪する神＝鮭と初めの人とが同時に登場する場合にも、語られてはいなくても、初めの人は土地の女と鮭神との結婚によって誕生した「神の子」だという幻想を基層に持つはずなのである。

すでに谷川健一が指摘していることだが、円環型「鮭の大助」譚GJと同様の構造をもつ伝承が、南島では鮫や鱶に助けられた話として数多く伝えられている。*9 有名なのは、沖縄県宮古島に伝わる仲宗根豊見親玄雅の逸話である。

K　同年間（尚真王世代、弘治年間——三浦注）、中山朝見し帰帆の時逆風に遭ひて八重山島潭陀干潮（瀬か——三浦注）に漂着し危急に及ぶ時、幸にも鱶の助て活命して帰島す、これに依りて玄雅の苗裔今に至るも鱶を食はず。（『宮古旧記』）

これと同一の伝承は『球陽』巻三にもあり、助けてくれたのは「大鯖」とし、主人公の名前を「鯖祖氏仲宗根豊見親玄雅」と記している。鯖（サバ）は沖縄ではサメのことを言い（m音とB音との交替形）、鯖祖氏とはサメを始祖とする一族という意味に違いない。また、玄雅の七代前と伝える「西銘嘉場仁也」という人物にも、同様のサメに救われた話が伝えられており（『球陽』巻三）、この一族とサメとの結びつきは強い。

宮古島以外でも、山口県以西の各地に同様の話が数多く伝承されているということを、矢野憲一が紹介している。[*10] いずれも図1に示したのと同一の構造をとり、加害者の大鷲が嵐や悪い子供や妻に、援助者の鮭が鮫（鯖）や鱶に変わっているという程度の違いだけである。[*11]

「鮭の大助」の場合、主人公を見知らぬ土地へ連れ去るのが大鷲（あるいは鷹）に統一されているようだが、それは、前半の欠如を語る部分（図2の点線部分）が、昔話「鷲の育て児」の前半とモチーフを共有しているということによるのではないだろうか。共有するというより、良弁和尚の逸話で有名な、子供が鷲に攫われてよその土地に運ばれるというモチーフが、鮭に乗って溯上するという「鮭の大助」譚

*9 大和書房版『遠野物語』（一九七二年）における谷川健一の「解説」、及び、谷川、注5同書「海神の娘〈鮫〉」「北の異族の匂い〈鮭〉」の項、参照。
*10 矢野憲一『鮫』（法政大学出版局、一九七九年）「第一章　サメの伝説」。
*11 南島の鮫の話を含め、『風土記』にいくつかみられるワニ（鮫・鱶を呼ぶ）に関する伝承を分析し、海浜の民の始祖神としてのワニとそれに関わる祭祀や説話について論じたことがあるが（三浦「古代説話論・試論——語臣猪麻呂の〈事実譚〉」説話伝承学会編『説話伝承の日本・アジア・世界』〈桜楓社、一九八三年〉。のち、「事実譚の方法——語臣猪麻呂」と改題して、『古代叙事伝承の研究』〈勉誠社、一九九二年〉に収めた）、その時の分析を重ねてみると、鮭の始祖神的な性格はより明瞭になる。なお、その一部については、本書第九章に触れている。

の中心部分（＝核）を語り出す前程として前に置かれることで、GやJの円環型の話型が成立したためなのではないか、と私は考えている。[*12]

三　始源を語る方法

今までに取り上げてきた鮭にかかわる遠野およびその周辺の伝承を、話型別に簡潔に要約して示すと次のようになる。

（Ⅰ）鮭に乗って川を溯ってきた始祖が村建てをした。〔『遠野物語』第一話、A、I1、I2〕
（Ⅱ）神隠しに会って娘がいなくなったが、のちに流し前から飛び込んできた鮭は娘の化身だと考えられた。〔D〕
（Ⅲ）鮭が老翁に変じて救った娘のもとに通い、子を生ませた。〔E〕
（Ⅳ）大鷲にさらわれて遠くへ連れ去られた男が、鮭の大助の背中に乗せられてもとの土地に帰った。〔G、J、（K）〕
（Ⅴ）鮭の大助が川を溯る日、大助の声を聞くと死ぬから、酒宴を開いたり耳塞ぎ餅を作ったりして大助を迎えた。〔H〕

もっとも伝承例が多く分布圏も広い（Ⅴ）型は、回帰する鮭の習性と、重要な食料源として生活を支えられている人々の鮭への尊崇を示す習俗（その年初めて溯る鮭を迎える豊漁の儀礼）とによって形づくられた伝承だと考えられやすい。たしかにそうした習性や儀礼を否定することはできないが、それだけでは資料Hのような話は出てこないはずである。「鮭の大助」と呼ばれる鮭の主はEによれば「老翁」であり、そこには鮭たちを率いる神の姿が仄見えている。そして、そのことと迎える日の禁忌や儀礼はかかわっている。忌籠りし聖なる神として歓待するという、人々の、来訪する神への幻想が耳塞ぎ餅や酒宴という行為に実体化されて伝えられているのである。

ちなみに、「鮭の大助」という呼び方は、あるいは非常に古いのかもしれない。というのは、『常陸国風土記』久慈郡条に次のような伝承があるからである。

> 此より艮《うしとら》のかた二十里に助川の駅家《うまや》あり。昔、遇鹿《あふか》と号《なづ》く。……国宰《くにのみこともち》、久米の大夫《まへつきみ》の時に至り、河に鮭を取るが為に、改めて助川と名づく。〔俗《くにひと》の語に、鮭の祖《おや》を謂ひて、須介（スケ）と為す〕

ここで言う「須介」と「鮭の大助」とが繋がるとすれば、大助は「鮭の祖」、つまり鮭たちを率いる神的存在であるということがはっきりと見えてくる。

なお、岩手県の津軽石川添いには、鮭漁の川祭に又兵衛人形と呼ぶ藁人形を作る地方がある。その由来は、村人の飢饉を救うために藩の掟を破って村人に鮭漁を許した咎によって逆さ磔にされた後藤又兵衛という役人の霊を慰めるものだと伝えられている。この習俗について神野善治は、元来、その人形は

＊12「鷲の育て児」の場合、さらわれた子供は立派な僧になったとか探しに来た母親と再会したとか語ることで、主人公の欠如は解消されたという構造になっている。

「鮭の魚形」であり、「藁製の魚形という依り代」によって、「寄り神」としての鮭を祭るものだと述べており、鮭神を考える際に興味深い。*13

禁忌を守り続けることで鮭の年毎の回帰はくり返されるわけだが、それを保証する力は人々の側にはない。そこに、鮭たちを率いる神としての「鮭の大助」が幻想される必然があった。そして、その時、「鮭の大助」の毎年の溯上は、自然科学的な意味を超えて神話的に確認される。そこで成り立つ鮭と人との関係性（秩序）が、迎える人々の前に鮭が毎年溯上することを保証するのである。その場合、どのような形で大助の溯上が神話になるかということを、次に引く『風土記』の伝承が端的に示している。

L　郡の西に川あり。名を佐嘉《さか》川といふ。……此の川上に石神あり、名を世田《よた》姫といふ。海の神（鰐《わ》魚《に》を謂ふ）年常《としごと》に、流れに逆ひて潜《くぐ》り上り、此の神の所《もと》に到るに、海の底の小魚多《さは》に相従ふ。或は、人、其の魚を畏《かしこ》めば殃《まが》なく、或は、人、捕り食《くら》へば死ぬることあり。凡て、此の魚等、二三日住《とど》まり、還りて海に入る。

（『肥前国風土記』佐嘉郡）

これはワニの溯上を語る伝承だが、迎える人々の禁忌を語ることも含めて、Hとまったく同一の構造をとっている。ただ、Hではそうは語らないのだが、Lの、ワニの「年常」の来訪は世田姫のもとに通うためである。つまり、Lは海の神と土地の女との神婚神話になっている。子供が生まれないという点で始祖神話にはなっていないが、原型的には神婚型始祖神話だったはずである。*14そして、その来訪神を慎しみ迎えることで人々の生活は保証されると考えるゆえに、ここでも、溯ってくる魚に対する、「捕り食へば死ぬることあり」という禁忌が存するのである。

Hに神婚の要素がないのは、この伝承が現実の習俗に強く傾斜して人の側から語られているためで、「鮭の大助」の側から神話化されれば、『風土記』のLのような内容になってゆくはずなのである。逆にいえば、Lのような神婚幻想がなければ、「鮭の大助」という神的存在は登場しえなかったはずなのである。（Ⅲ）型の伝承の存在がそのことを裏付けている。

（Ⅲ）型として引いたEは、攫われた娘を助け、「強いて」求婚したというふうに、話としては神婚が否定的なニュアンスを交えて語られているが、[*15] 大助との間に生まれた「神の子」の子孫が鮭を食わないという禁忌を守っていると語るのは、神婚型始祖神話の典型だとみてよい。そして、（Ⅱ）型はその変型に違いない。鮭と娘との婚姻が、物語の上では、「神隠し」に遭ったと語ることで向こう側（神の世界）に追いやられている。しかも、向こう側に行った女は一度だけ人々に目撃されるというかたちで神隠しに遭った後の娘の行方が暗示されるというのが、このタイプの伝承の基本的な構造である。

ある娘は川の淵の底で機織りをしていたり（『遠野物語』第五四話）、ある女は山奥の洞窟での恐ろしい生活のさまを猟師に語ったり（同、第六、七話）、老いさらばえた老婆となって家に姿を見せたり（同、第八話）する。ここでは、鮭になって現われたことで、いなくなってからの娘の生活は誰にでも察知でき

*13 神野善治「藁人形のフォークロア――鮭の精霊とエビス信仰」（『列島の文化史』創刊号、一九八四年三月）。
*14 このことについては、*11に記した旧稿で論じた。
*15 たとえば、三輪山型神婚神話が昔話「蛇婿入り」へと展開してゆくとき、来訪する神（蛇）との結婚がどのように語り変えられてゆくかということを考えると、神婚が否定的なニュアンスをもって語られるということはよく理解できる。始祖性を放棄した途端に、神婚譚の語り方は変わってくるはずなのである。そのとき、女の側が神を拒否したと語る場合と、神の側が女を拒否した（話では、女を殺した）と語る場合と、二つの語り方がみられるということを、別に論じたことがある（*11の旧稿参照）。

るのだが、そのように察知できるのは、先に述べたように、（Ⅲ）型の神婚神話あるいはその基層としての神婚幻想が存するからなのである。

（Ⅰ）型と（Ⅳ）型の伝承は、来訪神である鮭に乗って溯上してきたと語るという点で、来訪する始祖神の神婚神話（（Ⅲ）型あるいはその原型）を基層とする伝承である。（Ⅳ）型の場合は、鮭と鮫との違いはあっても、話型としてはかなり広い伝承圏をもつものだが、攫われるとか置き去りにされるとかいう前半部分は、後半の救助を語るための語りの様式性にほかならない。GやJのように語ることで、一人の英雄的な男の冒険談となりうるのである。来訪する神に対する村落的あるいは氏族的な幻想が稀薄な場合には、百合若大臣や俊寛僧都のように、もとの世界にもどるために大層な苦難が必要となる。もちろん、そのほうが話としてはドラマ性が強くなるし、英雄は氏族や村落から自立して普遍性をかくとくしうるのだが。

（Ⅰ）型は、原型の神婚型始祖神話からもう一つ始源に溯ってはじまりを語ろうとした伝承である。神婚によって生まれた「神の子」を始祖として氏族の（村落の）始まりを語る場合、子を生む（つまり神を迎えた）女の家筋はすでにそれ以前から存続していることになってしまう。それは、洪水型兄妹始祖神話と呼ばれる起源神話などでも同じことがいえるのだが、神を迎えた女の、あるいは、洪水を遁れた兄妹の始まりはどのようにあったのかという疑念を生じさせ、始源の出来ごとの前にもう一つの始源の出来ごとを語らせることになるのである。（Ⅰ）型はそこから生じている。だから、鮭に乗って川を溯ってきた始祖は、実は、鮭と女との神婚から生まれた「神の子」でもあったはずなのである[*16]。

別のいい方をすれば、（Ⅲ）型の、父神である鮭とその子である始祖とが、（Ⅰ）型の場合には、鮭に乗った始祖というふうに一体化されて神話化されているということになる。幻想された村落の歴史のうえでは、（Ⅰ）型がはじめにあって、（Ⅱ）型以降の伝承はそれ以後の時間に位置づけられてゆくわけだが、伝承の出来あがりかたは、決して幻想された歴史の流れのままにあるのではない。（Ⅲ）型がなければ（Ⅰ）型の伝承は生じてこない。そうした意味で、もっとも始源の世界を語る伝承は新しいものだということができる。秩序の側から渾沌の世界が語り出されてくるように、語り始められた〈始源の出来ごと〉は、いつも、それに先立つはじまりの時を孕み、新たに生み出してゆこうとするエネルギーを内包している。それが村落に語り継がれ続ける神話であるに違いない。

四　湖水の流出

うまく論じ尽くせない点も多いのだが、ここでとり上げてきたいくつかの伝承が、一つの村落の、あるいは家の、来訪する神に纏わる神婚幻想から出てきたものであるということは確認できたのではない

*16 子神について、有名な「賀茂社縁起」（『山城国風土記』逸文）では、来訪する神と玉依日売との間に生まれた子神は、父を求めて「屋の甍を分け穿ちて天に」昇ってゆき、『常陸国風土記』那賀郡のクレフシ山の伝承では、ヌカビメの生んだ子「蛇」は、母に追放され、叔父を震り殺して天に昇る途中で母の投げた盆（ひらか）に当たり、山の峯に留まった、と語っている。これらにみられる「神の子」は父神と重ねられる存在であるということを古橋信孝は指摘し、「神婚の幻想が産ませる神も産まれる神も未分化なものとしてあったことを示している」と述べている（古橋「神謡〈神語り〉と神話——神婚幻想をめぐって」『国語と国文学』一九七九年一月号）。クレフシ山の伝承の場合、神と巫女との神婚による子神の誕生によって一族の始祖を語る起源神話を基層として、そこからもう一段階溯って〈始まり〉を語ろうとしたところから、追放された「神の子」が山の峯に留まったという伝承は語り出されているのだと考えれば、子神と来訪する神との重ねられた関係性はよくわかるはずである。つまり、子神が留まった山の峯は、巫女のもとに来訪する神の座ますところでもあるわけである。

かと思う。話はいくつものヴァリエーションを持って伝えられてゆく。しかし、それらは勝手きままに展開しうるのではなく、一定の方向性をとって現れてくる[*17]というのが村落における伝承の本質的な在り方ではなかったか、という点もここから指摘できるだろう。また、類型とは何か、様式とは何か、を考えてゆく契機もここに存するはずである。

それにしても、遠野の湖水の流出という始まりの時は、どのように語られていたのであろうか。それに関しては確かな伝承が何も伝えられていなくて追いかけようがない。

移住者たちが川を溯り、その果ての山の間に挟まれた土地は、猛烈な瘴気が立ちのぼる異様な悪臭にみちた湿地であったが、その水と泥の出口を塞いでいた大岩塊を「壊す人」が爆破し、そこに誕生した豊かな大地への人々の定住と、そこに創建された「村＝国家＝小宇宙」の物語を執拗に語り続けたのは、大江健三郎の長編小説『同時代ゲーム』であった。

神話的な構想をもつこの小説で描かれている腐臭の湿地の流出という始源の時のイメージを、大江がどこから借りてきたのかはわからない。が、おそらく『古事記』神話の、クラゲなす漂う宇宙からイザナキ・イザナミの国生みに至る神話が、この小説の発端にはイメージされているだろうし、大江の、柳田国男への強い傾倒からみて、『遠野物語』巻頭の第一話が影を落としているとみることもできよう。

はじめ、大地は渾沌たる湖水であったという語り口は、村落の始源を語る伝承として、かなり普遍的な拡がりをもつ伝承であったとみることはできそうである。先にも引用した最上川上流の小国郷に、次のような伝承が伝えられている。

M　大昔、小国郷は満々と水をたたえた一大湖水であったそうな。この湖に主ときめこんでいた一匹の大亀が住んでいた。ところが他にも湖の主と名のる大蛇がいた。ある時、湖の北のはずれで二匹がばったり顔を合わせ、自分こそは、この湖の主だと口論になり、はては力ずくで強剛《あらい》ものが主になるべしと、七日七晩も上へ下へともみあった。湖水は大波が渦巻いてものすごく、天も荒れた。その内、しだいに大亀は力つきて、西はずれの大山に穴をあけて、「もともと、この湖はオレのものだから、水はもらってゆくぞ」と叫んで、水をみな落し、その流れにのって逃げていった。大亀が水を落した山を、今は「亀割山」と呼んでいる。その後、湖水が干上がって小国盆地ができたという。

(『羽前小国郷の伝承』三)

ここに語られている二匹の主、大亀と大蛇が始源のときの湖にどうして棲みつくことになったのか、ということについてはわからない。しかし、何らかの伝承をもっていたにちがいない。とにかく、大亀が、湖水を堰きとめていた山に穴をあけるという始源の出来ごとによって、大地の出現は語られているのである。そのように語られることによって、豊かな大地の始まりを語ることができ、小国という「世界」は神話的な秩序をもつことができた。そして小国郷では、その大地を出現させた始源の動物＝神は、大亀ばかりではなく、大蟹であったとも語られていて、もとは「亀割山」は「蟹割山」と呼ばれていた、という伝承ももっている。

『日本伝説大系』によれば、山形県では同様の伝承がほかにも伝えられていて、山形市の村山平野は、

*17 神話や伝承の表現が形成されてくるときの方向性を、幻想に規制された〈核〉からの溯上として考えたことがある。三浦「神話・伝承の想像力――〈核〉を起点とした溯上」(『共立女子短期大学文科紀要』第20号、一九七七年二月、のち、「想像力の方向」と改題して、『古代叙事伝承の研究』〈勉誠社、一九九二年〉に収めた)。

むかし湖水だったのだが、慈覚大師が、堰きとめていた岩石を破壊して最上川に水を流したので、今の平野になったという伝承が伝えられているという。[*18] 文化英雄といってもよい、巡り来る偉人＝神による始源の出来ごとである。また、同書によれば、福島県の伊達郡にも、大蛇による湖水の水の流出を語る伝承があったということが記されている。

あるいは、九州の豊後国には、四方を山に囲まれた湖の上に、あるとき大鷹が飛来したと思ったらにわかに地震鳴動して、西の崖が崩れ落ち、水が流れて、田野郡の大地が広がった、という伝承も伝えられている。[*19] そういえば、松谷みよ子『龍の子太郎』の原話としても有名な、信州の「小泉小太郎」の伝説にも、渾沌の湖水と母龍による湖水の破壊が語られており、[*20] この話型が全国的な伝承圏をもっていたということを想像させるのである。

いずれも、村落における国土創世の神話である。古代から続く神話があって、その影響のもとに語られていたのかもしれないが、どれほど古い伝承であるかはわからない。しかし、その古さは、それほど問題ではない。今、人々が住んでいる大地が、いつ、どのようにしてできたのかを語ることで、住んでいる大地の始まりが確認されさえすれば、それでよいのである。始まりをもつことで、始源の時から続く〈今〉は、〈未来〉を包括することが出来ることになるのだから。

始源の出来ごとをもたらした存在は、大亀でも大蟹でもかまわないし、あるいは巡行する神であってもよいし地震でもかまわない。どのような存在であったにしろ、それをもたらしたのは、神話的にいえば、国土創世の神のしわざとして考えることができるのである。

遠野盆地の出現に関与していたと伝えられる神がいかなる存在であったのかということは、以上にみた他の地方の伝承を参考にしても、具体的に明らかにすることはできない。あるいは、そこにも「鮭神」が関与していたというふうに想定してみることはできるけれども、あくまでも一つの想定でしかない。確かなことは何もわからないが、湖水の流出という出来ごとにかかわる〈始源〉が語られていただろうと考えるのは間違いないということは確認できるだろう。

元禄の頃の遠野の武士、宇夫方広隆の著した『遠野古事記』によれば、遠野は、しばしば大雨による洪水に襲われ、それが飢饉をもたらしていたという。[*21] 人々は、洪水のたびに、始源の時以前の、渾沌たる湖水を思い出していたに違いない。しかし、その大地がふたたび湖水にもどってしまうとは、考えない。なぜなら、湖水の水は、堰き止めていた障害が破壊された始源の時の出来ごとによって流されてしまったのであり、二度と遠野の大地が湖水に戻ることはないということが、その神話的な〈昔〉の出来ごとによって保証されているからである。

始源に保証されてこそ、今は、未来に続く〈今〉となり、大地は人々の生活する空間としての確かさをもつことができる。そして、そうした村落の幻想を支える伝承群が、ここにあげてきた始源の出来ごとなのである。

*18 野村純一編『日本伝説大系』第三巻「南奥羽・越後」(みずうみ書房、一九八二年、前掲)十七〜二二頁。
*19 佐藤四信『豊後国風土記之研究』(明治書院、一九五六年)に、『豊後国志』などを引いて紹介している(一六〇頁以下)。
*20 瀬川拓男編『民衆の英雄』(日本の民話4、角川書店、一九七三年)。
*21 宇夫方広隆『遠野古事記』(宝暦十二〈一七六二〉年、『南部叢書』〈南部叢書刊行会、一九二八年〉第四冊、六五二頁以下)。

第二章　鎮座由来譚――花盗みと夢

いつ、どのようにして、遠野に人が住み始めたのか――湖の流出と始祖の到来によって、遠野は始まりをもった。そして、その始源の出来ごとが〈今〉を保証する限り、人々の生活は守られている。始源を持つことは〈今〉を、そして限りない〈未来〉をもつことと同じことなのである。遠野の大地は、もう二度と洪水で埋め尽くされることはないし、人は繁栄し続ける。なぜなら、そのことは始源の出来ごとによって始まり、〈今〉に続く歴史をもったのだから、始源の出来ごとの前の、渾沌の世界にもどることはないのだ。それが、村落が村落であることを支える根拠になるのである。

村落にいます神も、始まりをもつ。始まりをもつことによって、人と神との関係性が出来あがるのだといったほうがよい。神と人との秩序が語られることで、人々は神に守られてある存在となる。その、神の始まりは多くの場合、神の巡行や放浪の後の定着として語られる。それによって、その土地は神に選ばれたところ、豊饒の約束された大地になるのである。『風土記』の地名起源譚はそうした伝承で溢れている。

ここでは、遠野三山への神の鎮座の由来を語る伝承をとりあげ、一つの鎮座由来譚の話型的な拡がりを考えるとともに、『遠野物語』という作品における、柳田国男の筆録と村落における伝承とのずれについても考えてゆくことにする。

〈夢〉を題材とする説話や歌を考える機会は多いのだが、何度読んでもはっきりと理解できたという気にならないものに、『遠野物語』第二話に収められた遠野三山への三人の女神の鎮座の由来を語る話がある。

A　（町と山の紹介、省略）大昔に女神あり、三人の娘を伴ひて此高原に来り、今の来内《ライナイ》村の伊豆権現の社ある処に宿りし夜、今夜よき夢を見たらん娘によき山を与ふべしと母の神の語りて寝たりしに、夜深く天より霊華降《フ》りて姉の姫の胸の上に止りしを、末の姫眼覚めて窃に之を取り、我胸の上に載せたりしかば、終に最も美しき早地峰の山を得、姉たちは六角牛と石神とを得たり。若き三人の女神各々三の山に住し今も之を領したまふ故に、遠野の女どもは其妬を畏れて今も此山には遊ばずと云へり。

（『遠野物語』二話）

夢を見るために眠る、というのは決してめずらしくはない。それは神（仏）のことばを聞こうとする行為であり、求めて見た夢には、ことに神意がこめられていると考えられていた。女神のことば「今夜よき夢を見たらん娘によき山を与ふべし」に従って夢を見るために寝た三人の娘たちが、目覚めてそれぞれに見た夢を語り、母である女神は三人の夢から「よき夢」を判断し、「よき山」を与える――そう語ったとき、遠野三山の鎮座由来譚はごく普通の、夢に神意を求める説話となる。たとえば、この話を読んでいつも真先に想起する『日本書紀』の説話のように。

B

天皇、豊城命《とよきのみこと》・活目尊《いくめ》に勅して曰はく、「汝等二《ふたり》の子《みこ》、慈愛共に斉《ひと》し。知らず、曷《いづれ》をか嗣《ひつぎ》とせむ。各《おのおの》夢《いめ》みるべし。朕夢を以て占《うら》へむ」とのたまふ。二の皇子、是に、命を被りて、浄沐《ゆかはあみゆするあみ》して祈《の》みて寝たり。各夢を得つ。会明《あけぼの》に、兄豊城命、夢の辞《ことば》を以て天皇に奏して曰さく、「自ら御《み》諸山《もろやま》に登りて東に向きて、八廻弄槍《やたびほこゆけ》し、八廻撃刀《たちかき》す」とまうす。弟活目尊、夢の辞を以て奏して言さく、「自ら三諸山の嶺に登りて、縄を四方《よも》に絚《は》へて、粟を食《は》む雀を逐《や》る」とまうす。則ち天皇、相夢《いめのみあはせ》して、二の子に謂《かた》りて曰はく、「兄は一片《ひとかた》に東に向けり。当《まさ》に東国を治《し》らむ。弟は是悉《これあまね》く四方に臨めり。朕が位に継げ」とのたまふ。

（『日本書紀』崇神天皇四十八年条）

父天皇の、「二人の子のどちらかに天皇の位を譲ろう。それを神の判断にゆだねるために、二人の見る夢によって決めよう」ということばに従い、体を潔め祈誓して夢を求めた二人の皇子は、それぞれに夢を見、父の判断（「相夢」＝ゆめあわせ）によって、四方に目配りのきいた夢を見た弟の活目尊が皇位を継承することになる。ここでは、求めて見た夢の内容が重んじられているのだが、それは、夢には神意が籠められていると考えるからである。いささか小じんまりとした夢を見た活目尊が、勇猛な夢を得た豊城命をおさえて天皇を継ぐところに、『日本書紀』の天皇観が象徴的に表われているということも興味を引くが、重要な皇位の継承を夢によって決めるところに、夢の、神意の顕現としての力が示されているのだとみてよい。

このBの伝承に照して、先のAの話を考えてみても、『遠野物語』の夢は明らかにならない。いったい、女神のことばに従って娘たちの見た夢はどういう夢だったのか。上の二人の姫の見た夢はここでは何も語られていないのである。つまり、三人の夢比べ、というかたちとしてAの話は整っていないとみなければならない。見なかった、あるいは見ることができなかったというのか、または最も「よき夢」を得た末の姫の夢だけが語られているのか。しかも、語られている末の姫の見た夢も不鮮明な形でしか表現されていないようにみえる。

藤井貞和は、末の姫の見た夢の内容を「霊華降りて姉の姫の胸の上に止りし」だと読み、「本来ならば姉が見るべき『霊華が降る』という夢」を末の姫が見たとすることで「説話が二重になっている」と考え、この説話の神秘性（霊異）は「美しい花が姉の胸の上に降った、という現実が・夢のなかであたえられた」という点にあるのだというふうに読み取っている。*1

「末の姫は、姉がかくとくするはずだった幸福を、才智によってうばってしまったというモチーフだ」とみることに異存はないが、果して、末の姫の見たのは、藤井のいう「霊華降りて姉の姫の胸の上に止りし」という夢だったのだろうか。藤井は、霊華が降ったのを「現実」とみて、それを夢で知った末の姫が「眼覚めて」自分の胸に置き換えたことで「最も美しき早地峯の山」を得ることができた、とこの話を読みとったのだが、それでは女神（母神）のいった「よき夢」にはならないのではないか。

末の姫の夢が「よき夢」であり、「最も美しき早地峯の山」の領有を母神から許されるためには、見た夢は、「夜深く天より霊華降りて姉の姫の胸の上に止りしを、末の姫眼覚めて窃に之を取り、我胸の上に載せたり」でなければならないように思われる。「霊華」は早地峯山の領有のための神の認定のしるし（象徴）であり、その華の天からの降下と姉から末の姫への移動の全体が〈夢〉の映像として（神の

＊1 藤井貞和「『遠野物語』と夢」（『深層の古代』〈国文社、一九七八年〉所収）。以下の本章の藤井への言及は、すべてこの論文による。

啓示として）与えられることで「よき夢」たりうるのだ、と考えるべきではないか。

　もちろん、こう読んでも、認定のしるしとしての霊華と啓示としての夢との二重構造になっていて、そこでは母神の夢あわせ（夢解き）の必要はなくなってしまい、二人の姉は夢の見ようがなくなってしまうのである。Bで語られているような夢くらべではなくて、神の啓示が与えられる娘＝夢を見ることのできる姫、が選ばれるのを待てばよいということになり、その夢（神の啓示）を末の姫が得たのだから、二人の姉は夢を見ることができなかったのだということなのかもしれない。しかし、それならば、天から自分の胸の上に霊華が降った、という夢を末の姫が見るだけでよいわけで、姉の姫に降った花を横取りするというモチーフは不必要になるのではないかとも考えられる。

　そうだからこそ、藤井が読み取ったように、霊華が降ったのは現実で、それを夢で知った末の姫が目覚めて横取りしたという解釈も出てくるのである。しかし、それでは先に言ったように「よき夢」にはならず、「よき夢を見たらん娘によき山を与ふべし」という母の神のことばとそれ以後の叙述とが合わなくなってしまうのである。藤井の読みでは、「よき夢」ではなく「よきしるし」を得たものがよき山を領有した話になってしまう。また、自分の胸に置き替えたところまでを夢だとみたときには、「眼覚めて」ということばが文脈の流れを中断させてしまうような奇異な印象があって、霊華を盗るのは夢から覚めての、末の姫の現《うつつ》の行動と考えたほうが、文脈の流れからは自然なようにも思われてくる。

　どのように理解しようとしても、この話の夢は明確にならないのではないかと思われる。それは、この話の文脈自体が明晰さを放棄しているからだと言えそうである。一般的にいえば、『遠野物語』の文体は、すでに評価されているように、簡潔で飾りのないわかりやすい文章だといえる。それなのにこの話では、「大昔に女神あり」から「……六角牛と石神とを得たり」までの一五〇字を八つの読点で続け、およそ簡潔さとは縁遠い文章になっている。その結果、「……語りて寝たりしに、……止りしを、……之を取り、……載せたりしかば、終に……」と続けてゆくために、見た夢の内容を明確に提示できない文章になってしまったのである。また、「……宿りし夜、今夜よき夢を……寝たりしに、夜深く……」と、夜という語を三つ重ねるのも『遠野物語』の文体らしくない繁雑さだといえよう。

なぜこういう文章になってしまったのか、と考えてみる。そこに、インフォーマント・佐々木喜善の口述と、筆録者・柳田国男の「私どもが曾て想像して来たよりも遥かに苦労がかけられて居る」（再版本への折口信夫の「後記」）という筆録作業との間の、思いのほか大きくて、文体への評価以外にはあまり言及されなかった『遠野物語』という作品の本質にかかわる問題点の一つがあるように思われる。

二　花盗みのモチーフ

霊華が降ったのは現実の出来ごとで、それを夢で知った末の姫が目覚めて姉から霊華を横取りした、と読んだ藤井貞和もたぶん知っていたはずだし、あるいはそれを知っていたからこそ、そうした解釈をしたのかもしれないと思うのだが、咲いた花を盗むというモチーフをもった伝承がいくつか報告されている。はじめ、私はそれらとAの話とまったく同じモチーフの話だと考えていた。しかし、それらに〈夢〉は出てこないのである。たとえば、次のような話が奄美の喜界島から報告されている。

C　昼の太陽は、本当は夜の月であるべきで、夜の月は昼の太陽であるべきだった。というのは、有ったる夜（或る夜）二人寝ていて、今夜誰かの腹の上にシャカナローの花が咲いたら、咲いた者が昼の太陽になり、咲かなかった者は夜の月になる事にしようと約定した。処がシャカナローは月の腹に咲いた。それを見た太陽は、自分が昼の太陽になりたいものだから、こっそり自分の腹に植え替えてしまった。だから太陽は昼に、月は夜に出る事になったのである。それで太陽はあらぬ事をしたからまともに見られないが、月はいくらでもまともに見られるという事である。

（『喜界島昔話集』88「太陽と月」）

太陽と月が昼と夜とに別れた起源を、太陽と月との対立闘争によって語る神話はいろんな形で語られているのだが、喜界島では花咲かせ競争によって語られているのである。そして、Cで語られているような、花の咲かなかった太陽が月の腹からシャカナローの花を盗んで植え替えてしまうという〈花盗み〉のモチーフは、夢であろうとそうでなかろうと、『遠野物語』の「霊華」の横取りと同じモチーフだとみることができる。しかし、ここには、どういう形にしろ夢は語られていない。また、同じ奄美の徳之島でも、人間を治める神を決定するのに二神が花咲かせ競争をし、咲かなかったほうの神が花を盗むという話が語られている。

D　昔、世の初まりに（その神様の名前はもう忘れてないが）天照大神と他の多くの神々が虫を作り、魚をつくり、次々と世の中は作っていったが、人間というのも作らなくてはいけないということになり、粘土で人形を沢山作って庭先に干してあったら、とつぜんにわか雨が降って来たので大急ぎでこれを型に入れてしまつしなくてはならなくなり、足を曲げたり、手を折ってしまったりしてようやく人間は《ママ》をさめることが出来、そこで人間が出来ることは出来たが、さてこれを治めるには誰が治めるかということになった。そこで枯木を折って来て、その枯木に花の咲いた人が治めるようにしようということになった。天照大神は当然花は自分の枝に咲くものだと思いこんでねていたら、隣にねていた神様がそっと花をかえてしまった。翌る朝、その神様は「さあ、自分の木に花は咲いたから自分の世の中だよ」というと、「うん、世の中は君の世の中であるのは認めるが、その代り世のある限り盗人の種はきれないよ」といったので、今まで世の中に盗人のたえないようになってしまった。……(以下省略)……

(『徳之島の昔話』一〇四「世の初まり」)

花を盗むことで人間の統治権を獲得した神様の名前を忘れてしまったと語っているのは、盗むという行為に対して語る側が罪悪感をもっているからだろうし、その点は喜界島の事例では「あらぬ事をしたから」と明示されてもいる。しかし、そうでありながら、これらの話の興味は咲いた花を盗むというところに集中しているのである。競争に勝った神の名が伝えられず、負けた天照大神だけが語られてゆくのは、もともと花盗みのモチーフはなく、花咲かせ競争の勝利者が統治者になるという伝承があり、それが話の展開の興味(面白さ)から花盗みモチーフが入って逆転したとも考えられるが、天照大神という神名自体、徳之島ではそれほどの由緒正しさをもっていたとは考えられない。

ところで、世の始まりにおいて、二神が統治権をかけて争う話が、「花咲かせ競争」から「花盗み」へという展開をとるものは、喜界島や徳之島のほかに、同じ奄美の与論島にもあって、奄美地方ではかなりの広がりをもって伝承されていたらしいことが想像できる。与論島の話ではミロクの神とシャカの神との争いになっていて、花瓶をとり替えたシャカが勝利すると語られている。*2 そして、この話型は沖縄の宮古島にも伝承されているということを、大林太良が報告している。要約紹介してあるにもかかわらず長い話なので、当該部分だけを引用すると次の通りである。

E ……（前半省略）……その後、サクポトケはこの島を私が治めようとミルクポトケに言ったが、ミルクポトケは、「私が人間をつくり、種子を下し、ミヤークと命名したのだから、私が島を守るべきだ、貴方は唐に行け」と言い、二人はツカサヤで議論したが、決まらなかった。そこでミルクポトケは、二人で花を咲かせる競争をして決めようと提案した。牡丹の花をめいめいが持って来て置き、花咲かせの勝負をすることになったが、ミルクポトケには居睡りの癖があった。サクポトケは知恵があったので、ミルクポトケに居睡りをさせ、その間に、咲かない自分の花を咲いたミルクポトケの花と取り換えた。ミルクポトケは眠りからさめて、自分が負けたことを知った。そこで仕方がないので唐に行くことになった。……（以下省略）……

（「ミルクポトケとサクポトケ」）

これとよく似た伝承は、八重山の西端の島、与那国島にも伝えられている[*3]。

そして、こうしてみてくると、花咲かせ競争と花盗みのモチーフが用いられている伝承は、奄美から宮古、八重山にかけての南西諸島一帯に広く分布する話型であるということができそうである。そして、重要なことは、そのすべてが「神話」とも呼べる、世の始まりに関わる神の話で、いずれもが神の統治・鎮座の起源（由来）譚になっている、という点である。そういえば、Aの話もまた、神の鎮座由来として神話的な語り口をもち、他の多くの『遠野物語』の伝承群とは異質な印象を与えている。そうであるからといって、これらの伝承の、現実の伝承史の古さや由緒正しさを述べようというのではない。起源神話ともいうべきこれらの伝承に〈花盗み〉のモチーフが用いられていることの、説話構造における「盗み」という行為のかかわり方をまずは問題にしなければならない。このモチーフに関して大林太良は、「二大神の平行創造による国争いという、『記』『紀』の宇気比神話に似た神話があったのが、仏教的な花咲かせ競争という、類似した構造のより面白い話にとって代られた可能性」を示唆している。[*4]たしかに物の入れかわりはあるけれども、天照とスサノヲとのウケヒ神話は「物実」の〈交換〉であって〈盗み〉ではない。交換から盗みへの伝承の変遷を追ってみてもよいが、その両者の溝は埋めきれないほどに飛躍があることを重く考えるべきだと思われる。

〈盗む〉というモチーフでいえば、天人女房譚の、男が天女の羽衣を盗み（犬に盗ませ）隠すという話を思い出す（日本では『近江国風土記』逸文の伊香小江の伝承が古いものだし、中国では三、四世紀に溯る『捜神記』に記載されている）。あるいは、交換と詐って木刀を与え相手の刀を奪い取る倭建《やまとたける》命と出雲建の説話（『古事記』中巻）も盗みのモチーフだといってよいだろう。前者では盗んだ衣はまた天女にもどるわけで、そこには奄美沖縄の花盗みモチーフと同様の、盗むという行為への罪悪観が働いているとみられるかもしれないが、話の上では、羽衣盗みは男の知略として語られているのみで、そうした表現はでてこない。たとえば、奄美の「あもろ口説」では、子守歌を立ち聞きして衣のあり処を知った天女（母）を「不届者」とは言うけれど「飛び衣（天の羽衣）」を盗んだ男に対する批難めいた言葉はでてこない。[*5]また、後

*2 増尾国恵『与論島郷土史――資料史』（一九七三年）。この書物を直接見ることができなかったので、この資料を要約紹介している山下欣一『奄美説話の研究』（法政大学出版会、一九七九年）を参照した。

*3 岩瀬博ほか編『与那国島の昔話』（同朋舎、一九八三年）十八頁「ミルクとサーカ」。

*4 大林太良「ミルクポトケとサクポトケ」（『伊波普猷全集』第九巻、月報〈平凡社、一九七五年〉）。以下の本章の大林の引用は、すべてこの論文による。

者の倭建説話にもヤマトタケルへの非難を読みとることはできず、ヤマトタケルの知慧の勝利だけが語られている（もちろん、「建く荒き情」の一つのエピソードとして発端とつなげればヤマトタケルの流離の要因ともなるわけで、知慧の勝利だけではすまないのだが、そこまで深読みするのは無理だろう）。これは『遠野物語』の場合もそうで、ここに、盗みを働いた末の姫の行為に対する批難は読み取れない。

現実の盗みとは別に、表現世界におけるモチーフとしての「盗み」は、罪悪観とは結ばれない、表現上のある品物の一方から一方への移動を語る際の一つの様式としてあったのだとみることができる。とくに、神の世界のものが人間の世界のものとなるとき、説話表現では「盗み」というモチーフをもつことが多いのである。たとえば、稲作の起源神話をみると、鳥の穂落しによって語る話群とともに、神（神の国）から稲種を盗み出したと語る伝承が多いということによっても、[*6]「盗み」という表現がどういうものであるかということは、わかるはずである。そこに罪悪観が関与してくるのは、現実の盗みと表現における盗みとが混じり合うからなのだ。

夢の一方から一方への移動も昔話では重要なモチーフで（「夢買長者」など）、多くの場合、盗みではなく金（物）と夢とを交換（売買）すると語るわけだが、有名な『宇治拾遺物語』の「夢買ふ人の事」（巻十三・五話）と題された「ひきのまき人」の逸話は、その題名とは違って、夢解きの女をおどして国司の息子の夢を盗み取ってしまう話である。それを、田舎郡司の子「ひきのまき人（吉備真備）」の、立身出世のきっかけとなる霊異な話として語ってはばからないところに、「盗み」モチーフの表現世界における役割をみてとることができよう。

花盗みのモチーフは、Aの話を除くと、南島に片寄った分布を示しているようだが、大林太良も指摘している通り、朝鮮の巫歌にも同様の構造をもつ伝承を見出すことができる。「あめつちの創め」という済州島で採集された巫歌は天地開闢から語り出される神歌なのだが、天主王から「あの世」の統治を命じられた息子の小星王が、兄大星王の命じられた「この世」を治めたくて兄と花咲かせ競争をし、敗れたので再度競争を挑み、兄が眠っているうちに花瓶を取り替え兄のほうに咲いた花を盗むことで「この世」を治めることになったと語っている。*7 張籌根によれば、このモチーフは済州島ばかりでなく、本土中部地方や北部の咸鏡道方面の巫歌にもあって、広く朝鮮全土に広がりをもっているという。*8 伝播論的なルート捜しという方向ではなく、伝承圏の広がりと、花咲かせ・花盗みモチーフの説話構造における役割を考えてゆく必要があるだろう。

　花は神意の象徴としてあり、それは当然のこととして、盗み取ったと語られている者が、本来受け取るべき幸運であった。それを他者から盗み取ることによって獲得したのだというふうに移動を語ったとき、はじめて神語（筋をもった神に関する話）という言語表現は成立してくるのである。今の統治のいわれ（起源）を語るには、今を逆転した状況を設定する必要があり、その逆転された状況を〈今〉の状態に転換させる筋道を述べることで神話は語り出される。たとえば、豊宇賀能売《とようかのめ》の鎮座由来を語る『丹後国風土記』逸文の奈具社《なぐのやしろ》伝承では、奈具社への豊宇賀能売の鎮座は、老夫婦に追放された天女が、比治から放浪して奈具へ定着したと語られてゆく。そこでは、天女と豊宇賀能売は一体化されて話はでき上っ

*5 田畑英勝『徳之島の昔話』（私刊、一九七二年）、登山修『奄美大島瀬戸内町の昔話』（同朋舎、一九八三年）などに収められた「天人女房」の昔話を参照。
*6 稲作起源の伝承については、大林太良「東アジアにおける穀物盗みモチーフ」（『稲作の神話』〈弘文堂、一九七三年〉所収）に外国の伝承も含め多くの事例が紹介されている。
*7 張籌根『韓国の民間信仰』資料編（金花舎、一九七四年）、七五頁。
*8 張籌根『韓国の民間信仰』論考編（金花舎、一九七四年）、二七一頁。

ているのだが、それを可能にしたのは〈追放〉というモチーフであり、比治と奈具とをつなぐのが、地名起源譚による〈道行き〉という放浪モチーフなのである。

それが、異郷（神の世界）からの飛来による奈具への神の鎮座という単純で基層的な構造を越えて、天人女房譚と結合した鎮座由来の神話を作り上げているのである。〈追放〉というモチーフによって飛来から鎮座へという神の来訪の共同体的幻想は、はじめて由来を語る〈神話〉になったのだということができる。どのように語ることで、説話表現は可能になるのかという問題がそこにはあるのだ。[*9]

〈盗み〉というモチーフも〈追放〉と同じようにその転換を可能にし、話をつくり上げてゆくための一つの表現様式として説話の世界では存在するとみればよい。そう考えると、相手の見た夢を買い取って自分のものにするという昔話「夢買長者」なども、同じ構造で言語化された話だとみることができる。つまり、買い取るというモチーフが入ることで始めて話になったのだ、というふうに。

伝承圏の広がりについていえば、大林太良は朝鮮と奄美沖縄の事例から「琉朝交渉史」といった視座を置こうとし、「今のところ内地からの事例が報告されたということに私は気づいていない」というのだが、『遠野物語』の第二話は明らかに同じモチーフの話だとみてよい。しかし、両者は全く重なるのではなくて、Aが夢の話であることにおいて奄美・宮古や朝鮮の事例とは離れている。そしてその点は、あいだに「夢買長者」などを置いたとき、そのつながりを見通せそうだが、「夢買長者」は神の啓示としての夢そのものの移動を語るわけで、夢の中で咲いた花を横取りするというAの話とは違っている。

明晰さを欠いた『遠野物語』の文脈を理解するために類話と思われる奄美・沖縄の資料などをもってきても、もう一歩のところで溝は埋まらなかったのであるが、先年、開設間もない遠野市立博物館を訪れて、『遠野物語』初稿本のパネル写真に接した時、その問題が解決したように思えた。

　我々が活字本として読んでいる『遠野物語』（明治四十三年刊）に、活字本の礎稿となった柳田国男自筆の初稿本と活字本の台本となった再稿本（印刷原稿）が残されているということは、すでに『遠野物語』再版本（『遠野物語拾遺』を加えて昭和十年に刊行された書物）の「後記」に折口信夫が記しているし、その毛筆初稿本の一部（第二十二話）が同書には写真掲載されてもいる。毛筆で書かれた初稿本は柳田が佐々木喜善から話を聞きながら筆記したものといわれ、佐々木を柳田に紹介し、口述しているときにもそばにいたことがあるという水野葉舟が、「柳田氏は佐々木君の話す話を、忠実に筆記して居られた」と証言している。[*10] 再稿本と呼ばれているものは原稿用紙にペン書きされたもので、これが活字本の台本になったと折口は「後記」に記している。

　この柳田自筆の毛筆書き初稿本とペン書き再稿本そして印刷の際の校正刷をひとそろいにして、柳田は弟子の池上隆祐に託し、池上は今もそれを「大切に保存している」という。その辺の事情については池上自身の証言がある。[*11] 池上の手元に残されているその全体は、現在まで公開されたことはないが、遠野市立博物館に写真掲示された、初稿本の原文では、活字本『遠野物語』の第二話（A）は、次のよう

＊9　第一章で述べた村建て神話でも、秩序ある〈今〉の向こう側に渾沌としての湖水が語られることによって、始源の出来ごとは語られていた。その語り方と、盗みのモチーフを語ることによって鎮座由来を語るのとは、おなじ構造だとみてよいだろう。
＊10　水野葉舟「遠野物語を読みて」（日本文学研究資料叢書『柳田国男』〈有精堂、一九七六年〉所収、初掲は『読売新聞』明治四三年十二月十八日）。
＊11　池上隆祐「柳田先生の思いで」（『定本柳田国男集』第四巻、月報〈筑摩書房、一九六八年〉）。

になっている。

F　古き伝説ニ女神三人の娘を伴ひて此高原ニ来り来内《ライナイ》といふ所ニ宿りし夜天より霊華ふりて姉の姫の胸ニ止りしを末の姫窃ニ之を取りて我胸の上ニ置きて寝たりしかば最好き早池峯の山を得たり三人の姫各一の山を得て今も之を領じ玉ふニより遠野の女共ハ其妬を恐れて更ニ此山々ニハ遊ばずと言へり。

（『初稿本・遠野物語』二話）

初稿本については、再版本に写真掲載された第二十二話の一部を見て、活字本に至る柳田国男の文章への苦労のあとが評価されながら、その全体が公にされないため、厳密な検討は行なわれていない。私が博物館で偶然に出会ったのは、所蔵者の池上隆祐氏から借りて写真撮影し、民話コーナーの入口にパネルとして飾られた四頁分（第一話の後半五行、第二・第三話と第四話のはじめ二行）であった。館員によれば撮影を許されたのはそこまでであったという。なお、博物館には掲示されていなかったが、第一話の前半については別のルートで撮影した写真と翻刻の掲載された雑誌がある。[*12]

運よく目にした第二話の、今問題にしている部分を、初稿本（F）と活字本（A）とを対照する形で掲げると次のようになる。

〈初稿本〉	〈活字本〉
古き伝説ニ女神	大昔に女神あり、
三人の娘を伴ひて此高原ニ来り	三人の娘を伴ひて此高原に来り、

来内といふ所ニ
宿りし夜

天より霊華ふりて
妹の姫の胸ニ止りしを
末の姫窃ニ之を取りて
我胸の上ニ置きて寝たりしかば
最好き早地峯の山を得たり

三人の姫各一の山を得て
今も之を領じ玉ふニより
遠野の女共ハ其妬を恐れて
更ニ此山々ニハ遊ばずと言へり

今の来内村の伊豆権現の社ある処に
宿りし夜、
今夜よき夢を見たらん娘によき山を与ふべしと
母の神の語りて寝たりしに、
夜深く天より霊華降りて
姉の姫の胸の上に止りしを、
末の姫眼覚めて窃に之を取り、
我胸の上に載せたりしかば、
終に最も美しき早地峰の山を得、
姉たちは六角牛と石神とを得たり。
若き三人の女神各三の山に住し
今も之を領したまふ故に、
遠野の女どもは其妬を畏れて
今も此山には遊ばずと云へり。

両者を比べてわかるその違いのうち、もっとも重要な点は、初稿本では、活字本にある、

*12 小田富英「柳田国男『遠野物語』初稿本」(『寺子屋雑誌』第7号、一九七八年)。

今夜よき夢を見たらん娘によき山を与ふべしと母の神の語りて寝たりしに、

の部分がすっかり落ちているという点である。

初稿本の文脈に従えば、末の姫の花盗みは〈夢〉ではなく、姉が眠っているあいだに生じた現実の行為だということになる。それは言うまでもなく、奄美や宮古の花盗みモチーフをもった伝承と同じ構造である。活字本の「載せたりしかば」を初稿本で「置きて寝たりしかば」とするのも、花盗みが夢ではなくて〈現実〉の行為だからであり、初稿本（毛筆で句読点なしに続けられている）の文脈はすっきりしていて大変わかりやすい。両者の差異のうち、その他の部分の細かな改変は、いわゆる、柳田国男の文章上の労苦に当るとみればよいわけで、内容的な問題を含んではいない。

夢を語る活字本と、その部分を欠いている初稿本との違いをどう考えればよいのか。初稿本はメモ的なもので、佐々木の口述には夢を見させるという女神のことばが含まれていたのだが、筆記せず、再稿本（活字本の台本）をなす際に文章の推敲とともに書き加えたとみることもできる。たしかに初稿本は分量的に少なく、簡略な表現になっていると言えよう。しかし、初稿本は文脈も通っていてメモといえるような文章ではない。しかも、夢の部分はこの話にとって重要な部分であり、たとえ初稿本がメモ的なものであったとしても、その部分は記されているべきだし、第二話のそれ以外の部分の初稿本と活字本との違いが微妙なことばの言い廻しに限られているというところからみても、夢の部分をメモしなかったと考えるのは不自然であり、水野葉舟の、「忠実に筆記して居られた」ということばからみても、その可能性は薄いように思われる。

佐々木がこの話を語ったとき（初稿本の段階）、夢は欠落していたのだが、柳田がのちの機会に佐々木から確認し加えた、あるいは佐々木が語り落したのを後に自ら訂正した、ということも考えられる。たとえば、初稿本の「来内という所ニ」の部分は、右傍に小さく、「の（アキ・ママ）権現祠のある処」と書き添えがあり、それが活字本では、「今の来内村の伊豆権現の社ある処」と改められており、これなどは佐々本喜善から確認して加えたかと思われる個所である。しかし、夢の部分がそうなら、同様に初稿本のなかに傍書などで注記しておくと考えられるわけで、そう考えることも無理がありそうである。

もっとも考えられる可能性は、柳田国男が独自の判断で、「今夜よき夢を見たらん娘によき山を与ふべしと母の神の語りて寝たりしに、夜深く」の部分を書き加えた、と考えることである。それに伴って、「我胸の上ニ置きて寝たりしかば」の寝るを削り、「我胸の上に載せたりしかば」に改め、そこまでを末の姫の見た夢の内容としてAの話を理解させようとした――そう考えるのが、この両者の相違を納得するための道筋のように思われるのである。そうした改変をしたからこそ、この話は文意のとりにくい内容になってしまったのではなかったか。

初稿本のままに読み取れば、霊華が降ったのは「現実」のできごとであり、末の姫が姉の胸の上から奪い取ったのも〈現《うつつ》〉の行為だということになる。これは、先に触れた藤井貞和の解釈の通りである。しかし、それはあくまでも初稿本の文脈の理解であって〈夢〉を加えた活字本『遠野物語』における文脈理解とは別だといわなければならない。活字本では、霊華が降ったことも、それを末の姫が自分のものにすることも、すべて末の姫の見た〈夢〉として語られていると読まなければならないのである。

右の推定が当っているとすれば、なぜ柳田国男はそうした加筆を行なったのか、ということが問題になる。初稿本のように花を盗むという行為が〈現実〉の行為だとすれば、末の姫は〈盗み〉という罪を犯していることになり、その姫が最もよき早地峯山を領有することに釈然としない気持ちを、柳田国男は抱いたのではなかったか。夢として語れば、末の姫の行為は現実の「盗み」という罪から解放されると考えたのかもしれない。

たぶん柳田は、夢の話を、たとえばBに引いた話や吉備真備の逸話や北条政子が妹から夢を買う話や「夢買長者」の昔話などを、『遠野物語』をまとめる段階で知っていただろう。だからこそ、夢がここに加筆されてきたはずだ。のちの書き物だが、一緒に旅をしていた相棒から、見た夢の話を聞いた連れの男が宝を掘りに行ったが、掘り出された財宝は夢を見た男の家に飛んでいった、という昔話などを紹介し、夢を買いとった者が幸運をつかむという話は朝鮮にもあって日本に入ってきたのは新しく、古くは「正夢を見るの資格とでもいうべきものが、定まつて居るやうに考へられて居た」とみるべきだ、と柳田は述べている。*13 こうした考え方の基盤となる夢への認識を、すでに『遠野物語』をまとめる段階に柳田がもっていたからこそ、末の姫の花盗みは、神の啓示たる正夢の出来ごととして語られてゆくことになったのではなかったか、と考えるのである。

四　遠野の民間伝承の花盗み

数年前、以上のようなことをある雑誌に書いたのだが、南島や朝鮮に広く分布し、『遠野物語』にもみられる花盗みモチーフは、ほかの地域にも伝承されているのではないか、ということが気になっていた。そして案の定、旧稿を発表した次の年、羽田澄子の「早池峯の賦」という映画を見に行ったときに入手した大迫町のガイドブックのなかの囲み記事に、次のような伝説を見つけた。

G　――昔、昔、大昔。台の羽山様、矢沢の胡四王様、亀ケ森の権現堂様の三人の娘が、「誰かの枕元に蓮華を咲かせて下さるよう神様にお願いし、その枕元に咲いた蓮華を持っていったものが、早池峰山の御主になることにしよう」と約束しました。夜ふけて、末の娘がふと眼をさましてみると、長姉の枕元に蓮華が咲いていました。姉たちは皆よく眠っていたので、末娘がそれを持っていって、早池峰山のお山のお主になりました。――

（大迫町企画商工課『大迫』）

大迫は遠野の北西にあって、やはり早池峯山の麓の町である。そこの内川目地方に伝えられている伝説がこれである。初稿本と同じように、ここでも夢は描かれておらず、三人の娘の、神への祈願（ウケヒ）による花咲かせ競争と末娘の花盗みという形になっていて南島の伝承と大変似た構造になっていることがわかる。ただ南島の伝承では二者の競争なのに、ここでは『遠野物語』と同じく三人である。しかし、説話構造という面からいえば、この話も姉と妹との二者の競争とみてよいわけで、奄美・沖縄や朝鮮の伝承と等しいものだといえよう。

『遠野物語』の活字本と初稿本とを較べたとき、夢が語られずに妹の現実の盗みによって語られているという点で、Gの話は初稿本に近い。ただ、ウケヒによる花咲かせ競争の部分が初稿本にないということがやはり気にかかる点で、初稿本とGとをまったく同じ話だと言い切るのにはためらいが残る。ただ、同じ早池峯の山麓の地で、同じ早池峯山に鎮座する女神の由来譚が、ほぼ同じ話型で伝えられているということを考えれば、遠野の伝承と大迫の伝承とのあいだに何らかの交渉があるということは否定

＊13　柳田国男『昔話と文学』（一九三八年、『定本柳田国男集』第六巻、三二八頁）。

できないことだろう。

じつは恥ずかしいことなのだが、最近になって、佐々木喜善の著した書物に同様の話が記されているということに気づいた。それは次のように語られている。

H　早池峯山は姉妹三人の女性の神のいちばん末妹であるとされている。美しいがなかなか意地悪で、そのくせ少々盗癖がある。これは、はじめ遠野郷三山すなわち六角牛山、石神山とこの山とを三人の姉妹に分かつに、附馬牛村神遣《かみやり》という所にある夜寝、その寝姿の上に天から蓮華が降った者がいちばん秀麗な早池峯山を取ろうというのであったところ、いちばん末妹が夜半まで眠らず仮睡していて長姉の上に降った花を盗んで胸の上に置いたのだという。ゆえにこの山の祭日などには路傍などの家々ではナシ、リンゴその他娘、嫁の類まで盗難にあってならなかった。（『東奥異聞』）

盗むという行為がかなり罪悪視されて語られているが、この話は奄美・沖縄の伝承やGの大迫の伝承などともっとも接近している。登場人物は三人だが、三山のいわれになっているから三人の娘が登場するわけで、説話の構造としては末娘と姉娘との関係として表現されているとみてよく、南西諸島の伝承と変わりがない。一対一の対立的構造をとることで、話になるということである。その点は、『遠野物語』でもGでも同様である。

この話で注目されるのは、「その寝姿の上に天から蓮華が降った者がいちばん秀麗な早池峯山を取ろうというのであった」という部分である。ここではははっきりと、ウケヒによる花咲かせ競争として語られている。『遠野物語』活字本では、ウケヒによる夢見競争として語られ、初稿本ではその部分をなにも語らないのだが、大迫の伝承Gもそうであったように、遠野でもこうした語り方が伝えられていたのである。とすると、改めて、佐々木喜善は柳田にどのような内容でAの話を語ったのかということが問題になる。

Hの話は『東奥異聞』の「磐司磐三郎の話」という文章の注に引かれているのだが、この書物は、大正十五年に刊行されている。時間的には十六、七年溯るが、柳田に遠野の口碑を語ったときも、喜善の知っていた話がHのごときものであったと考えるのが、いちばんわかりやすい。もしかしたら、Hで語られているのと同じように、末娘の盗癖や意地悪さを強調した語り口をとっていたかもしれない。そうだとすれば、先に想像したように、そんな娘が一番いい山を手に入れたというのでは柳田の倫理観が許さなかった、というのはよくわかる。だから、活字本のように夢の中での話に仕上げてしまった。そして、そうした可能性を裏付ける資料が、岩本由輝によって提出されている。

岩本は、私の旧稿の柳田改筆説を支持した上で、その根拠として水野葉舟の作品を指摘する。水野は、三山の鎮座由来譚を「北の人」（『葉舟小品』所収）という喜善をモデルとした小説のなかに収めているのだが、そこでも夢は語られていないのである。水野の小説は、佐々木喜善が柳田に遠野の伝承を語った前年に喜善から聞いた伝承をもとに執筆されたものだというのはほぼ確かだから、喜善が柳田に語った鎮座由来譚の内容も、夢を語らない伝承だったと考えられる、と岩本は言う。[*14] この岩本の論述は支持できるものであり、喜善が柳田に語った内容がHのごとき内容であったというのはまず動かないと言って

*14 岩本由輝「柳田国男の紀行文芸をめぐって――『グリムの昔話』における書き替えの問題を含めて」（『東北生活文化論集』第四集、一九八五年三月）。

よいだろう。

とすれば、初稿本には花咲かせ競争の部分がなにも記されていないが、そのことは、佐々木喜善がウケヒによる花咲かせ競争について語らなかったということを意味するのではないはずだ。毛筆による初稿本が、普通考えられているように、喜善が語るのを聞きながら記していったメモであるなら、書ききれない部分はいろいろとあったに違いない。あるいは、初稿本がのちに整理しなおされたものであるなら（そう考えるのが正しいと思うが）、その部分については記憶がなかったとも考えられる。あまり深く詮索してみてもたいして収穫のないことだが、少なくとも、GやHの伝承の存在や岩本の指摘を考慮すれば、『遠野物語』活字本に描かれた三山の由来譚に描かれた夢の部分は、喜善の語りにはなくて、柳田の手にかかる改変であった可能性が一段と濃厚であるということだけは確かなことだといえるだろう。

最後にふれておけば、現在、遠野で語られている三山の鎮座由来譚もHの話と同じ内容で語られている。これは、かなり興味深いことである。

I　上郷《かみごう》の来内というところに女神様があって、三人娘があったんだと。一番目はおろくさん、次はおいしさん、次はおはやさん。
いいくらいの年頃になったので、

「おまえたちは、三つお山があるから、それに行って住んだらいいだろう」っていわれて、三人旅をして、そして神やりというところに来た。

「ここで、ひと晩泊まりましょう」

「夜に霊華《れいげ》が降った者が一番いい山に行きましょう」

それで、夜、三人寝ておった。

おはやさんが夜中にひょっと目さましたら、霊華がおろくさんの胸の上にあった。それをそっと自分の胸の上に置いて、そして明け方になった。

そしたら、おろくさんが、

「おはや、お前に霊華が降ってるが、どこ行くんだ」

「はい、わたしは早池峰に行きます」

「あ、そうか。わたしはどうしようかな。うん、六角牛《ろっこうし》に行く」

それで、中のおいしさんは、

「わたしは石上《いしがみ》に行きましょう」って、三人それぞれの山さとんで行ったと。

(「福田八郎さんの語りによる遠野案内」)


民話の里遠野は今や観光地で、タクシーの運転手にまで民話を語れとお客はせがみ、自分の知っている話を語ると、客は、それは『遠野物語』の内容と違う、もっと勉強しなければいけないと忠告する、だから、彼らは、自分の昔聞いた話をしないで、『遠野物語』の話を覚え、それを語って聞かせるのだという。[*15] いかにもありそうな挿話である。そういえば、しばらく前、遠野でも有名な語り手が東京のデパートの東北物産展の余興に出演し、語ることのできる昔話の一覧表を示し、お客のリクエストに応じて昔話を語ってくれたことがあったのだが、そこで語られたオクナイサマの話は、『遠野物語』の第一

*15 岩本由輝『もう一つの遠野物語』(刀水書房、一九八三年)一〇〇頁。

八話から第二〇話までを、細部の描写までほとんど『遠野物語』と同じに語ったもので驚いたという体験を思い出す。

脇道に逸れたようだが、そうした現在の遠野の伝承の姿からみて、Iの話で語られている内容は興味深いものである。福田八郎氏の語りなのだが、「霊華《れいげ》」などという『遠野物語』からの知識と思われる言葉を用いながら、内容は、夢の出来ごとではなくて、ウケヒによる花咲かせ競争になっている。現在の遠野で強い規制力をもつ『遠野物語』という作品とは違った内容でこの話が語られているということを考えあわせると、もともと遠野で語られていた話は、間違いなくHやIのような伝承であったに違いないということが確信できるのである。

また、遠野や大迫だけでなく、山形県でも同様の話型が伝承されているということを知った。勝れた仕事を残し志半ばで世を去った佐藤義則の『ききみみ』のなかに「カムロの姉妹山神」という話があるのだが、そこでは、二人の姉妹が鎮座する山を争い、困り果てた父神が、天の神に請うて手に入れた蚕を二人に養わせ、できた繭の糸の長かった者に「カムロ（神室）山」を与えると約束する、という話である。例によって、少しばかり心のよくない妹が、夜中にこっそりと姉の立派な繭と自分の繭とを取り換えてしまい、妹神が聖なる山「カムロ（神室）山」の主になった、という話である。ついでに言えば、繭を取り変えられて悔しい思いをした姉のために、父神が「カムロ（禿）山」という山を造ってやり、姉はそこに鎮座することになったという、いかにも口誦伝承らしい面白い後日譚を付け加えて語られている。*16

この山形県小国郷の例は、花咲かせ競争ではなくて繭育て競争になっているが、同じ話型であるというのは明らかである。しかもその本の中で佐藤は、「山形県内には、姉妹が『蓮の花咲かせ』をきそい、妹が姉のを盗みかえて高山におさまる伝承が多い。月山と蔵王山。月山と鳥海山。月山と朝日岳」という注をつけている。これをみると、この話型が、東北でもかなり普遍的に伝承されていたらしいということが裏付けられるのである。

おそらく花咲かせ競争の話は、奄美・沖縄や朝鮮をふくめた広い伝承圏のなかで語り継がれていた話型だったのであろう。そこには、口誦表現において〈話型〉が伝承に対して果たしている力の大きさが窺えるのである。

五　「感じたるままを書きたり」の事

初稿本から活字本への、第二話における と同じような改変のあとが『遠野物語』全体にみられるかどうかは、初稿本の全容が公刊された後でないとわからない。遠野博物館のパネルでみた、もう一つの第三話について言うと、活字本の第三話冒頭の、

山々の奥には山人住めり。栃内村和野の佐々木嘉兵衛と云ふ人は今も七十余にて生存せり。此翁若かりし頃猟をして山奥に入りしに、……

は、初稿本では、

*16 佐藤義則『ききみみ・小国郷のわらべうた』(荻野書房、一九八〇年)一〇一頁。

山々の奥ニハ山人住めり今も七十余にて生存せる栃内村和野の佐々木嘉兵衛といふ翁若き頃深山ニ猟せしに……（傍点は三浦）

とあって大きな違いはないのだが、初稿本の傍点部分は右傍に小字で書き変えられており、墨消にされたもとの文章は、

二三年前ニ七十余にて身まかりし

となっている。

この訂正はあるいは、佐々木喜善が自らの思い違いをのちに訂正したとも考えられるが、先の第二話のありようからみると、これも同様に柳田国男の改筆だと考えたほうがよいかもしれない。同じ土淵（栃内は土淵村の字名であり〈活字本第三話、頭注に「土淵村大字栃内」とある〉、喜善は同じ土淵村山口の出身）の、縁戚関係をもつかもしれない佐々木嘉兵衛の生死を喜善が間違えたとは考えにくいからである。しかも、事実譚の構造としては、すでに死んだ者の話とするよりは今も生きている者の体験談として語るほうが、その事実性は強くなるはずである。柳田はそれを意識して死者を生き返らせたのかもしれない、と疑ってみたほうがよいのではないかと思われる。

偶然に目にした第二話と第三話だけで、初稿本と活字本との差、あるいは柳田国男の筆録について安易な結論を出すのはひかえなければならない。しかし、佐々木喜善の語った遠野の伝承と『遠野物語』に収められた話との間には、口誦のことばと書記言語との違いを越えたもう一つの違いがあったらしい

ということは考慮しておかなければならない、という点は確認しておいてよい。

初版本の序文の、よく引かれる「自分も亦一字一句をも加減せず感じたるままを書きたり」という柳田のことばの、〈聞きたるまま〉ではなく〈感じたるまま〉であることの理由の一端がこうした点にあるのかもしれないと思われてくるのである。「感じたるまま」という一句に注目した桑原武夫は、それを、「話の内容は改めていない、しかし鏡石の語り口に満足できぬ柳田が自己の責任において文章としたという意味であり、人間の心に関する事実は、その事実を書きしるす文章のあり方によって変容するということを柳田は感じ取っていたにちがいない」と考え、再版本に写真掲載された初稿本と活字本（第二十二話）とを比べ、「『一字一句をも加減せず』というのが文飾にすぎぬことは歴然としてくる」と述べている。そして、そのことを桑原は、柳田の文章上の推敲による「古風にして新鮮な文体」の成立として高く評価するのである。[*17]

一方、『遠野物語』初稿本全体を池上隆祐氏から借りて検討した小田富英は、「文をなるたけ短くし、修飾語を極力避けながら簡潔に、しかも、流れるように工夫されている」というふうに、柳田の文章上の努力を桑原と同様に評価している。そして、「具体的な年代なり、年令はすべて、初稿の原稿化の時点＝明治四十二年と、刊本の刊行時点＝明治四十三年の時差である一年を計算に入れて修正されているる」ということを指摘し、その具体例をあげながら、「現実としての『目前』性への直視と、遠い将来にわたる『遠野物語』の生命力への期待があった」とも評価する。[*18]

＊17 岩波文庫版『遠野物語・山の人生』（一九七六年）の、桑原武夫の「解説」による。
＊18 小田富英、＊12同論文。

それは、あるいは第三話の改変にみられるような、柳田の事実譚への注意深い配慮であったとみたほうがよいのかもしれないとも思われる。もちろん、この時点で柳田が、どれほど、伝承における事実性と現実の事件とを区別しようとしていたかについては問題があるし、小田富英のあげた諸例は、あるいは柳田国男が、これらの話を事実あったことだと考えていたということの証しになるのかもしれない。[19]

最近の東北の民俗学研究では『遠野物語』の真の作者はだれであったのか、という問題提起なども出てきているという。[20]それが佐々木喜善という人物をもち上げるための盲目的な郷土愛から出てきているのであれば問題も含んでいるわけだが、注目には価する。たとえば、佐々木喜善自身が『遠野物語』をどう考えていたかということにふれておけば、『奥州のザシキワラシの話』（大正九年）に引用したオクナイサマの話の注に、「このオクナイサマの事は、別に十年前の遠野物語にも書いておいた」（傍点は三浦）という文章を記しており、[21]そこからも、喜善にとって『遠野物語』はどう認識されていたかということの一端は明らかになるであろう。

ただし、採集された昔話の作者という問題は、いわゆる近代文学の作者の問題とは別のとらえ方が必要で、佐々木喜善もまた、別の資料提供者（採集者）から批難されたりもしているのである。[22]学問的な作業として必要なことは、文章上の評価とは別に、佐々木の口述と柳田の筆録との間に横たわる諸問題を考えてみることである。幸いにして初稿本が残されているわけだから、公刊されさえすればかなりの程度追求することが可能になるわけで（もちろん、初稿本が佐々木の口述通りかどうかも考えなくてはいけないが）、その作業はわりとやさしいはずである。

そしてそこから、明治四十二、三年頃の柳田国男の民間文芸への認識、あるいは『遠野物語』に対する、民俗学の黎明の記念碑としての評価やその文体への評価のみではない、遠野の伝承としての学問的な価値への分析と批判が行なわれなくてはならないと思う。また、当然のこととしての、文学青年、佐々木鏡石（喜善）の伝承の語り手としての質も考えてゆかねばならない。

そうした問題については、すでに、佐々木喜善と親しく、彼から多くの話を聞き、それを題材とした作品を数多く残している小説家・水野葉舟の作品と、『遠野物語』に残された伝承との差異を詳しく比較検討し、柳田国男の改変を追求する岩本由輝の優れた仕事がある。[*23] そこからも、『遠野物語』という作品がどういう性格をもつかということは、かなり明確に把握することができる。だからといって、すぐさま、その背後に広がる民間伝承としての一面を否定して『遠野物語』をおとしめる必要はない。

明らかに、近代人としての、知識人としての柳田国男の手が加わっている部分があるとしても、『遠野物語』に、前近代の村落の伝承の姿がみえるというのも確かなことなのである。ただ、生のままで村落が見えると考えたり、民俗学の記念碑的作品であるという理由だけで必要以上に『遠野物語』という作品を持ち上げることもすべきではない。そこに記されている遠野の伝承群の一つひとつが、どのように伝承としてとり扱われているのかを厳密に検証してゆくことで、村落の伝承の本質、説話表現の真の姿を追い詰めてみることこそが、佐々木喜善と柳田国男と、そして二人の共作としての『遠野物語』を

*19 すでに早く初稿本の全体を検討した小田富英が、第二、三話の違いに気づかなかったとは考えられないのであり、そのことに何も触れていないということは不思議な気もする。なお、活字本にあって初稿本に収められていない話が、昔話二話のほかに九話あるということを小田は指摘している（*12同論文）。
*20 「地道な東北の民俗研究」と題されたコラム欄の山折哲雄の文章（『読売新聞』一九八一年六月五日夕刊）。
*21 佐々木喜善『遠野のザシキワラシとオシラサマ』（宝文館、一九七七年）一五頁。
*22 田中喜多美「民俗学の黎明と成長」（『岩手の民俗』創刊号、一九八〇年）。
*23 岩本由輝『もう一つの遠野物語』（*15同書）など。

正当に評価するために、欠かすことのできない今後の課題とるのである。

［増補版付記］

ここに述べた『遠野物語』の初稿本と印刷原稿、そして校正刷の三部作は、平成三年（一九九一年）に遠野市に寄贈され、遠野市立博物館に所蔵されている。そのあたりの経緯については、本書第III部第十章の末尾に付した「初稿本『遠野物語』公開への期待」という文章を参照願いたい。

第三章　神隠しと境界――封じ込められる神

『遠野物語』には、山の中で山男や山女に出会うという猟師たちの体験談が満ち満ちている。それらの伝承に正面から立ち向かって山人論を展開させようという準備も勇気もないのだが、『遠野物語』の山人譚をみてゆくと、それらの話群には二つの傾向があることに気づく。一つは、山に入ってあちら側の者、山男や山女・大坊主・天狗などに出あう話であり、もう一つは、山の中で、以前に里からいなくなった娘に出あい山人との生活の様子を聞くという類の話である。どちらも、山に入った猟師たちの幻想体験、吉本隆明のいうところの「恐怖の共同性」(『共同幻想論』)として考えられることでは同じだが、私は、後者の、いわゆる「神隠し」の話に興味をひかれる。ここではまず、その「神隠し」譚を話題にしてみる。

一　神隠しに遭う女

ある日猟師が、村から突然いなくなった若い娘に、山中で出あう。娘は、隠された後の山男との恐ろしい生活を語り、早く立ち去れ、誰にも言うなと言う。『遠野物語』の神隠しの話はどれもこのような語り方で、ほぼ一定の説話的様式性をもって語られている。たとえば、次のような話である。

A　遠野郷にては豪農のことを今でも長者と云ふ。青笹村大字糠前《ヌカノマエ》の長者の娘、ふと物に取り隠されて年久しくなりしに、同じ村の何某と云ふ猟師、或日山に入りて一人の女に遭《ア》ふ。怖ろしくなりて之を撃たんとせしに、何をぢでは無いか、ぶつなと云ふ。驚きてよく見れば彼の長者がまな娘なり。何故にこんな処には居るぞと問へば、或物に取られて今は其妻となれり。子もあまた生みたれど、すべて夫が食ひ尽して一人此の如く在り。おのれは此地に一生涯を送ることなるべし。人にも言ふな。御身も危ふければ疾く帰れと云ふままに、其在所をも問ひ明らめずして遁げ還れりと云ふ。

（『遠野物語』六話）

神隠しに遭った女は、一度だけ村人の前に姿をみせて、それまでの恐ろしい生活を語るというのが、こうした話のきまった語り口である。『遠野物語』でこの話の次に並べられた第七話の話もほとんど同じかたちで語られているし、『山の人生』にも同様の話は数多く引かれている。ここでは、「長者の娘」と語っているが、これは不思議に出あう女たちに共通する。豪農や豪家など恵まれた家の女たちが狙われるのは、たぶん、神話的な、選ばれた家筋、神に血筋をもつ家の娘＝神を迎えることのできる巫女的な存在としての女に繋がっているのが、これらの神隠し譚における娘たちだからであろう。巫女を説話的に語れば、美しく豊かな家の女というふうになるのが、説話表現の様式性である。出あった猟師がすぐに鉄砲を撃とうとすると語るのも、この類の話には多いのだが、そこには山中で不思議に出あった猟師たちの恐れの言語化があると読める。だから娘に出あって話を聞いただけで逃げ帰るといった類型化された展開をとる話が多くなるのである。

女の語る境遇も、よく似た語られかたをする。いずれの場合も怖ろしいものの妻になっており、だから当然子供も生まれたという。しかしその子は「すべて夫が食ひ尽して」しまったと語る。第七話でも女は、「子供も幾人か生みたれど、我に似ざれば我子に非ずと云ひて食《クラ》ふにや殺すにや、皆何れへか持去りてしまふ也」と語っている。

子供を食ってしまう（らしい）という共通した語り口をとるが、それは、「自分には並の人間と見ゆれど、ただ丈《タケ》極めて高く眼の色少し凄し」（第七話）と語られている相手の男が、普通の男のようでありながら、ただの人間ではないということを語るための象徴的な描写だということを示している。たとえば昔話で、山の中の一軒家に棲む山ん婆が囲炉裏に架けた鍋の中で赤ん坊の肉をぐつぐつと煮ており、押し入れのなかには人の骨をいっぱいに押しこんでいたなどと語るのと同じことなのである。

もちろん、いつも一人で逃げ帰るのではなくて、勇気のある猟師が、出あった女を連れ帰ろうとしたというふうに語られる場合もある。

B　女は猟人に向つて、お前と斯うして話して居る処を、若しか見られると大変だから、早く還つてくれと謂つたが、出逢つて見た以上は連れて還らねばすまぬと、強ひて手を取つて山を下り、漸く人里に近くなつたと思ふ頃に、いきなり後から怖ろしい背の高い男が飛んで来て、女を奪ひ返して山の中へ走り込んだ。（『山の人生』）

一度山に入り、怖ろしきものの妻になった女は、二度と元の里にはもどることができないのである。ただ一度だれかに出あうのは、彼女たちが確かに怖ろしきものの妻であることの存在証明なのだ、と説話表現の面からはいえるだろう。

こうした山人の妻と山人と、これら山人譚について、柳田国男は、次のように述べている。

殊に自分たちが大切な点と考へるのは、不思議なる深山の壻の談話の一部分が女房にも意味がわかつて居たといふことと、其奇怪な家庭に於ける男の嫉妬が、極端に強烈なものであつて、我子をさへ信じ得なかつた程の不安を与へて居たこととである。即ち彼等は若し真の人間であつたとしたらあまりにも我々と遠く、もし又神か魔物かだつたといふならば、あまりにも人間に近かつたのであるが、しかも山の谷に住んだ日本の農民たちが、之を聴いて有り得べからずとすることが出来なかつたとすれば、そは必ずしも漠然たる空夢ではなかつたらう。誤つたにもせよ何等かの実験、何等かの推理の予め素地を為したものが、必ずあつた筈と思ふ。*1

相手の男は、人のようで人でなく、人里に出れば人に紛れてしまう（第七話）と語るように人間に近い存在で、そう語ることで山人への恐怖は増幅されているのだが、そのあたりのことを柳田はうまく表現している。そして、彼がこうした話の背後に「何等かの実験、何等かの推理の予め素地を為したものが、必ずあつた筈」だと考えたのは、〈日本の先住民としての山人〉の実在を考えていたからである。

それに対して、吉本隆明は、Aの話や第七話の話を取り上げて、次のように説明している。

『遠野物語』のなかのこの種の話は、いわば村落共同体から〈出離〉することの心的な体験という意味でリアリティをもっている。村からなにかの事情で出奔して他郷へ住みついたものが、あるとき郷里の村人に出あって、あまり良いこともなかった出奔後の生活について語るという比喩におきかえてみれば、この種の山人譚のうったえるリアリティの本質はよく理解される。そしてこの種の山人譚で重要なことは、村落共同体から離れたものは、恐ろしい目にであい、きっと不幸になるという〈恐怖の共同性〉が象徴されていることである。村落共同体から〈出離〉することへの禁制（タブー）がこの種の山人譚の根にひそむ〈恐怖の共同性〉である。[*2]

外側の世界を遮断して村落はありえないが、外側を完全に受けいれてしまったならば、村落は崩壊するしかない。村落が村落であるために、恐ろしき世界として外部＝〈異郷〉はつくられてゆく。境界の外の神々の領域が彼らの生活を守ってくれる神のいますところであるとともに、怖ろしきもののいる世界として語られてゆくのはそのためだ。近代にあっては、都市が、村落に対してそうした役割を担うところとなった。今も、若い女たちは憧れとともに東京の男は恐ろしいのだよという母のことばを背にうけて電車に乗る。しかし、村落における共同性をもたない彼女たちは、上野駅地下ホームから地上へでる長いエスカレーターに乗った途端に、母の言葉を振り落としてしまうのである。

神隠し譚が吉本のいうように、「村落共同体から〈出離〉することへの禁制（タブー）」によって語られているとみるとき、これらの話が、山に入った男たちによって、女たちの恐ろしき体験談として語られているということの理由はよくわかる。村落に繋ぎとめておくべき存在として女があるから、外部＝異郷としての山は恐ろしき山男の棲む世界となってゆくのである。それに対して、男たちとかれらが出

*1 柳田国男『山の人生』（一九二五年、『定本柳田国男集』第四巻、一一〇頁）。
*2 吉本隆明『共同幻想論』（河出書房、一九六八年）五〇頁。

あう山女との関係は存外さっぱりしていて、神隠しにあった娘たちの語る体験の恐怖にくらべられるものは『遠野物語』には見当たらない。

山小屋で夜を過ごす猟師のもとを訪れ、小屋の垂れ菰をかかげ、ニヤッと笑いかけて去っていってしまったり、目のまえをスーッと通りすぎていったりする。あるいは岩の上に座って髪を梳っている山女もいる。おおかた、その程度のことしか語られていないのが普通である。そこにはたぶん、里の女と山男との関係性や因縁の深さにくらべて、男と山女との間にはそうした交渉の歴史がないからだともいえるのではないか。

山人や神隠しに遭った女たちに出あうのはいつも男なのだが、それは、境界の向こうにある山が、男たちの生活の領域でもあるからだ。つまり、男が山人に出会うのは、かれらが村落の側の存在だからであって、村や家を守るべき者たちだからである。守らねばならないから、向こう側へいった女たちの不幸や山人に出あった恐怖が男たちによって語られなくてはならないのである。村落と家を守るべき存在であるという幻想を男たち自身がもっているかぎり、かれらの出あう山人は、男たちを一生山に縛りつけておいたりはしない。

ただ、『遠野物語』のなかで、次のような話は男の性的な幻想を孕んでいるという点で興味深い。

C　離森《ハナレモリ》の長者屋敷にはこの数年前まで燐寸《マッチ》の軸木《ヂクギ》の工場《コウバ》ありたり。其小屋の戸口に夜になれば女の伺ひ寄りて人を見てげたげたと笑ふ者ありて、淋しさに耐へざる故、終に工場を大字山口に移したり。其後又同じ山中に枕木伐出《キリダシ》の為に小屋を掛けたる者ありしが、夕方になると人夫の者何れへか迷ひ行き、帰りて後茫然としてあること屢《シバシバ》なり。かかる人夫四五人もありて其後も絶えず何方へか出でて行くことありき。此者どもが後に言ふを聞けば、女が来て何処《ドコ》へか連れ出すなり。帰りて後は二日も三日も物を覚えずと云へり。

（『遠野物語』七五話）

長者屋敷と呼ばれるところには、長者没落譚がついてまわる。そこは不思議の場所だから、恐ろしいことが起こる。燐寸工場のあった時から、人々の間に不思議が語られているのはそのためだし、そうした話があるから、新しい工場ができて人夫が住むようになると、また同じような話が語られることにもなる。

この話でおもしろいのは、「女が来て何処へか連れ出」された人夫たちが、不思議のあとで「茫然としてある」ことであり、「帰りて後は二日も三日も物を覚えず」という状態だったと語られていることである。こうした状態が何を語っているかということは、次の話を読めばわかるだろう。

D　今から三十年あまり以前、肥後の東南隅の湯前村の奥、日向の米良《めら》との境の仁原山に、アンチモニイの鉱山があつた。其事務所に住んで居た原田瑞穂といふ人が夜分少し離れた下の小屋に往つて、人足たちと一緒になつて夜話をして居ると、時々ぱらぱらと其小屋の屋根に小石を打付ける音がする。少し気味が悪くなつてもう還らうと思ひ、其小屋を出てうしろの小路を僅か来ると、だしぬけに背の高い女が三人横の方から出て、其一人が自分の手を強く捉へた。三人ながら殆と裸体であつた。何か頻りに物を言ふけれども怖ろしいので何を言ふか解らなかつた。其内に大声に人を喚んだ声を聞いて、小屋から多勢の者がどやどやと出て来たので、女は手を離して足早に嶺の方へ上つてしまつた。

（『山の人生』）

CとDは、枕木工場と鉱山の、男たちだけの住む山小屋での体験談である。遠野と肥後の山中で同じような話が語られているというのがおもしろい。Dでは、男は不思議な女に連れてゆかれなかったのだが、それは、この話がそうだということであって、いつもこのように語られるわけではない。Cの『遠野物語』のように語られる場合もあったにちがいない。そして、Dの話で注目されるのは、三人の女たちが「三人ながら殆と裸体であつた」という点である。ここでは、柳田らしく描写を抑制しているが、出あう女の姿を詳しく語る伝承もある。

E　秋風が吹きはじめると、判屋の大場某オヤジは、夢の中にもトビ茸《だけ》の生えているのが見えて、じっとしておられず、いつも採りつけている禿岳《かむろだけ》に登った。その日はうまく当って、トビ茸を多量《ふだ》だ採れて、はや夕日が山の端にかかる頃、峠路をくだり、山の神様にお礼の頭をさげた。夕やみがほのかにたちこめた二股の沢にくだり、オヤジは清い沢水の流れる御前石で、昔は弁慶坊も、この水でノドをうるおして平泉へ行ったもんだと、せせらぎのふちにかがんで、今にも水に口をつけようとした、その時、目近い水上に人かげを感じた。ふと、目をあげて見ると、まぎれもない人の姿で、ふしぎな事には、まる裸な女が、かがんだ背中を見せ、向うがわへ身のたけほどの黒髪をたらして、一心に梳《と》いているのであった。オヤジは驚きのあまり声も出ず、しげしげと見ると、上半身は日焼けしてか、うす黒く、腰から下は雪のように白くハッキリしていた。オヤジは、何か、見て悪いものを見たかのように、こそこそと立ち去り、沢道をくだりかかったが気になるので、沢にさしかかった倒木にのぼって、沢底をうかがって見た。が、もう何のかげ形もなく、岩をかむ水音ばかりであったという。

（『羽前小国郷の伝承』二〇八）

この話は、キノコ採りに山に入り夢中でキノコを探し続けた男の、夕方の幻想を語っているのだが、CやDの話は、ずっと長い間、男たちだけで飯場生活を送る者たちの幻想である。そうした、一人で恐ろしき山の中を歩きまわり、あるいは、山の中で長期に渡って禁欲的な生活を送る男たちにとって、目の前に現れてくる女が裸体であったというのは、ある意味ではごく自然なことであっただろう。抑制された男たちの性が女を裸にしてしまうのである。仏道修行のために籠もる僧たちにもおなじような性的な説話が語られているということからも（第七章でとりあげる）、このことは裏付けることができる。

垂れ菰をかかげてニーッと笑う山女の姿には猟師の禁欲的な日々が影を落としているだろうし、神隠しにあった娘たちがいつも山男との結婚生活を語るのも、語る側の猟師たちの幻想が性的なイメージをもってあったということと、少なからずかかわっていたはずなのである。そして、そこには、男たちだけが関与している語りの場としての、枕木工場や鉱山の飯場、猟師たちの狩小屋での共同生活があったとみてよかろう。

二　帰って来た老婆

『遠野物語』は、第六、七話で、猟師が山のなかで出あった神隠しの娘の話を語った次に、同じく神隠しに遭った娘のつぎのような話を載せている。

F　黄昏《タソガレ》に女や小共の家の外に出て居る者はよく神隠しにあふことは他《ヨソ》の国々と同じ。松崎村の寒戸《サムト》と云ふ所の民家にて、若き娘梨の樹の下に草履《ゾウリ》を脱ぎ置きたるまま行方を知らずなり、三十年あまり過ぎたりしに、或日親類知音の人々其家に集りてありし処へ、極めて老いさらぼひて其女帰り来れり。如何にして帰つて来たかと問へば、人々に逢ひたかりし故帰りしなり。さらば又行かんとて、再び跡を留めず行き失せたり。其日は風の烈しく吹く日なりき。されば遠野郷の人は、今でも風の騒がしき日には、けふはサムトの婆《ババ》が帰つて来さうな日なりと云ふ。

（『遠野物語』八話）

人の時間としての昼間の終わり、神（怖ろしきもの）の時間の始まりとしての黄昏、夕闇の帳が降りる時刻[*3]はもっとも不安定な境目の時で、この娘もそのときにふと消えてしまう。「梨の樹の下に草履を脱ぎ置きたる」ことが、神隠しに遭ったことの証しででもあるかのように。たぶん脱ぎそろえられた草履は神隠し譚のひとつのパターンであるとみてよい。この話の草履に注目して、宮田登は次のように述べている。

注目されるのは、もう一つ別な世界に行くとき履物を換えるということである。日本人は外から家に入るときに靴をぬぐ。すなわち内と外の境界を、はっきりとさせている。だからあの世に行くという場合も、あの世は直接見えない空間であるが、そこに入るという潜在意識のなかで、履物をぬぐという形が行われているのであり、無意識のうちにごく自然に表現されていると考えられる。[*4]

たぶんその通りだ。そして、そのことを私なりにもうすこし言えば、草履を脱ぐことによってあちら側の存在になるとともに、こちら側の世界と訣別できるのだ。草履は、まさに人をこちら側に繋ぎ留めているものなのである。大地と人とを繋いでいるものとして草履はあるから、それを脱ぐことによってしか、あちら側は人のものにはならない。だから、娘は草履を脱ぐことでこちらの世界から出離できるのだ。そして、この場合、「木」は、神が〈異郷〉からこちら側にやってくるときの目印〈依り代〉としてあるから、娘は、木の下に草履をぬいで、依り代としての「木」を通してあちら側の世界に行くことができたのである。

つけ加えていえば、それが自殺者の死の様式化ということにも繋がってゆく。本来的にいえば、自殺は死体が見苦しく残るべきではない。向こうの世界に行かなければならないのだから。そういう点で神隠しとほとんど変わりがない。だから履物は、向こう側へ行ったという証しとしても必要だし、高島平の高層住宅が様式化された〈依り代〉として、こちらとあちらとを繋ぐために選ばれるのである。

一度だけ家にもどるというのは、Aで、猟師が山に暮らす女に一度だけ出あうというのと同じことである。それによって話は一回化され個別化されて説話となるのだが、ここでは、もどってきた日が、「親類知音の人々其家に集りてありし」時だったと語っているというのは大事なことである。その日はただの日ではないのだ。間違いなくそれは、娘の命日で仏の魂が呼び出される日だったに違いない。それは次の話を読めばわかる。

G　青笹村大字中沢の新蔵といふ家の先祖に、美しい一人の娘があつた。ふと神隠しにあつて三年ばかり行方が知れなかつた。家出の日を命日にして仏供養《ほとけくやう》などを営んで居ると、或日ひよつくりと家

*3 神の時間としての闇の時刻が説話のなかでどのように語られ構造化されているかということについて、「闇——幻想領域の始源」(三浦『古代叙事伝承の研究』勉誠社、一九九二年)という文章で論じたことがある。参照願いたい。
*4 宮田登『妖怪の民俗学』(岩波書店、一九八五年)一五四頁。

に還つて来た。人々寄り集まつて今まで何処に居たかと訊くと、私は六角牛山の主《ぬし》のところに嫁に行つて居た。あまりに家が恋しいので、夫にさう言つて帰つて来たが、又やがて戻つて行かねばならぬ。私は夫から何事でも思ふままになる宝物を貰つて居るから、今に此家を富貴にして遣らうと言つた。さうして其家はそれから非常に裕福になつたといふ。其女がどういふ風にして再び山へ帰つて往つたかは、此話をした人もよくは聴いて居なかつたやうである。（『遠野物語拾遺』一三五話）

はっきりと娘の三回忌の法要と語られていて、神隠しに遭った娘が里に帰ることが魂招きという信仰的側面と重なっているということが読みとれる。しかも、ここの娘は『遠野物語』の第六話や第七話のように、怖ろしい境遇には置かれていないらしいということもわかる。しかも、家を裕福にすることもできる呪力を、夫の六角牛の主から与えられているのである。神隠しに遭う娘の、この二面的な現れは、じつは同じことでしかない。異郷はもともとそうした二面的な世界としてあるからである。だから説話の表現は、憧れと恐怖が混じりあってあらわれてくることになる。

Fの、『遠野物語』第八話の場合は、どちらの面が強調されているのかはっきりしない話だが、一度だけ帰ってきたというところに力点があると読める。ただ、三十年たって老婆となって現れたというところには、山に対する恐怖が示されているのは明らかだが、説話的な文脈として読むと、三十年という年数はあまりにも隔たりがありすぎる。これは、娘が老婆になったということを（それは怖ろしき世界の説話化であるはずだが）、現実の時間のなかで合理的に説明し直したと考えることができそうだ。佐々木喜善の『東奥異聞』に、Fと同じ話が記されており、そこでは次のように語られている。両者を比較しながら考えてみよう。

H　岩手県閉伊郡松崎村字ノボトに茂助という家がある。昔この家の娘、秋ごろでもあったのか裏のナシの木の下にゆき、そこに草履を脱ぎ置きしままに行くえ不明になった。しかしその後、幾年かの年月をたってある大風の日にその娘は一人のひどく奇怪な老婆となって家人に会いにやってきた。その態姿はまったく山婆のようで、肌にはコケが生い指の爪は二、三寸に伸びておった。そうして一夜泊りでいったがそれからは毎年やってきた。そのたびごとに大風雨あり一郷ひどく難渋するので、ついには村方からの掛合いとなり、なんとかしてその老婆のこないように封ずるようにとの厳談であった。そこでしかたなく茂助の家にては巫子山伏を頼んで、同郡青笹村と自分との村境に一の石塔を建てて、ここより内にはくるなというて封じてしまった。その後はその老婆はこなくなった。その石塔も大正初年の大洪水のときに流失して、いまはないのである。（『東奥異聞』）

FとHとは、同じ話でありながら内容はずいぶん違っている。二通りの話が伝承されていたのか、Fが柳田の改変なのかはわからないが、同じ娘について二通りの話が語られていたとしてもいっこうに不思議ではない。

まずFで寒戸とある地名が、Hではノボトとなっている。これについて、島亨は、「寒戸という字はなく、『遠野物語』へ収録する過程で、松崎村登戸（のぼと）が寒戸に変ったもの」[*5]と述べているが、果たしてそうか。音のうえでも文字のうえでも登戸が寒戸に変わるというのは考えにくいことだ。また、岩本由輝は、遠野の民話研究者の見解を引いて、佐々木喜善が柳田に「寒風（登戸の近くの地名）のさき

*5 大和書房版『遠野物語』（一九七二年）七一頁、頭注。

の登戸」というような言い方をしたのを、メモする過程で混同したらしいというふうに具体的な想定をしている。[*6] ありそうなことだが、あるいは、ノボト（登戸）はサエト（塞戸）とも呼ばれていたのではないか。ノボトということばは山の入口をさす地名だろう。そこは村落と山との境界の地、つまりサエト（塞戸）でもあるからそうも呼ばれる。そのサエト（塞戸）が、『遠野物語』ではサムト（寒戸）になってしまった。あくまでも想像だが、これなら音も文字も通いやすい。そして、Hの話は、境界の話としてふさわしい伝承でもある。

Fの三十年が、Hでは「幾年かの年月」になっており、そこでも娘は「一人のひどく奇怪な老婆となって家人に会いにやってきた」と語られている。このFとHとの違いについて谷川健一は、Hに描かれる女は「あたかも大風をもたらす自然の精のごときものとして扱われているだけで、その残像を読者の眼にとどめることはない」が、Fの『遠野物語』では、「若い娘が老婆になって帰ってくるまでの時間の空白が愛惜をもって読者の胸に迫る。大風が吹く日になると、山にむかって波立つ村人の気持が読者には手にとるようにわかる」と述べている。[*7] 柳田国男の筆録という面を評価していえば、こうも言えるだろう。しかし逆にいえば、柳田の「三十年」はあまりにも合理的な説明であって、山中で山男と過ごした女の異常体験を語るときには、「幾年かの年月」とするほうが、その不思議は格段に強調されるわけで、ことさらFの表現だけを持ち上げてみても大した意味はない。

娘が老婆になるのには、説話では、現実に経過する何十年もの時間を必要とはしないのだ。山中での生活の象徴的な表現として、娘の老婆への変身はあるとみるべきだから、現実の時間経過としての「三十年」を語るよりも、「幾年かの年月」として語ったほうが、その不思議さは倍加することもある。つまり、娘はもう里の人間ではなく、あちら側の存在になっているのである。それは、Gの娘が、不思議な宝物をもつ呪力ある女として語られているのと同じことなのである。向こう側へ行った女は、もうこちら側の人間ではないと考えているから、こちらの時間とはべつの時間として「幾年かの年月」での、娘から老婆への変貌は語られなくてはならない。

Fでは老婆の一度きりの来訪を語るのに対して、Hの老婆は大風とともに毎年やって来ると語られている、その両者の違いは重要である。『東奥異聞』の老婆の来訪は、異郷から年毎にやって来る神の、人間の世界への訪れと重なっているようにおもわれる。それは、先に引いた文章で谷川健一が「自然の精のごときもの」と言っている通りである。神は、決まったときに異郷から里を訪れ、人々に迎えられ、饗《あ》えを受けて帰ってゆく。人と神との、村と異郷との関係性はそうした祭祀によって秩序化される。もちろん、迎えたくない怖ろしきものもやってくるから、それも丁重に扱わなければ共同体の秩序を保つことはできない。『東奥異聞』の老婆は、そうした村落に迎えられる神（怖ろしきもの）の説話化として読める。そのとき風は、異郷のモノを運んでくる重要な装置となる。いゆるタマカゼである。だから、「けふはサムトの婆が帰つて来さうな日なり」という諺がのこるのだし、又三郎は風の強く吹く日に転校してきて、また風の烈しく吹く日に去ってゆくのである。

建てられた石塔は、村と、異郷としての山とを仕切るための印しなのである。それが、人と異郷のものとの関係性としての秩序を保証している。そして、その石塔が、Hの話では神隠しに遭った娘の来訪とその阻止にかかわる個別化された説話の証拠物として語られているのである。いま、老婆は来ない。

＊6　岩本由輝『もう一つの遠野物語』（刀水書房、一九八三年）九七頁。
＊7　谷川健一「解説」（＊5同書、二五二頁）。

呪者によって封じこめられてしまったのであり、封じこめられたことの証しが、石塔という証拠の品によって語りをもつことになった。

Hの話は、来訪する神にかかわる神話に淵源を辿ることのできる伝承の上に、村からいなくなった娘が一度だけ里に姿をみせるという様式化された神隠し譚がおおいかぶさっているとみてよい。そしてそこから、神隠しに遭った娘は、もともとの幻想としての〈神の嫁〉という影がつき纏っているということを見通すことができる。

神隠しにあった娘に対する村落の幻想が、Gの話では異郷が人に対して富をもたらす世界でもあるのだという肯定的な一面をもって語られており、他の話では、異郷としての山とそこに住む者のもう一面であるところの恐怖を描くことによって、否定的な側面を強くした話として語られている。猟師が山の中で出あった娘たちの姿にも、おなじような二面性を考えることができるだろう。つまり、神の嫁になることと、神隠しに遭い怖ろしい生活を送ることとは、同じことの二面的な現れにすぎない。だから、神の嫁と地続きにある女たちは、隠され続けることになるのである。

サムト（ノボト）の婆の話は、もう一つ、遠野の民間伝承としても、現在の遠野で語り継がれている。次に引くのは、伝説的な語り手、北川みゆきさんの語った話である。

I　むがず、松崎の寒戸《さむと》どいうどごろの百姓家《や》で、ある年《とす》の秋《あぎ》に、若《わげ》ぇ娘っコぁ、梨《なす》の木《ぎ》の下《すた》さ、履《へ》でら（履いてた）草履《じょり》っコ揃《そ》れで脱えだまんま、えねぐなったど（いなくなったと）。どごさ行《え》ったんべって、たねだど（さがしたと）。すたども絶対《ぜってぇ》わがねがったど。

それがら三十年もたって、ある寒冬《さみ》の夕方《ゆまがた》、その家《え》さ、見だごどもねぇよんだ婆《ば》さま来たど。すっぱげ（素足）さ草履っコ履で、うすけ（うす）汚《きたね》ぇ着物着て、髪ど申せば白髪《しらが》で、何時《えづ》けずったがわがねよに（櫛を入れたものかわからないような）、もやもやどすて、手の爪ば三寸も伸ばすて、顔《つら》ぁ垢《あが》で汚くて皺《すわ》だらけで、目玉《まなぐだま》ばりギラギラってだど。ちょうどにその百姓家でぁ、従兄弟達《えどごだず》だの、辺《あだ》りの人達《しだず》集《あづ》ばってらったど。すて（そして）、その婆さまぁ、戸ガラガラっと明げで、

「皆《みんな》、久《しさ》すぶりだな」どしぇったど。皆気味悪がって、

「お前《めえ》さま誰だ」って聞だど。すたどごろぁ、

「おれぁ、この家の娘で、ずっと昔に、えねぐなった者《もん》だ」どしぇったずがら（言ったので）、良ぐ良ぐ見だば、なるほど、そんなよんたど（そのような気がしたと）。そんで、

「お前さま、どっつがら来た」どしぇったら、

「六角牛《ろっこうす》の方がら来た」どしぇったど。

「中《なが》さ入《へ》って、火さ当だれ」どしぇったどごろ、

「お前達《めだす》に逢ったがら良え。さ、行ぐべ」ってがらに、さっと、跡方《あどかだ》もねぐ、えなぐなったど。その日ぁ、大《てえ》すた（大変）風強《つえ》くて、寒日だったず。風の強日《つえひ》ぁ、寒戸の婆《ばあ》来《く》るんだどよ。ドンドハレ。


（『遠野の昔話』）

比べてみればわかるように、この話の内容はほとんどFの『遠野物語』と同じであり、舞台も寒戸《さむと》で、経過した時間は三十年になっており、来訪も一度きりである。これについて、岩本由輝は、次のように述べている。

このことは、現在、遠野で語られる昔話のうち、『遠野物語』にでてくる話は多かれ少なかれ柳田の『遠野物語』に収録された話の筋立ての影響下にあることが示されている。だから、折角、テープレコーダーを持ちこんで、〝聞きたるままを記〟したつもりでいても、語られる話そのものが柳田の「感じたるままを書」いたものに何らかの依拠をしているとなると、苦労した甲斐がなくなるとしかいいようがない。遠野の民話は、いまや柳田監修のものになっているというのは過言であろうか。*8

その通りである。しかし、一方で、第二章に引いた遠野三山の鎮座由来譚（『遠野物語』第二話）などは、『遠野物語』とは違った伝承が語り継がれてもいるのである。そこにはたぶん、口誦における〈語り〉の、言語表現のし方という面での選択がはたらいているに違いない。そして、Iの場合のように、『遠野物語』に吸引されて語られてしまうということもあるわけだが、それを岩本のように否定的に評価するのではなしに、Iの話がそのように『遠野物語』の表現に依拠するかたちで語られ生き延びてゆくところに、口誦の語りが語り継がれてゆく際の、持続を可能にする語りの生命力をみてとるべきではないかと思う。外から伝えられた話が、その土地に古くから伝えられている伝承であるかのようにして、ある土地に根づいてゆくのはそのためである。

前近代では行商人や宗教者たちが伝承に対して果たしていた役割を、現代では書物やテレビが肩代わりしているというのは、どこにでも見られる現象であろう。しかも、語りを活性化してゆく原因のひとつは、そこのところにあるはずなのである。

Iの話の場合、『遠野物語』の影響力があまりにも強いから、否定的に見たくなってしまうのは致し方のないことだが、逆に、口誦伝承の語り方という側面に注目すると、興味のもてる話である。老婆の風体描写の詳しさは、まさに語りの様式に従ったもので、たとえば、「すっぱげさ草履っコ履で、うすけ汚ぇ着物着て」「髪ど申せば白髪で、何時けずったがわがねよに、もやもやどすて、手の爪ば三寸も伸ばすて、顔ぁ垢で汚くて皺だらけで」の部分、草履と着物、髪と爪と顔、の描写がそれぞれ対句仕立てになっている。これは、明らかに口誦表現の典型で、この語り口をみただけでも、北川みゆきという語り手がたいそう巧みな話者であるということを示している。また、帰ってきた老婆と家にいた人々とのやりとりが直接話法によって語られてゆくのも、口誦の語りの特徴をよく示したものだ。それによって、リアルな臨場感を漂わせた場面を語り出すことができたのである。

この章の主題からはいささか逸れてしまったかもしれないが、Iの話からはこのようなことが言えるのである。

三　村落の神と国家

Hの『東奥異聞』に語られている、村と異界との境に立つ石塔から、古代の、次のような興味深い説話を思いおこす。神隠しという問題からいえば論は少しずれるのだが、石塔のもつ意味と繋げて、次の説話を考えてみよう。

*8 岩本、*6同書、九九頁。

J　古老のいへらく、石村《いはれ》の玉穂《たまほ》の宮に大八洲《おおやしま》馭《しろ》しめしし天皇のみ世、人あり。箭括《やはず》の氏《うじ》の麻多智《またち》、郡より西の谷の葦原を截《きり》はらひ、墾闢《ひら》きて新たに田に治《は》りき。此の時、夜刀《やと》の神、相群《あひむ》れ引率《ひきゐ》て、悉《こと》尽《ごと》に到来《き》たり、左右《かにかく》に防障《さ》へて、耕佃《たつく》らしむることなし。〔俗《くにひと》いはく、蛇《へみ》を謂《い》ひて夜刀の神と為《な》す。其の形は、蛇の身にして頭に角あり。引率《ひきゐ》て難《わざはひ》を免るる時、見る人あらば、家門《いへかど》を破滅《ほろぼ》し、子孫《うみのこ》継《つ》がず。凡《すべ》て、此の郡の側《かたはら》の郊原《のはら》に住めり。〕是に、麻多智、大きに怒《いかり》の情《こころ》を起こし、甲《よろ》鎧《ひ》を着被《つ》けて、自身《みづから》仗《ほこ》を執《と》り、打殺し駈逐《おひや》らひき。乃ち、山口に至り、標《しるし》の梲《つゑ》を境の堀に置《た》て、夜刀の神に告げていひしく、「此《ここ》より上《かみ》は神の地と為すことを聴《ゆる》さむ。此より下《しも》は人の田と作《な》すべし。今より後、吾、神の祝《はふり》と為りて、永代《とこしへ》に敬《ゐやま》ひ祭らむ。冀《ねが》はくは、な祟《たた》りそ、な恨みそ」といひて、社を設《ま》けて、初めて祭りき、といへり。即ち、還《また》、耕田《つくりた》一十町余りを発《おこ》して、麻多智の子孫、相承《あひう》けて祭を致し、今に至るまで絶えず。

其の後、難波の長柄《ながら》の豊前《とよさき》の大宮に臨軒《あめのしたしろ》しめしし天皇のみ世に至り、壬生連麿《みぶのむらじまろ》、初めて其の谷を占《し》めて、池の堤を築かしめき。時に、夜刀の神、池の辺《ほとり》の椎株《しひのき》に昇り集まり、時を経《ふ》れども去らず。是に、麿、声を挙《あ》げて大言《たけ》びけらく、「此の池を修めしむるは、要《むね》は民を活かすにあり。何《いずれ》の神《あまつかみ》、誰《いづれ》の祇《くにつかみ》ぞ、風化《おもむけ》に従はざる」といひて、即ち、役《えだち》の民に令《おほ》せていひけらく、「目に見る雑《くさぐさ》の物、魚虫の類《たぐひ》は、憚《はばか》り懼《おそ》るるところなく、随尽《ことごと》に打《うち》殺せ」と言ひ了《を》はる応時《そのとき》、神《あや》しき蛇避《さ》け隠りき。謂はゆる其の池は、今、椎井《しひゐ》の池と号《なづ》く。池の回りに椎株あり。清水《しみず》出づれば、井を取りて池に名づく。

（『常陸国風土記』行方郡）

この説話は、二つに分かれている。前半は、「石村の玉穂の宮に大八洲馭しめしし天皇のみ世」＝継体天皇の時代の出来ごととして語られており、後半は、「難波の長柄の豊前の大宮に臨軒しめしし天皇のみ世」＝孝徳天皇の時代のこととして語られていて、百数十年の時間的な隔たりをもっている。継体天皇は、『古事記』『日本書紀』によれば、応神天皇の五世の孫と称して突然登場し、直接的には、応神天皇から続く王朝（河内王朝と呼ぶ）の末期に位置する仁賢天皇の皇女、手白髪郎女《たしらかのいらつめ》に入婿するかたちで天皇家の系譜につらなるという奇妙さをもっている。そのために、研究者のなかには、それ以前の王朝の血筋とは切れているのではないかとも言う人もいる。

その継体天皇以降の天皇たちの系譜は、天智・天武から奈良朝の天皇たちへと続く、『風土記』にとっての〈今〉の時代のヤマト王権に直接つながっており、継体天皇は、歴史書の編纂された奈良時代初期においては、〈今〉の王朝の始祖的天皇という性格をもつ天皇である。だから、Jの説話の前半部分は、ヤマト王権の始まりの時代の出来ごととして位置づけられていると考えることができるのである。また、後半の孝徳天皇は、いわゆる「大化の改新（乙巳の変）」と呼ばれる事件の直後に即位した天皇であり、『日本書紀』の歴史認識によれば、「大化の改新」は、古代王権にとって律令体制という新しい制度の始まりの時代、つまり、〈今〉を支える新たな国家秩序の始発した時代として位置づけられている。別の言いかたをすれば、文化の始まりの時代ということができる時代である。

この説話に語られている二つの出来ごとは、王権の始祖としての継体の時代と文化（国家秩序）の始発の時である孝徳の時代のこととして語られている。したがって、百数十年を隔てて並べられた二つの説話の内容を考えてゆくとき、それぞれの出来ごとには象徴的な意味が籠められていると考えなくてはならない。

水を得やすい谷の湿地を開墾して田を作ろうとした箭括の氏の麻多智は、谷を領有するヤトの神に妨害されるが、武装して立ち向かい「標の梲」を山口に立て、新たに神と人との境界を設定したというのが前段の内容である。「夜刀の神」のヤトとは、現在も地名として残るヤツ・ヤチと同じく、谷間の湿地をさすことばである。その谷の神は蛇の姿をしていたというが、ただの蛇ではなく、「蛇の身にして頭に角」があると語られているところに、この蛇が谷を領有する神だということを暗示する。そして、麻多智という人物は、その神に戦いを挑むけれども、谷を追い払ったのちにもヤトの神を恐れ敬っている。だから、「標の梲」の向こう側を神の領域として認め、境界に社を創り、自ら「神の祝」となってヤトの神を祀ることを誓うのである。

一つの始源のときとしての継体天皇の時代に位置づけられた麻多智は、田を得たけれども、その田の向こう側、「標の梲」の向こう側にある水源地は、相変わらずヤトの神の領域として存するから「永代」の祭祀を誓わなくてはならないのだし、「麻多智の子孫、相承けて祭を致し、今に至るまで絶えず」と語らなければならないのである。ここには、古代の村落＝人間の生活領域とその向こうの神の領域との関係性が象徴的にあらわされている。ここでは、始源の出来ごとによって、神と人との秩序ある関係の成立を語ろうとしている。

ところが、後段の壬生連麿は、その谷に池を造ろうとしてヤトの神に妨害される。しかし、使役する民に「目に見る雑の物、魚虫の類は、憚り懼るるところなく、随尽に打殺せ」と命じるのである。そこでは、ヤトの神である角のある蛇は、「目に見る雑の物、魚虫の類」と認識されている。つまり、もうヤトの神は神ではなくなっているということである。そして、麿がそのような認識をもつことができたのは、彼の行為を、「民を活かす」ための「風化」＝オモムケとして位置づけることができたからである。オモムケとは「面・向け」であり、まつろわぬ者の面を天皇に向けさせること、つまり服属させることである。[*9] 壬生連麿には、天皇という力＝新しい神がいるから、アニミズム的な谷の神であるヤトの神を「魚虫の類」におとしめてしまうことができたのである。

箭括氏の麻多智の行為と壬生連麿の行為との違いが、先に述べた継体天皇と孝徳天皇との時代の隔たりに対応した認識の差異を象徴的に語っていると読めるのは、ヤトの神への対応の違いがはっきり見てとれるからである。そのことは、たとえば二人の人物の立場という面からも説明することができる。

前者の、箭括という氏は他の資料などに出てこないところからみて、谷の周辺の狭い範囲を領有する土着豪族であったと考えられる。それに対して、壬生連という一族は、『常陸国風土記』によれば常陸国の南部一帯を領有する大豪族であり、「連」という姓と「国造」という地方支配権と「小乙下」という位を朝廷から与えられ（行方郡の条の始めに記されている）、ヤマト王権の支配下に組みこまれ天皇の庇護を受けた一族である。その違いに、両者のヤトの神に対する対応の差異はあるのだし、壬生連麿がヤトの神を虫けらとして扱うことのできる根拠も存するのである。

池を築造するという記事は、『古事記』や『日本書紀』などに多くみられるが、それは、国家の、天皇の治世の偉大さを示す行為として描かれており、「文化」的な事業の象徴として表されているのである。『常陸国風土記』にも次のような池を築く記事がみいだせる。

K　無梶河《かぢなしがは》より部陲《くにのさかひ》に達《いた》りまししに、鴨の飛び度《わた》るあり。天皇、射たまひしに、鴨迅《と》く弦に応へて堕ちき。其の地を鴨野《かもの》と謂ふ。………即ち、枡《ます》の池あり、此《こ》は高向《たかむこ》の大夫《まへつきみ》の時、築《つ》きし池なり。
（『常陸国風土記』行方郡）

*9 神野志隆光『古事記の達成』（東京大学出版会、一九八三年）一四八頁。

郡の南七里に男高《をたか》の里あり。古《いにしへ》、佐伯《さへき》、小高といふものありき。其の居《す》める処なれば、因りて名づく。国宰《くにのみこともち》、当麻《たぎま》の大夫の時、築《つ》きし池、今も路《みち》の東にあり。（同右）

ここに出てくる「高向の大夫」も「当麻の大夫」も、ヤマト王権が常陸国に派遣した国守であり、池の築造はそうした人物の治政行為として語られる。これらの人物は、明らかに「天皇」の代理として国を治めているのであり、だからこそ、池を築く力を持つのである。それは、先の壬生連麿も同様である。こうした土木事業は、神の司るものである水を、人間が管理することのできるものにする行為だといってもよい。だからこそそれは、国家の側の、天皇の側に属するものの力でなければならない。それに対して、村落の側に身を置く麻多智にとって、水は、ヤトの神がとりしきるものだと認識されているから、ヤトの神に対する祭祀によって神から与えられるものであり続けるのである。*10

このように読んできたとき、後段においては、ヤトの神は完全に人々の前から消えてしまったようにみえるが、じつはそうではない。前段の末尾に「麻多智の子孫、相承けて祭を致し、今に至るまで絶えず」とある〈今〉は、『常陸国風土記』の編纂時点での〈今〉である。そして、後段の末尾の「謂はゆる其の池は、今、椎井の池と号く」とある〈今〉も、同じ〈今〉だ。つまり、始源の出来ごとから繋がる〈今〉が、この説話では二重になっているということである。

この二つの〈今〉は、村落の〈今〉と国家の〈今〉といえばよいだろう。池が造られ、ヤトの神が天皇を後ろ楯とする壬生連麿によって追い払われてしまっても、土地の人々にとっては、〈今〉も祀るべき水源の神としてヤトの神は生き続けている。だから、ここには二つの〈今〉が語られ、村落の側では、いくら池ができてもその土地の神に対する祭祀をやめることはできないのである。

しかし、当然のこととして、古代においても、村落は国家に包みこまれてゆき、国家の論理のなかで、村落の祭祀も変貌してゆかざるをえない。

L　その（白鳥の郷の）南に有るところの平原《はら》を、角折《つのおれ》の浜と謂《い》ふ。謂へらくは、古《いにしへ》、大きなる蛇あり。東の海に通《いた》らむと欲《おも》ひて、浜を掘りて穴を作るに、蛇の角、折れ落ちき。因りて名づく。

（『常陸国風土記』香島郡）

ヤトの神と同じ角のある蛇（神）がいたが、その角が折れたところなので、「角折の浜」という地名がつけられたという。なぜ、角のある蛇は「東の海」に行こうとしたのか、その理由については語られていないが、そこには、明らかに、Jで壬生連麿がおこなったのと同じレヴェルの、国家の側の力が働いていると読める。あるいはLには、村落の側の神の亡滅が語られているかもしれない。しかし、すべての神が、この蛇のように角を折られてしまったわけではない。ヤトの神のように、村落の側にいつまでも生き続ける神もいる。そして、そうでなければ村落が村落としてあり続けることはできないということになる。

村落の側の始源の出来ごととしての「標の梲」によって獲得された神と人との関係性＝秩序を捨て去れないから、村落の内部では角のある蛇は神であり続ける。ことばを変えていえば、村落が村落である

*10　ここにふれた水のこと、国家と地方のことについて、「神の水と人の水と」（三浦『古代研究――神話・文化・言語』青土社、二〇一二年）という文章を書いた。参照願いたい。

ことの根拠がそこには示されているのだ。

*

Hの『東奥異聞』では、境界に立てられた「標」としての石塔は「大正初年の大洪水のときに流出して、いまはないのである」と語られていた。そして、このHと同じ話を、佐々木喜善は、没後刊行された『農民俚譚』(昭和九年)にも引いているのだが、その末尾にも、「その石塔も大正の初年の頃までは立ってあったが、先年の大洪水で流出してしまった。今から六七年ほども前の話である。自分等の稚くて育った時分までは、大嵐のする日など、今日は登戸の茂助婆様が来る日だ、とよく老人達がいうのを聴いて記憶していた」[*11]と語っている。たぶん、境に建てられていた石塔は流出してしまったのだろう。しかし、村人たちが、婆の来訪をふせぐために再び石塔を建てたとは、どこにも語られていない。

おそらく、石塔がなくなってしまった後も、封じ込められたノボトの婆が帰ってくることはないのである。婆は村落の神ではない。神の嫁になった娘を、「神隠し」として恐れたとたんに、境の向こう側の世界としての異郷は、人々の生活を根拠づける力を、もはや充分には持ちえなくなってしまった。だから、ノボトの婆は、石塔がなくなってしまっても、もう村を訪れることはできないのである。

『常陸国風土記』に語られた、麻多智による村落における始源の出来ごとと、その時からの神との約束が〈今〉も守り続けられていると語っていた古代の、境界の向こう側への恐れや敬いの心性と、ノボトの婆を塞えようとして石塔を立てた心性と、その両者のあいだに横たわる大きな溝が、古代と近代とにおける伝承の差異として見通せるだろう。しかし、「サムトの婆が帰つて来さうな日なり(登戸の茂助婆様が来る日だ)」という諺が残留しつづける背後には、前近代の村落にとって、境界の向こう側への幻想がいかなるものとしてあったかということは、かすかにだが窺えもするのである。
『東奥異聞』の、石塔の流出を語る末尾の一文から、この伝承の背後に、近代によって犯されてしまった村落と、それでも沈澱し続ける村落の向こう側へのおののきを読みとることは、深読みにすぎるだろうか。たとえ深読みだとしても、私にはHの伝承はそのように読めてしまうのである。

*11『佐々木喜善の昔話』（宝文館、一九七四年）二四六頁。

第四章　伝承の方位——村落は何を語るか

村落にはさまざまな伝承が語り継がれ、再生産され続ける。村の始まりも語られるし、神々の由来も語られる。昔話も語り継がれていれば、噂話も人々の口の端にのぼり続ける。当事者にとって悲惨で不幸な出来ごとは、いつの世でも外部（第三者）の人間たちにとって恰好の餌食であっただろうことは、現在のゴシップ週刊誌がどういう話題に興味を示しているかということを見ても想像がつくことだ。

村落における伝承がどのような方位をもつことで、村落内部において伝承性を獲得してゆくかということは、考えておく必要がある。たぶん、そこでは、村落を構成する家々と語りの対象とされる特定の家との関係性が、それぞれの話の方向を決めてゆくことになるはずである。ある出来ごとなり、ある家の秘密なりが語られるとき、語る側がどこに位置するかということによって、当然、語られる話の内容は違ったものになる。当事者の側の語りと、外部の語りとでは、同じことがらを語る場合にも違いが出てくるのは、当たり前のことだ。ことに、家と家とのあいだには、由緒や経済力などに伴った複雑な関係性が厳然としてあり、それが存在の基盤にもなっている村落にあっては、語られる伝承は、共同体における家の問題を露出することなしに語られるとは考えられない。

ここでは、村落において、伝承は、何をどのように語るのかということを考えてみることにする。

一　伝承の重層

まずはじめに、『遠野物語』の次の話を考えてみる。

A　孫左衛門が家にては、或日梨の木のめぐりに見馴れぬ茸《キノコ》のあまた生えたるを、食はんか食ふまじきかと男共の評議してあるを聞きて、最後の代の孫左衛門、食はぬがよしと制したれども、下男の一人が云ふには、如何なる茸にても水桶の中に入れて苧殻《ヲガラ》を以てよくかき廻して後食へば決して中《アタ》ることなしとて、一同此言に従ひ家内悉く之を食ひたり。七歳の女の児《コ》は其日外に出でて遊びに気を取られ、昼飯を食ひに帰ることを忘れし為に助かりたり。不意の主人の死去にて人々の動転してある間に、遠き近き親類の人々、或は生前に貸ありと云ひ、或は約束ありと称して、家の家財は味噌の類《タグヒ》までも取去りしかば、此村草分《クサワケ》の長者なりしかども、一朝にして跡方も無くなりたり。

（『遠野物語』一九話）

近頃でも秋になると、毒キノコを食べて死んだり中毒をおこしたりするという事件は、新聞の三面記事に登場することがあるから、遠野で、ここに語られているような出来事があったとしても不思議ではない。毒キノコというのは、けばけばしい色や縦に割けないといった、普通我々が信じている見分け方とは違って、実際には、食べられるキノコと外見や匂いなどではほとんど区別できないものが多いらしい。

高橋喜平の『遠野物語考』を読むとよくわかるのだが、タマゴテングタケやドクツルタケなどの猛毒をもつ毒キノコは、外見は食べられるキノコと少しも変わらず、しかも、食べても口当たりよく、キノコの中毒症状は相当の時間を経過した後に、「嘔吐、コレラ状の下痢、脱水症状、肝臓や腎臓の障害、中枢神経の障害、けいれん、意識不明、昏睡、死亡という経過をたどる」のだという。しかも、「毒が吸収され体内をまわってしまってから自覚症状がおこるので解毒がむずかしく」、中毒死の確率が非常に高くなるらしい。[*1] 高橋は、Aの話で語られている出来ごとは、そうした点からみてありうると主張し、ここの毒キノコの種類の特定を試み、ドクツルタケであった可能性が高いと述べている。

Aの話に語られている通りではないにしても、これに近い出来ごとがあってもかまわないし、たぶん、あったのだろう。毒キノコの毒抜きにかかわる言い伝えのほとんどが俗説であり、信用できないものだというのも確からしい。しかし、その俗説が案外根深く信じられてもいるらしいことは、『遠野物語拾遺』第二二八話などを見てもわかる。とくに苧殻《ヲガラ》は、毒消しや虫歯の痛みどめなど、口や食べ物にかかわる俗信との結びつきが強い。疑いながらも、つい口にしてしまったということも十分に考えられるのである。

ただ、この事件が事実であったとして、村落の伝承を考えてゆく場合に大事なことは、その出来ごとの語られ方の問題である。Aの話についていえば、後半の、事件の後の親類の人々の対応のしかたに、村落の伝承のひとつの姿が浮かび上がる。人の不幸につけ込んで身ぐるみ剥いでしまうというのが、村落の人々の一面なのだということを、この伝承の語り手は、当事者たちから離れた第三者の目で語っている。別の事件の際には、語り手の立場にいる者が、不幸に見舞われた者からすべての家財を剥ぎとってしまう側にまわりうるのである。それが村落の伝承の語り手であり、語られる出来ごとに対する視座なのである。だから、当事者に対する同情とともに、事件の周りへの興味が膨らんでゆくことにもなる。

七歳の女の子が一人生き残ったというのも何だか不自然なのだが、その女の子と、事件の周辺への興味は、Aの話の前後に語られている、この事件の前に孫左衛門の家に生じたという次のような話によっても窺い知ることができる。

B　ザシキワラシ又女の児なることあり。同じ山口なる旧家にて山口孫左衛門と云ふ家には、童女の神二人いませりと云ふことを久しく言伝へたりしが、或年同じ村の何某と云ふ男、町より帰るとて留《ト》場《バ》の橋のほとりにて見馴れざる二人のよき娘に逢へり。物思はしき様子にて此方へ来る。お前たちはどこから来たと問へば、おら山口の孫左衛門が処から来たと答ふ。此から何処へ行くのかと聞けば、それの村の何某が家にと答ふ。その何某は稍離れたる村にて今も立派に暮せる豪農なり。さては孫左衛門が世も末だなと思ひしが、それより久しからずして、此家の主従二十幾人、茸の毒に中《アタ》りて一日のうちに死に絶え、七歳の女の子一人を残せしが、其女も亦年老いて子無く、近き頃病みて失せたり。

（『遠野物語』一八話）

C　此凶変の前には色々の前兆ありき。男ども苅置きたる秣《マグサ》を出すとて三ツ歯の鍬にて掻きまはせしに、大なる蛇を見出したり。これも殺すなと主人が制せしをも聴かずして打殺したりしに、其跡より秣の下にいくらとも無き蛇ありて、うごめき出でたるを、男ども面白半分に悉く之を殺したり。さて取捨つべき所も無ければ、屋敷の外に穴を掘りて之を埋め蛇塚を作る。その蛇は簣《アジカ》に何荷と

＊1　高橋喜平『遠野物語考』（創樹社、一九七六年）「毒きのこの話」。

も無くありたりといへり。

（『遠野物語』二〇話）

Aの話を読む限りでは、この事件はつい最近の出来ごとのように語られているとみえるのに、Bの末尾をみると、残された七歳の娘は、「年老いて子無く、近き頃病みて失せたり」とあるから、かなり以前の事件だということがわかる。そこから考えると、この事件が事実かどうかはかなり怪しくなるのだが、村落にあっては、現実に経過する時間はそれほど重要ではないとも考えられるから、随分以前の出来ごとが昨日のことのように語られていたとしてもそれほど不思議とはいえないのかもしれない。

ただ、Aにも語られ、Bでは後日譚まで伝えている遺された娘への興味は注目しておいてよいだろう。不幸に見舞われ、運よく生き残った娘もやはり、家に降りかかった不幸を逃れることはできないのである。子もなく、年老いて死んでゆかねばならない娘こそもっとも不幸なのかもしれないし、だからこそ、語り手のまなざしも、その娘の身の上に注がれるのである。

じつは、これと同じ内容の話を、佐々木喜善が、『老媼夜譚』（昭和二年）にも載せているのだが、そこでは残された娘の年齢は「十三」と語られている。そのどちらが正しいのだと問うてみても始まらない。七歳にしろ十三歳にしろ、それは、不幸に見舞われて残された娘にとって、もっともふさわしい年齢であったのに違いない。説話とは、そういうものだ。語られている事件が事実であろうとなかろうと、それが伝承になってゆくとき、娘は一人っきりで遺されなくてはならないし、その年齢も説話の側が選び取ってゆくのである。それが伝承の事実なのだし、伝承の方位なのである。

BとCに語られているのは、Aの事件を説話的に支える出来ごと、一家絶滅という大事件の「前兆」として語られている出来ごとである。ここに、村落伝承のひとつのあり方を見てとることができる。ある事件は、それに纏わるさまざまな前兆にとりまかれてしかありえないのだ、ということである。

Bは、「旧家にはザシキワラシと云ふ神の住みたまふ家少なからず」（『遠野物語』第一七話）と語られているように、ザシキワラシという神はどこの家にもいるというのではなく、ある特別な選ばれた家に住みついて、「此神の宿りたまふ家」を「富貴自在」（同前）にすることのできる力をもち、住みついた家を繁栄に導くと考えられているのだが、そのザシキワラシが、「此村草分けの長者」である孫左衛門の家から出て行ったのを見た、という話である。

神が出て行くというのは、神に見放された家になることだ。そして、孫左衛門の不幸は、ただ、下男のことばに従って苧殻で毒ぬきをしたキノコを食べてしまったたことによって招来されるのではなく、ザシキワラシが離れたのを見たという、村の何某の体験談が語られることによって、どうしても避けられない出来ごとであったということが示されてゆくのである。神に見捨てられた家と語ることによって、この事件は、ただの毒キノコ事件ではなくなってしまう。そこに、出來ごとを超えて、村落の伝承が立ち顕れてくる構造が見通せるはずである。

実際の伝承のでき上がり方をいえば、事件ののちに、こうした「前兆」は付け加えられ語られてゆくに違いない。そうでありながら、それがあたかも事件の予兆であり、事件の原因でもあるかのごとくに語られることによって、事件は伝承として語られるということである。もっと言えば、毒キノコ中毒事件は、科学的に説明できるアマニタトキシンによる中毒ではなく、ザシキワラシの離反や蛇を殺した祟りによる毒キノコの繁殖があり、それを食べてしまうのもはじめから決まっていたのだという方向へ、村落の伝承は歩いてしまうのだ。

Cで語られている蛇を殺した祟りだという伝承も、事件に対して、人々の目が何を見ているかということをよく示している。何か悪いことが起きるには、その原因があったに違いないと人は考える。そのとき、いわれなき殺生という語り口はもっともありふれた語り方である。そして、祟りを語る場合にもっとも多いのが蛇を殺すことで、『遠野物語拾遺』にもいくつかの伝承が記されている（第三四、一八一、一八二話、など。蛇の祟りについては、本書第十四章「『遠野物語』にみる動物観」で論じる）。そこには、蛇に対する古代以来の神性がかかわっているだろう。

また、殺した蛇の死骸のあったところから、毒キノコが生えてくるという伝承が『遠野物語拾遺』第二二八話にもあるところからみると、Aの「梨の木のめぐり」に生えてきたという茸は、Cで殺した蛇を埋めた場所から生えてきたものであるはずなのである。蛇を殺すと毒キノコになって祟る、という幻想があったのであろう。

BもCも、孫左衛門の家の絶滅を、前近代の村落に暮らす人々の側から説明したものである。村人にとって、事件はこのようにしてしかありえない。どのような場合にも、出来ごとには前兆があり、それはその家の者たちのしでかした、取り返しのつかない愚かな行為によってもたらされるものなのである。そう語ることによって、語り手である村人たちは、不幸な人たちの罪の報いとして出来ごとの招来を位置づけることができるし、それによって自分たちに同じような災いの及ぶことを防ぐこともできるのである。そして、こうした話を語り継ぐたびに、わが身の行為を省み、村落に暮らすことの慎みを確認してゆくのである。

D　土淵村の大楢といふ処に、昔は林吉といふ金持が栄えて居たさうなが、今は其家の跡も無い。此家には一疋の白い犬を飼つて居たのを、何か子細があつて其犬を殺し、皮を剥いで骸を野原に捨てさせた。すると其翌日家の者が起きて土間の地火炉に火を焚かうとして見ると、昨日の犬が赤くなつて来てあたたまつて居た。驚いて再び殺し棄てたが、其事があつて間も無く、続けさまに馬が七頭も死んだり、大水が出て流されたりして、家が衰へて終に滅びてしまつた。豪家の没落には何かしら前兆のあるもののやうに考へられて居る。（『遠野物語拾遺』一三四話）

村人にとって些細な出来ごとが、何か大きな事件をもたらすかもしれないということへの恐れが、この伝承でも先と同じように語られている。そしてそれは、恐れであるとともに、かれらにとっては期待でもあるのだ。羨望の的としての「金持」は、何かちょっとした出来ごとによって没落してしまうかもしれず、それは第三者である村人たちにとっては、日常的に秘められたジェラシーを一時的に慰めてくれる出来ごとだし、恰好の噂話の種ともなって人々の退屈を紛らしてくれる。そしてひょっとしたら、旧家を抜け出したザシキワラシは、自分の家に来て住みついてくれるかもしれないという期待を抱くことにもなる。それゆえに、もろもろの妬みや期待をこめて、村には伝承が語り継がれてゆくのである。

二　妬みの心

村建て（草分け）と伝えられる家や、村の中で特別の由緒をもつ家、あるいは経済的な優位性を古くからもつ長者などが、村落のなかで、他の家々に対して優越的な地位に置かれる。そして、それが村落の秩序維持装置として重要な働きをする。家々は、共同体の頂点に立つそれらの家のもとに、整然とした序列を与えられ、それが、日常の生活にも祭祀における役割や結婚の際などに持ちだされる家の格、何かにつけて求められる寄付金の額など、あらゆる場面における黙契となる。

村落の生活では、自分の家と他の家々との関係性にこだわり続け、それを守り続けることが求められ、それによって、安定した秩序を保証されるのである。だから、頂点に立つ家は、その専権的な地位を保持し続けようとするし、他の家々は、優位なる家に対する敬いと妬みを混在させ続ける。第一章でみたように、村建ての家が自家の優位性を語る伝承を語り継ぎ、一方で、その伝承が否定的な語り口をとって語られてゆくことにもなるのは、そのためなのである。

村落が、序列化された家と家との関係性によって保たれている共同体であるかぎり、いつの時代にも、その関係性を守ろうとする側と突き崩そうとする側との間に生じる歪みを孕み続けて、村落として存在することになるのである。長者の没落譚が村に溢れているのは、そのような関係性のなかで、優位な立場から引きずり下ろしてしまいたいというふうに思う人々が、村にはいかに多く溢れていたかということを示しているし、貧乏な男の致富譚が本格昔話の主要なテーマになっているというところに、村人たちの上昇志向がいかに根強かったかということを窺い知ることができる。

ここでは、村落における優位なる家とその家を取り巻く家々とを、伝承からどのように読みとれるかということを考えてゆく。はじめに取りあげるのは第一章にも引いた次のような伝承である。

E　大同の祖先たちが始めて此地方に到著せしは、恰も歳の暮にて、春のいそぎの門松を、まだ片方《カタホウ》は立てぬうちに早元日になりたればとて、今も此家々にては吉例として門松の片方を地に伏せたるままにて、標縄《シメナハ》を引き渡すとのことなり。

（『遠野物語』二五話）

「大同」と呼ばれる家では、正月の門松一対のうちの片側を地面に伏せたままに飾るという、その習俗の謂われを語る起源譚である。その行為によって、大同の家は、他の家々と区別された特別の家であるということを保証される。ほかの家とは違う立て方の門松を飾るという行為が年毎に繰り返されてゆくことで、大同の家の始源の時が確認され続けるとともに、村落の秩序が始源の時からのものであるということを人々は改めて思い知らされるのだ。

その「大同の祖先たち」の遠野入りについては、Eの話の前に次の話がある。

F　村々の旧家を大同と云ふは、大同元年に甲斐国より移り来たる家なればかく云ふとのことなり。大同は田村将軍征討の時代なり。甲斐は南部家の本国なり。二つの伝説を混じたるには非ざるか。

（『遠野物語』二四話）

「大同」について、柳田国男は『遠野物語』第二四話の上欄に附した注で、「大同は大洞かも知れず洞とは東北にて家門又は族といふことなり」と述べている。Fに「村々の旧家を大同と云ふ」とあるように、大同は、村落のなかの旧家を呼ぶ呼称らしいのだが、そう呼ぶのは「大洞」という一族（洞）を代表する家としての「大洞《おおぼら》」がダイドウと音読され、その起源がダイドウ＝大同の頃（坂上田村麻呂の蝦夷討伐の時代）として説話化されていったからだと柳田は推量しているのである。島亭も、「大同は年号から来たらしく、延暦二十年坂上田村麻呂が征夷大将軍として東征した頃から、この地方ははじめて歴史時代に入るため、村の草分けの家を大同と呼んだり、早池峯山の開創など、歴史の起りを大同元年あるいは二年などとすることが多い。土淵村の山口および飯豊には大同と呼ばれる家があり、大洞（おおぼら）の苗字を持っている」[*2]と述べている。

「大洞」と呼ばれて他の家々の上に立つ家は、昔、他所からこの土地に移り住んだのだという由来譚をもっていたのであろう。それは、第一章で論じた、始祖が鮭に乗って入って来たという村建て神話と同じ構造である。外から来た定住という語り方をとることによって、〈今〉の秩序を保証するものとしての始源における〈昔〉が言語化されることになる。それが、大同元年の坂上田村麻呂の蝦夷征討と結びつけられたり、甲斐国を本国とする南部氏の奥州入りという中世の出来ごとと結びつけられたりして語られていたらしいということが、Fの伝承（の断片）からわかるのである。

起源譚という面からいえば、その二通りの由来譚は同じものでしかない。外から入ってきたという語り方は、神が巡行してある土地に鎮座したと語る鎮座由来譚とおなじことで、外部（神話的にいえば神の世界としての〈異郷〉）からの遍歴・放浪ののちの定着という型をとることによって、今そこにいることの起源と根拠を語るというのが、こうした伝承の一つの様式なのである。移り住んだ（今いる）場所とは別の場所に始源の時以前を設定することで、始源の時としての〈昔〉の出来ごとを語ることができるのである。

Fの「二つの伝説を混じたるには非ざるか」というコメント風の口ぶりは柳田国男の発言かもしれないが、「混じた」というのは、混乱し誤ったということではないはずである。たぶん、大洞の始源については、大同年間の出来ごととして語られることもあったし、中世のこととして語られることもあったはずなのである。そして、いつのまにやら両者の隔たりは消えてしまう。

歴史（事実）に根拠を求めることで、「大同（大洞）の家」の由緒は確かさを保証されるわけで、逆にいえば、保証する力をもつものでありさえすれば依拠すべき歴史は何でもかまわないのである。そして、古ければ古いほど由緒正しさは証明されうるという論理を起源譚はもっているから、大同年間とする伝えのほうが、たぶん歴史的時間が古い分だけ、説話的にみれば新しいものだとは言えるかもしれない。

そこに南部氏の祖先の地としての甲斐国が栄えある〈異郷〉として融合していったのが、EやFの伝承だと考えられるのである。

始源の時を語る伝承の真実性を保証するための証拠として大同の家に伝えられているのが、Eの伝承に語られている門松の片方を伏せて立てるという、他の家々とは異なった正月の習俗である。民俗事例として考えれば、門松に用いる木の枝を逆さに立てたり、伏せたり、他の家々とは違う飾り方をする家は遠野の一部に限らず、各地に存在する。そして、それらの行為は、村の中でその家が他の家々とは違う家筋であることを保証するための儀礼的表現であり、自家の、他家に対する優位性の主張に他ならない。E・Fの場合も、他家に対する大同の側の優越性を示すための伝承として語られている。

門松飾りの儀礼と大同の定住を語る伝承との関係について一言しておくと、この儀礼と伝承との関係を一元的にとらえることはできない。たとえば、こうした説話が語られる遥か以前からこの儀礼はあり、その謂われを説明したものがEやFの伝承だとも考えられるし、逆に、パターン化された巡行と定着を語る由来譚が儀礼以前に、あるいは儀礼とは別個に語られており、その伝承の由緒正しさを保証するために片門松の儀礼表現が付け加えられていったとも考えられるからである。そして、それはどちらが先であってもかまわない。村落のなかで、家筋の優位性はこのようにして言語化され、一方で、このようにして儀礼化されてもゆくということである。

*2 大和書房版『遠野物語』(一九七二年)二七〇頁、補注16。

同じパターンによって経済的・社会的な優位性が語られてゆく場合にも、その語り方は多様にありうる。たとえば、陸前高田の旧家にかかわって語られている片門松の由来譚はこうである。

G ――昔、生出《おいで》の鳥越《とりのこし》という金山の全盛時代、堂之角地《どうのかくち》の主人がこれを支配していました。ある年の大晦日に、この金山から大きな金塊が出たので、部落あげて、これを採り出しにかかりました。何しろ、見たことも聞いたこともないような大きな金塊だったので、金山の坑口から運び出すことさえ容易ではありません。村中の人びとは、男も女もそして、老人、子供まで総出でかかりましたが、作業がようやく終えたのは、すでに真夜中を過ぎていました。堂之角地の家族も、みな金塊運搬の仕事にかかったので、家に帰ったのは、間もなく夜明けも近い時刻になっていました。夜が明けると元日を迎えるというので、大急ぎで門松を立てる仕事にかかりました。ところが、やっと一本だけ立て終えたとき、はやくも一番鶏が鳴いて夜が明けてしまいました。――したがって、以後、この堂之角地家ではもち論、その親類でも門松は一本だけ立てることとなり、その習わしは今日まで続いているということです。

（金野静一『民俗風信帖』）

この由来譚では、片門松の習俗を語るのに他所からの移住といった語り方をしておらず、同じ儀礼に対する説明のしかたでも、EとGとではずいぶん違っている。栄光の時の慌ただしさを理由にして片門松の習俗を語るという点だけが共通しており、そこへの語り方はまったく個別的に存在するのである。それこそが、伝承は言語表現でしかないのだということの証しだということができよう。つけ加えれば、ここで語られている堂之角地と呼ばれる家は、この村の旧家であり、話の内容から想像すれば経済的にも恵まれた家である。それはEやFの大同とおなじ立場にある家であり、これらの伝承は、そうした村落のなかで優位に立つ家の側の伝承であるということを示している。

ところが、片門松の儀礼を語る伝承をみてゆくと、同じ儀礼の説明でありながら、もう一つ別な伝承が語られているということに気づくのである。特別な習俗をもち伝える当事者の側の伝承がEやGであるとすれば、村のなかで、そうした習俗を持たない家の側において、片門松の謂われはどのように語られるか、という問題である。

H　キリスト教信者は殆んど無いが、昔、遠い国からの落人と伝える人達の中にはキリスト教に対する迫害を逃れての落人ではなかったかと思われるものがある。大洞を拓いて定着した人に菊地三左エ門、吉左エ門と云う兄弟がある。彼等は甲斐の国からの落人と云われるが、実は今の東磐井郡大原町から逃れて来たキリスト教徒であったことは確実な様である。

その他、村内では家によって、葬式の時の一杯飯に立てる箸を普通二本揃えて立てるのを一本は横にして十字の形にするところがある。これはその先祖のキリスト信仰の遺風を、それとは知らずに受けついでいるものであると云われる。又片門松と云って、門松を一方だけ立てる家も村内処々にあるが、昔はその根に寄せて地上に他の一本を横たえて置いたと云われ、これも十字の形となる。

（『附馬牛村誌』）

ここの「大洞」とEの「大同」とは同じ家ではないだろうが、「大洞」と呼ばれる草分けの家が、Hでは隠れキリシタンとして語られており、菊地家の遍歴ののちの定住は、始源の時の栄光としては語られていない。「迫害を逃れての落人ではなかったか」という語りかたには、この家に対する疑いや蔑みの感情が込められているとみえる。それは、「甲斐の国からの落人と云われるが、実は今の東磐井郡大原町から逃れて来たキリスト教徒であったことは確実な様である」という語りかたに如実に表れているとみてよいだろう。

南部氏の祖先の地としての栄光を担った〈異郷〉甲斐の国が、同じ岩手県の南部にある東磐井郡大原町となり、そこからの逃竄として語られているのである。附馬牛の人々にとって東磐井郡がどのように意識された土地なのかはわからないが、少なくとも、甲斐の国のような〈異郷〉としての意識はもっていないはずである。自分たちの土地と同等かそれ以下の土地と考えられているに違いない東磐井郡からの、キリシタン弾圧という迫害による移住を語るのは、どう考えてみても、始源のときの栄光に満ちた由来譚にはなりそうもない。

大洞の家にかかわるHの伝承が、当事者の側の家に立った語りではなくて、その家を囲む周りの人たちによって語り伝えられた話であるということは、明らかである。社会的にも経済的にも、村のなかで優位に立つ大洞の家に対する妬みや批判や蔑みが、たぶん、Hの伝承を生んでいったはずなのである。

この伝承からは、大洞の菊地家が片門松の儀礼をもっているかどうかははっきりしない。しかし、片門松の習俗を持ち伝える家が、迫害によって逃れてきた隠れキリシタンの家筋であるというふうに、他の家々の側からは語られうる可能性をもっているのだということは、Hの話の後半部分からも容易に察することができる。だから、『遠野物語』のEやFで語られている大同の由来譚としての片門松の儀礼も、他の家の側からは、そのように否定的に語られていたかもしれないということは、十分に考えられるのである。

同じ謂われを語る場合でも、語る側の立場がどちらにあるかということによって、ある習俗はまるで正反対に意味づけられて伝承となってゆくのであり、そこにこそ、村落伝承の本質があるということができる。

儀礼を補完するがごとくにある伝承が、一方では、その儀礼と選ばれた家の根拠を突き崩すものとしてもあり、その根拠を逆転させる方向へも働きうるのだということを知らなければならない。家はいつも、妬みのまなざしで見つめられているのである。

三　期待する心

富める者への羨みや妬みの裏側には、自分もまた、おなじように豊かなる者になれるかもしれないという期待が、村人たちの間には根強い願望として宿りつづけていた。昔話における、致富譚や長者への夢物語がいかに多いかということをみても、そのことは明らかだろう。『遠野物語』にも、そうした上昇への期待を籠めた話がいくつも語られているのだが、次に引く二つの話は、上昇願望が満たされた話と、夢に終わってしまった話で、『遠野物語』でも並べて載せられている。

I　小国《ヲグニ》の三浦某と云ふは村一の金持なり。今より二三代前の主人、まだ家は貧しくして、妻は少しく魯鈍《ロドン》なりき。この妻ある日門《カド》の前を流るる小さき川に沿ひて蕗《フキ》を採《ト》りに入りしに、よき物少なければ次第に谷奥深く登りたり。さてふと見れば立派なる黒き門の家あり。訝《イブカ》しけれど門の中に入りて見るに、大なる庭にて紅白の花一面に咲き雞《ニハトリ》多く遊べり。其庭を裏の方へ廻れば、牛小屋ありて牛多く居り、馬舎《ウマヤ》ありて馬多く居れども、一向に人は居らず。終に玄関より上《アガ》りたるに、その次の間には朱と黒との膳椀《ゼンワン》をあまた取出したり。奥の座敷には火鉢ありて鉄瓶の湯のたぎれるを見たり。されども終に人影は無ければ、もしは山男の家では無いかと急に恐ろしくなり、駆《カ》け出《ダ》して家に帰りたり。此事を人に語れども実《マコト》と思ふ者も無かりしが、又或日我家のカドに出でて物を洗ひてありしに、川上より赤き椀一つ流れて来たり。あまり美しければ拾ひ上げたれど、之を食器に用ゐたらば汚《キタナ》しと人に叱られんかと思ひ、ケセ子ギツの中に置きてケセ子を量る器《ウツワ》と為したり。然るに此器にて量り始めてより、いつ迄経ちてもケセ子尽きず。家の者も之を怪しみて女に問ひたるとき、始めて川より拾ひ上げし由をば語りぬ。此家はこれより幸運に向ひ、終に今の三浦家と成れり。遠野にては山中の不思議なる家をマヨヒガと云ふ。マヨヒガに行き当りたる者は、必ず其家の内の什器家畜何にてもあれ持ち出でて来べきものなり。其人に授けんが為にかかる家をば見する也。女が無慾にて何物をも盗み来ざりしが故に、この椀自ら流れて来たりしなるべしと云へり。

（『遠野物語』六三話）

J

金沢村《カネサハムラ》は白望《シロミ》の麓《フモト》、上閉伊郡の内にても殊に山奥にて、人の往来する者少なし。六七年前此村より栃内村の山崎なる某《ナニガシ》かかが家に娘の聟を取りたり。此聟実家に行かんとして山路に迷ひ、又このマヨヒガに行き当りぬ。家の有様、牛馬鶏の多きこと、花の紅白に咲きたりしことなど、すべて前の話の通りなり。同じく玄関に入りしに、膳椀を取出したる室あり。座敷に鉄瓶の湯たぎりて、今まさに茶を煮んとする所のやうに見え、どこか便所などのあたりに人が立ちて在るやうにも思はれたり。茫然として後には段々恐ろしくなり、引返して終に小国《ヲグニ》の村里に出でたり。小国にては此話を聞きて実とする者も無かりしが、山崎の方にてはそは マヨヒガなるべし、行きて膳椀の類を持ち来り長者にならんとて、聟殿を先に立てて人あまた之を求めに山の奥に入り、ここに門ありきと云ふ処に来たれども、眼にかかるものも無く空《ムナ》しく帰り来りぬ。その聟も終に金持になりたりと云ふことを聞かず。

（『遠野物語』六四話）

マヨヒガは「迷ひ家」の意味であり、「隠れ里」と呼ばれたりもする。村落の向こう側に幻想された〈異郷〉であり、そこは、山人によって語られる向こう側が恐ろしき世界としての側面が強いのに対して、幸運を授けてくれる憧れの〈異郷〉という性格が強く現れた世界である。ここでも、そこは、人々に富をもたらす所として語られており、彼らの想い描いた豊かさが、立派な門や花の咲く広い庭、数多く飼われた牛や馬や鶏、そして調度の整った座敷などによって、具体的に描かれている。何だか豪農の屋敷のさまで想像力に乏しいようにも感じられるが、それが却ってマヨヒガにリアリティーを与えてもいるのである。

何によってそうなったのかはわからないが、貧乏だった三浦家は富を築いた。村落の人々にとっては羨ましくてしかたのない成金の家は、神からの祝福としてその致富の謂われが語られることによって、村落での新たなる立場を許されることになる。そして、相変わらず貧しい人たちにとっては、自分たちにもまた、同じような幸運が訪れるかもしれないという期待に胸を踊らせることになる。

Ｉの話では三浦家を富ましたのは「少しく魯鈍」な妻だった。大事なのは「魯鈍」という人格である。それはたぶん、昔話でいえば、「貧しいけれども正直でやさしい」と語られる主人公の性格づけと同じだと考えてみればよい。それも、生半可な正直さやさしさであってはならない。正月の準備のために丹精込めて編んだ笠を、寒そうに雪に濡れて立っている石の地蔵さまにかぶせてやり、足りないものだから自分のかぶっていた笠まで与えてしまうという、底抜けのやさしさでなくてはならないのである。そうしたほとんどありえないやさしさが、「魯鈍」なのだといってよい。そして、そうだからこそ、「マヨヒガに行き当りたる者は、必ず其家の内の什器家畜何にてもあれ持ち出でて来べきものなり。其人に授けんが為にかかる家をば見する也」と人々が考えているマヨヒガから、何も持たずにもどって来てしまうのである。

宮田登は、Iの主人公が「いささか愚かな性向」であるとともに「家の主婦」であったという点に注目して、「この表現はおそらく神がかりしやすい傾向の持主と解されなくもないということである。要するに並の人間では、隠れ里というもう一つの別世界と交信することは無理だということを示すのである」と、述べている。[*3] たしかに、神話的にいえば、そのように説明することも可能であろう。しかし、村落の伝承においていえば、大事なことは、家刀自の巫者的性格ではなくて、「魯鈍」さの裏側にある底抜けの正直さややさしさなのである。なぜなら、Iでは家の主婦だが、Jでは、聟がマヨヒガに行き着いているのだから。

IとJの、マヨヒガに辿り着くことのできた主人公は同じ存在であるはずなのである。Jの聟の場合には、「魯鈍」とも「やさしい」とも語られてはいないし、結局、富を手にいれることもできなかったのだが、マヨヒガに行くことができたということ自体、彼が特別な存在であったということでなければならない。聟について、里は「白望の麓、上閉伊郡の内にても殊に山奥」の「人の往来する者」も稀な金沢村で、しかも、「栃内村の山崎なる某かかが家」の娘の聟になったと語るのである。

母一人娘一人の家に養子に来た男がどのような人物であり、どのような境遇に置かれているかということは改めて説明する必要もなかろう。説話的にいえば、貧しくやさしい若者であるに違いないのである。しかも、そのやさしさは、度を外れている。「実家に行かんとして山路に迷ひ」などと語られる男が、才知に溢れているとは考えられないわけで、そう表現されているわけではないが、間違いなく「魯鈍」な男であったはずである。

IとJの主人公は、同じ類の人物であったはずなのである。それなのに、Iの三浦家の妻は祝福され、Jの「某かか」の聟は見捨てられた。そこには、ほんのちょっとしたした違いがあるだけである。ここで言えば、Iの妻は、自分の体験を話したのに誰も信じなかったけれども、Jの聟が喋った話は、欲張りなカカに聞かれてしまったというだけの違いである。だから、Iの妻には〈異郷〉からの贈り物が届いたのだし、Jでは、欲深いカカが、聟を道案内にしてマヨヒガへ行こうとしたから、祝福されるはずの聟までが神から見放されてしまうのである。

Iの、何もしないで金持ちになった三浦家の主人と、Jの、欲をかいて失敗した山崎のカカとの間に差はない。Iの主人だって、妻が魯鈍ではなかったら、きっと人を引き連れて探しに行ったはずなのである。「魯鈍」なる妻といささか頼りない聟と、同じ性格を与えられていながら、このように結果が違ってしまうというところに、マヨヒガから富を授かることの難しさがあらわれている。たぶん、ほとんどが富の獲得に失敗するのである。何かをしようとした途端に〈異郷〉は消えてしまうものだから、じっと待つしかないのだ。そんなことは、たいていの人にとっては不可能なことであり、だから、マヨヒガは、願望の〈異郷〉としてしか存在しないのである。

*3 宮田登「ムラとユートピア」(日本民俗文化大系8『村と村人』〈小学館、一九八四年〉三二五頁)。

『遠野物語』で並べて語られているIとJの話を繋げると、「隣の爺」型の昔話と同じ構造になる。これは、村落の上昇願望と致富譚を考えようとするときに、興味深いことである。

正直でやさしい爺（婆）と欲張りで意地悪な隣の爺（婆）とによって語られてゆく、典型的な二者対立型の昔話は、人間の心の二面性をもっとも象徴的に語る話だということができる。佐竹昭広によって、〈またうど〉と〈けんどん〉として説明されたこの構造は、*4 人々によって幻想された致富への夢と現実との落差がいかに大きなものであったか、ということを如実に示している。その代表的な一話「鼠浄土」の昔話を読みながら、IとJとの関係を含めて、上昇願望について考えてみることにしよう。

K

むかし、あったけど。

お爺さんが、山にたきぎ取りに行って、お昼になったがら御飯食べろど、食べでいだどごろ、一匹の鼠がチョロリ、チョロリと、穴がら出で来まして、「お爺さん、お爺さん、お昼ですが」「おや、おや、かわいごど、かわいごど」って。鼠さほの、お爺さん食べっだ御飯鼠さ食べらせで、そうしてほの、すぎるまで、おじいさん御飯食べあげるまで、ほの、鼠が、そごいで、ついで、かわいがって、鼠さたくさん御飯食べらせで、家《うづ》さやって来たとごろ、三時なった、一服頃なったど思《も》って、お爺さんが休んで、それでほの、一服のんだとごろ、「お爺さん、お爺さん。さっきはごっつぉになって」って、鼠がまだ、穴がら出はって来て、「おや、おや、さっきの鼠ですがい」ったば、「そうです」って。お爺さんどご俺、迎え来たなだ」って。それでほの、鼠が、「お爺さん、俺さ負《ば》れで、まなご《（目）》しっかりしくって、そうしてほの、俺さ負れであべ」って。「俺、負れで行っていがのう」ったば、「大丈夫ですさけ、ばれでくれ」って、言わいで、それでこっど、お爺さん、鼠さ負《ば》れで行ったとごろ、穴の底さ、負《ぶ》っていって、行ったところ、鼠たくさんいで、「あ、あ、お爺さん、よくござった、よくござった」ってみんなの鼠がら大喜びさっで、それで、お爺さんさ餅《もづ》搗で、食べらせで、そうしていっだどころ、たくさん集まって、鼠だ、

〽餅《もづ》や搗けれや　あづぎやねれや
　猫さえいねうづ　極楽浄土の真中《まんなか》だ

一所懸命、鼠だ餅《もづ》搗いで、そうして今度《こっど》、お爺さんさ、たくさん食べらせで、そうしてお爺さんさ、お金どっさり、鼠だあげで、そうして帰って来たどごろが、隣のおじいさんがそっと見でで、「なに、こんなに二日三日のあいだ、こんなにこごの家《うづ》、金持づなったんでろ」って、そうして、羨しぐでいだどごろに、き《(聞)》いでみたところが、「俺はこうこうして、鼠さんさほの、ごはん食べらせでやったば、三時頃なって、お茶飲みあべって連いでいがっで、御馳走《ごっそ》されで、そして来っどぎ、お金、おみやげ、お金貰って来た」と。

それなら、俺もいってくっどと、そして鼠出はってこねんけども、鼠の穴あいっだどご見っど、そごさ御飯おっつけでやって、そうしたら鼠、出はってきて、「お爺さんや、お爺さんや、お前も来たいならあべ」っと。そうがら、ほの、入《は》らんねどごろムリムリどほの、爺さんが鼠がら引っぱりこまれで、入《い》れらで、そうしていだどごろが、こっどまた、

＊4「隣の爺」型の登場人物の典型化について、佐竹昭広は、〈またうど（正人）〉と〈けんどん（慳貪）〉あるいは〈かだもの〉というかたちで、ことばの検討から追っており、大変興味深い（『民話の思想』〈平凡社、一九七三年〉）。なお、佐竹は指摘していないようだが、「慳貪」という言葉はすでに古く『日本霊異記』の登場人物の性格づけにも現れており（下巻・二六話）、説話における人物造形の様式化の問題を考えてゆく場合に参考になる。

〽餅《もつ》や搗けれや　あづぎやねれや
　猫さえいねうづ　極楽浄土の真中《まんなか》だ
って、鼠がだ猫ほどおかねな何もねぐっでいっだもんださけ、さぁこったけの金ある、鼠の蔵見れば、こったけの金あるもの、猫の真似したらば、この金うだって《（捨てて）》鼠みんな逃げんでろ、そしたら、こなみな俺のものなんでろって。爺さんが、今度欲たげで、また、今度
〽餅《もつ》や搗けれや　あづぎやねれや
　猫さえいねうづ　極楽浄土の真中《まんなか》だ
って、餅《もつ》搗っだうづ、こっど欲だげで、ほの爺さんな、今度、「にゃおー」って、猫の真似すっど「ほら、猫来た！」って、みな、今度《こつど》、あがっどご、みな、すっかり、みな穴も何もみな、くえらって《（ふさがって）》でしまって、爺さんがどさ出はっごどもなぁすごどもなくなぐでいったば、猫でねぐ、ほの爺さんだもんださげ、すっかり、みんな鼠にかじられるんでら、かさばかれる《（ひっかかれる）》んでらして、血だらけになって、やっとこ、ほの、穴捜し、穴捜し、爺さん泣ぎながら出で来た。
そうさけ、ほの、あんまりそんだ欲たげねってもいいもんだって、んださげ鼠でうもの、ほの、ふぐじょっこ《（福の神）》だでうごどはほの、そのむがしがら始まったもんだって、むがし聴がせるもんだけさげの、こればし、俺はおぼい《（覚）》でいっだな。
あど、とんぴんから・ねっけどって。

（『酒田の昔話』45「鼠浄土」）

ちょっとしたやさしさゆえに、「ふぐじょっこ（福の神）」であるネズミから幸運を授けられた爺と、それを真似てひどい眼にあう爺とが対立的に語られている。この、〈またうど〉と〈けんどん〉との対

立的な語り口をみるとき、この昔話の眼なざしがどこに向いているかということを見誤ってはならない。

ここに引いた「鼠浄土」にしろ、あるいは同様の語り口をとる「地蔵浄土」にしろ、関敬吾がいうように、「元来は地中訪問によって宝物を獲得するモティーフが中心」であるとみるならば[*5]、そこに語られている昔話の本質はすっかり読み落とされてしまうと言わなければならない。こうした理解は、たとえば、稲田浩二がいうような「隣の爺型は前半を種とする昔話が後半の隣の爺の失敗によってより強調されたものであり、隣の爺はあくまでも前者に追随し真似をするという消極的な存在」であるととらえる「隣の爺」型昔話の認識[*6]とおなじ発想に立つものである。

もし、そのように語るのであれば、成功する爺を強調するために、失敗する爺の話を語ったあとにやさしい爺の成功が語られるはずである。「隣の爺」型昔話が、いつも、成功する爺を語ったあとに〈けんどん〉な爺の無残な失敗を語るのは、「隣の爺」にこの話型の中心があるからに違いない。

たしかに「鼠浄土」は、『古事記』に語られているオホナムヂの神話（スサノヲの住む根の堅州《かたす》の国に行き、そこで様々な試練を通過して地上の王者として再生してくるという神話）を連想させるし、そう考えること自体に誤りはない。しかし、肝心なことは、昔話で富を得て地上にもどる〈またうど〉の爺さんが根の堅州の国から再生したオホナムヂと同質の力をもちえたかどうかということであり、王者としての誕生という

＊5 関敬吾『日本昔話大成』第四巻（角川書店、一九七八年）、一一六頁。

＊6 稲田浩二「じいとばばとの話——完形昔話を考える」（日本口承文芸協会編『昔話研究入門』〈三弥井書店、一九七六年〉所収）。なお、柳田国男は、「慾深な隣の爺の真似そこなひの滑稽に、興味の中心を置かうとしたもの」（『昔話と文学』〈一九三八年〉、『定本柳田国男集』第六巻、一八一頁）と言いながら、一方で、「神の正しさと最後の勝利とを鮮明に理解せしめる為に、仮設せられたる対立者」として隣の爺をみる見解（『桃太郎の誕生』〈一九三三年〉同前第八巻、八九頁）もあってはっきりしない点がある。

通過儀礼的世界を背負った神話のなかのオホナムヂが〈またうど〉の祖先たりうるかどうかという点に対する明確な認識である。

単に一部分の構造が似ているということだけで両者を簡単に結びつけてしまうことは、その本質を見きわめようとするとき大変危険なことだと言わなければならない。構造の上で、「鼠浄土」の前段と地中からの再生を語るオホナムヂ神話とは一致する。細部をみても、「ふぐじょっこ」であるネズミはオホナムヂの難を救うネズミを連想させるし、ネズミの浄土(異郷)への訪問が、「まなごしっかりしくって」連れられてゆくと語られるのが、神話における〈眠り〉による異郷訪問を連想させるなど、いろいろ指摘することができる。

しかし、そうしたことをいくら強調してみても、「鼠浄土」という昔話の本質が理解できないということは、昔話「大年の客」と『常陸国風土記』の「福慈の神と筑波の神」の伝承との構造上の一致点だけをいくら強調しても、両者の本質的な差異は消えないという点を考えてみればはっきりするだろう。[*7] 宝物を得ることよりも、後段の、それを真似て手ひどく痛めつけられる隣の爺さんにこそ「鼠浄土」の主題であり、そこに、昔話「隣の爺」型の中心は置かれているとみたほうがよい。

瀬川拓男が次のような興味ある事実を紹介している。ある出版社が「ねずみ浄土」を絵本にしたところが、長者になりそこねた「欲張りの爺が、子どもの同情と人気を一身に集め」、多くのファン・レターを受け取った、というのである。その現象を瀬川は、「奔放な欲望に生きる子どもにしてみれば、童話作家の描く透明人間みたいな正直爺より、欲望のおもむくまま、あくどくはいずり回る欲望り爺に共感をおぼえたのであろう」と述べているが、[*8] それは「童話作家」のせいばかりではなく、「鼠浄土」という昔話そのものがそうした視座をもって成立しているからだ、と私には思われる。「隣の爺」型と呼ばれる昔話のほとんどは、そう考えたほうがよい。それは、こうした昔話の生みの親である語り手（聞き手）たちがどのような〈現実〉に身を置いているか、ということを考えれば当然だ。

彼らにとって、〈またうど〉の幸運は夢さえも通りこしている。たしかに、瀬川が言うように、「民話に描かれた正直爺は、決して道徳教育の権化のような爺さま」ではなくて、そこには、「土間で拾った一粒の豆にも、貧しさからくる執念や愛着」をもつ「生産者である農民」の姿がみてとれるけれども、それは、語りとして言語化されるとき、現実から飛躍すべきはずの上昇願望さえもが、そのような〈現実〉に規制されて語られているというにすぎない。したがって、そこを評価しすぎて、「鼠浄土」という昔話の中心に幸運を授かる爺がいると考えることはできないのである。

貧しさや「生産者である農民」であることから、這い上がり上昇していった爺に対してではなく、上昇への足掛かりを見つけながら叩きのめされなくてはならなかった隣の爺の姿に、語り手（聞き手）の現実と視座は反映しているのである。語りの構造からいっても、話の盛り上がりが後段にあると読みとるのは、ごく自然なことである。

口誦の語りは、むずかしい構造やひとひねりした構造をとることはできない。口誦であるかぎり、昔

＊7「隣の爺」型の昔話における語りの構造を、『常陸国風土記』筑波郡の「福慈の神と筑波の神」の伝承をはじめ古典や口誦資料によって詳しく分析し、二者対立型の構造の受諾と拒否について考えたことがある。この辺りの論述はその旧稿によっているので参照願いたい（三浦「神語り＝拒否と受諾――〈昔語り〉への視座をこめて」、古代文学会編『想像力と様式』〈武蔵野書院、一九七九年〉、及び、「〈昔語り〉論・試論」『共立女子短期大学文科紀要』第22号、一九七九年二月）。

＊8 瀬川拓男「民話的欲望論――花咲爺をめぐって」（『民話＝変身と抵抗の世界』〈一声社、一九七六年〉所収）。以下の瀬川の発言はすべてこの論文からの引用である。

話は、一回的、瞬間的な表現だから、聞き手がついてゆける程度の構造しか選べないのである。そうした語りの性格から考えて、もし、前段に中心があるのならば、失敗を語る後段は不必要で目障りな部分になってしまう。Kの「鼠浄土」では、後段に力点があるからこそ、上昇する爺を語る前段が、語りの展開上必要になってくるわけで、「隣の爺」型の昔話はその呼称の通り、隣の爺こそが主人公なのである。

このようにみてくると、瀬川拓男の、「それが上の爺だからだめなのだ。非生産的な男であったから、ど素人なみにすきだらけだった。こうして、生産的な人間の立場から非生産的な人間を諷刺し、どっと笑うところに意味がある。土着性とは、このような笑いの背後にもひそんでいる」という見解は、関敬吾や稲田浩二の「隣の爺」型昔話に対する理解を超えているといってよい。なぜなら、瀬川は後段にこの昔話の中心をみようとしているからである。ただし、語り手(聞き手)が、〈上の爺(失敗する爺)〉と〈下の爺(成功する爺)〉とのどちら側に身を置いているかという点で、理解を誤っている。

間違いなく、「隣の爺」型の昔話は〈笑い〉の要素を強くもっている。[*9] しかし、決して「生産的な人間の立場から非生産的な人間」としての〈けんどん〉な爺を笑っているのではないはずである。たぶん、語り手(聞き手)は、失敗する爺の側に身を置いてこの話を語っているのである。

ネズミに餅をたらふく御馳走になって喜んでいる爺さんよりも、ネズミの金蔵を見て、「猫の真似したらば、この金うだって鼠みな逃げんでろ、そしたら、こなみな俺のものなんでろっ」と考える爺さんのほうに、よほど確かな〈現実〉が息づいている。そして、その上昇願望と、「血だらけになって、やっとこ、ほの、穴捜し、穴捜し、爺さん泣ぎながら出で来た」と語らねばならない〈現実〉との落差の大きさに、語り手たちの悲痛な叫びがあり、しかも、それが〈笑い〉に隠されている分だけ衝撃的な力をましてゆくのである。隣の爺が内包する上昇と下降(叩きつけられた現実)は、語り全体のなかで、上昇できた爺（下の爺）と下降する爺（上の爺）とによって象徴的に構造化されている。隣の爺の上昇から下降へと至るその落差が、前段において爺の上昇を語ることで増幅されているといってもよい。

「隣の爺」型の昔話の多くがそうであるように、ここで引いたKの話にも「そうさけ、ほの、あんまりそんだ欲たげねっていいもんだって」という教訓がつけ加えられている。この教訓性は、いうまでもなく「物うらやみはせまじきことなり」（『宇治拾遺物語』など）という、中世説話以来の伝統ともいえるものである。これを西郷信綱は、「決して外から持ちこんだ観念」ではなく「物語の布地から導き出されたもの」であり、「その戒めが技術的な価値にではなく、すべて社会的な価値にかかわっているのは、そこにほとんど諺に近い要素があることを意味する」と述べ、諺や昔話は「ともに俗の世界の経験にかんする伝承」であったと述べている。[*10]

こうみたときには、隣の爺の姿は語り手たちの〈現実〉から一歩離れた、「戒め」のたとえとして存在する。そして、確かに西郷の指摘するような性格が昔話にないとは言えないけれども、教訓性という面からだけでは「隣の爺」型の基盤、ことにその後段への展開は見出せない。後半の結末に至る展開には、教訓や寓意といった道徳臭さを撥ねつけて飛翔する、生き生きとした語りの世界が感じ取れるのである。

＊9 日本の昔話研究者は、この系統の昔話を「本格昔話」と分類し、多く〈またうど〉に焦点をあてている。こうした構造をもつ昔話は外国にもあるが、「ヨーロッパの研究者は笑話に分類しているものもある」ということを関敬吾が紹介している（『日本の昔話・比較研究序説』〈日本放送出版協会、一九七七年〉七一頁）。

＊10 西郷信綱「神話と昔話——一つの試論」（『子どもの館』一九七六年四月号、のち『神話と国家　古代論集』〈平凡社、一九七七年〉所収）。

人々の上昇願望がやさしい爺の幸運を語ってゆく。自分たちも同じような幸運にめぐりあうことができるかもしれないと彼らは考える。しかし、現実はそんなに甘くはない。あくどく這いずりまわる隣の爺に降りかかった現実こそ、汗水たらして這い廻る彼らの現実に重ねられるものなのである。その、語り手（聞き手）と一体化された隣の爺の行為が笑いにくるまれて話はできあがっている。だから、ここで読みとれる〈笑い〉は、悲痛な叫びとしての笑いであるはずだ。しかし、いったん様式化され話として語られてゆく場合に、そうした笑いの対象としての隣の爺は、自分たちとは区別されたお話の主人公として、カラッとした笑いに包まれて語り継がれてもゆくはずなのである。そこに、村落に生きる者たちのしたたかさと確かさがあるに違いない。

『遠野物語』の、先に引いた、Iの三浦家の致富譚とJの某かかの家の失敗譚との、あたかも「隣の爺」型のような併存には、村落の側の上昇への願望、一方の現実がいかなるものとしてあったか、ということを象徴的に示している。そして、確かな存在はJの側にあったのだということは、いままでの論述によって明らかになったはずである。Jにも語られている白望の山にかかわって、次のような話も語られている。

L　白望の山に行きて泊れば、深夜にあたりの薄明るくなることあり。秋の頃茸を採りに行き山中に宿する者、よく此事に逢ふ。又谷のあなたにて大木を伐り倒す音、歌の声など聞ゆることあり。此山の大さは測るべからず。五月に萱を苅りに行くとき、遠く望めば桐の花の咲き満ちたる山あり。恰も紫の雲のたなびけるが如し。されども終に其あたりに近づくこと能はず。曾て茸を採りに入りし者あり。白望の山奥にて金の樋《トヒ》と金の杓《シャク》とを見たり。持ち帰らんとするに極めて重く、鎌にて片端を削り取らんとしたれどそれもかなはず。又来んと思ひて樹の皮を白くし栞《シヲリ》としたりしが、次の日人々と共に行きて之を求めたれど、終に其木のありかをも見出し得ずしてやみたり。

（『遠野物語』三三話）

白望山が遠野の人たちにとって、ことさらに不思議の起こる場所であったということがわかるのだが、ここでも、いったん出あえた幸運は男のものにならなかった。何の性格づけもされていないのだが、異郷の宝物に出あうということ自体、出あえる者は特別な存在であったはずなのである。そして、Iには、「マヨヒガに行き当りたる者は、必ず其家の内の什器家畜何にてもあれ持ち出でて来べきものなり。其人に授けんが為にかかる家をば見する也」とあるのだから、Lの男は、目にした「金の樋と金の杓」を手に入れることができてもよいはずだ。ところが、彼は、それを持ち帰ろうとしたから駄目になってしまった。Iの三浦家の妻のように魯鈍で、欲望を一切持たぬ人物だけが神に祝福されるのである。だから、Lの男も、Jの欲張りの義母をもつ聟も、幸運を逃がしてしまうことになる。

微かに抱いた期待を手にいれることはむずかしいのだ。だからこそよけいに、祝福されてある家に対する妬みの心や〈異郷〉に対する憧れは増幅してゆく。村落の伝承は、そうした心意によって語り継がれ、村には、隣の爺が溢れてゆくことになる。

第Ⅱ部　事実譚の表現構造

ここでは、村落における〈事実譚〉について考えてゆく。ここで言う事実譚とは、事実や事件そのものを記したものというのではない。ある出来ごとがことばによって語られてゆくとき、語られる出来ごとは、説話表現の様式性をとることではじめて、事実として語ることができるのである。ということは、出来ごとが言葉によって伝えられてゆくとき、語られる出来ごとは、それがどんなに事実であるかのように語られたとしても、あくまでも表現としての事実でしかないということだ。本当に何が起こったのかということは、語られた説話からはほとんど何もわからない。

ここでいう〈事実譚〉とは、まさに〈事実〉として語られた話、という意味であって、出来ごとそのものについてはほとんど興味を示してはいない。どのように語ることで〈事実〉は表現をもちうるのか、ということだけを考えている。事実譚は、世間話・噂話と呼んでもいい。それらは、村落の人間関係を支えるものでもあるわけで、『遠野物語』にもこの種の話は多く収められており、村落の暗部を垣間見させてくれるし、また、説話表現の面からみても興味深い話が数多く見出せる。

第Ⅰ部と同様、『遠野物語』を中心に周辺の民間伝承をもちいて論を展開させてゆくが、古代の説話では『日本霊異記』を多く引用した。そこに収められた説話は、古代における幻想の問題や村落と人間の歪みをもっとも象徴的に描き出していると読めるからである。

第五章　慈母——母はどう語られるか

「子育て幽霊」という昔話がある。身籠もった女が死んで葬られるが、墓のなかで子を生み、その子を育てるために、毎晩毎晩、飴屋に飴を買いに来るという話である。見慣れぬ女の不思議なふるまいに不審を抱いた飴屋の亭主が後をつけてゆくと、女は新墓の中に消えてしまい、その中から赤子の泣き声が聞こえる。翌朝、人を誘ってその墓を掘ってみると、死んだ母に抱かれて眠るまるまると太った赤子がいた。その子は無事に成長して立派な人になったという。

植物人間になってしまった母が機械に助けられて子を生んだというようなニュースが現実の出来ごととして伝えられる今日、かえって、この話のもつ不思議や奇跡は科学的ではないという理由で否定されてしまうのだろうが、それでも、母という存在にたいする驚異、子を慈しむ母親の凄さは、十分に感じさせてくれる。そして、この話に語られていることが、それほど不自然なものではないと受け取ることができるのは、私たちが、「母という存在は、自分が死んでまでも子を育てようとするほどに深く子供を愛する心を持っている」という幻想をもっているからである。ある名僧の誕生譚として伝説的な語られ方をする場合が多いように、この話は実際にあった出来ごとであるかのように伝えられるのだが、そのように語ることができるのは、母は慈愛に満ちた存在であるという幻想が、我々の側の思い入れによって支えられているからにほかならない。

もちろん、一般的にいえば、母は、個別的にさまざまに母として存在する。自己犠牲的な献身を子供に示す母もいれば、コインロッカーズ・ベイビーを生むのも母親であり、多くの母親はしかったり褒めたりしながらごく普通に子供を育てている。ひとの生きざまが千差万別であるように、現実の母もひとりひとり生きている。しかし、お話に登場する母は、ある固定的な母親像をもつことによって、はじめて、〈母親〉という存在になることができるのである。そして、それが現実の母親像を規定してゆくことだってありうる。

むろん父親も同様の存在だとはいえるが、説話に描かれる母親はことさらに固定的なイメージをもつ存在であるようにみえる。そして、そのひとつの典型が〈子への慈愛〉なのである。だから、慈愛深き母を描けば、そのお話は、あたかも現実的な存在としての母親であるかのごとき人物を造形することができる。先の「子育て幽霊」に描かれた、子への執心のためにこの世に未練を持ち続ける母親も、〈慈愛深さ〉というパターン化に支えられて、疑いようのない事実として語られてゆく。

説話が説話としてその表現をかくとくしてゆくとき、話型や様式や文体など、説話表現を可能にする方法はいろいろに考えてゆかなければならないが、ここでは、〈慈愛〉という固定化された母親像を足掛かりに、〈事実譚〉の描き方を考えてみることにしよう。

一　殺される母

『遠野物語』に登場する母親も、説話的な語り方によって母として存在する。次に掲げる話はそのあたりの事情を端的に示している。

A

此男ある奥山に入り、茸を採るとて小屋を掛け宿《トマ》りてありしに、深夜に遠き処にてきやーと云ふ女の叫声聞え胸を轟かしたることあり。里へ帰りて見れば、其同じ夜、時も同じ刻限に、自分の妹なる女その息子の為に殺されてありき。

（『遠野物語』一〇話）

B

此女と云ふは母一人子一人の家なりしに、嫁と姑《シウト》との仲悪しくなり、嫁は屢《シバシバ》親里へ行きて帰り来ざることあり。其日は嫁は家に在りて打臥して居りしに、昼の頃になり突然と伜《セガレ》の言ふには、ガガはとても生《イカ》しては置かれぬ、今日はきつと殺すべしとて、大なる草苅鎌を取り出し、ごしごしと磨ぎ始めたり。その有様更に戯言《タハムレゴト》とも見えざりければ、母は様々に事を分けて詫びたれども少しも聴かず。嫁も起出でて泣きながら諌《イサ》めたれど、露従ふ色も無く、やがては母が遁れ出でんとする様子あるを見て、前後の戸口を悉く鎖《トザ》したり。便用に行きたしと言へば、おのれ自ら外より便器を持ち来りて此へせよと云ふ。夕方にもなりしかば母も終にあきらめて、大なる囲炉裏の側《カタハラ》にうづくまり只泣きて居たり。伜はよくよく磨ぎたる大鎌を手にして近より来り、先づ左の肩口を目掛けて薙《ナ》ぐやうにすれば、鎌の刃先炉《ロ》の上の火棚に引掛かりてよく斬れず。其時に深山の奥にて弥之助が聞き付けしやうなる叫声を立てたり。二度目には右の肩より切り下げたるが、此にても猶死絶えずしてある所へ、里人等驚きて馳付《ハセツ》け伜を取抑へ直に警察官を呼びて渡したり。警官がまだ棒を持ちてある時代のことなり。母親は男が捕へられ引き立てられて行くを見て、滝のやうに血の流る中より、おのれは恨も抱かずに死ぬるなれば、孫四郎は宥《ユル》したまはれと言ふ。之を聞きて心を動かさぬ者は無かりき。孫四郎は途中にても其鎌を振上げて巡査を追ひ廻しなどせしが、狂人なりとて放免せられて家に帰り、今も生きて里に在り

（『遠野物語』一一話）

Aの冒頭の「此男」は菊池弥之助と言い、直前の第九話によると不思議の声を聞くことのできる人物なのだが、その男が山中で聞いた女の叫び声が、妹がその息子に殺される時の声であったというのである。こだわって言えば、Aでは「深夜に」聞いたとありながら、Bに語られる事件の殺人時刻は、「夕方」からそれほどの時間を経ているとは思われないなど、AとBとでは矛盾する点もあるが、間違いなく、Aの話はBの話の事実性を支えている。その前に置かれた第九話で、弥之助という人物が特別の能力をもつと語られているがゆえに、Aで語られる弥之助の山中での不思議な幻聴体験は、Bの話の内容を確かな事実に仕立てあげる役割を担うことになった。吉本隆明はこの話に分析を加えて次のように述べている。

フロイト的にいえば、『遠野物語』の村民は、じぶんの妹が息子の嫁と仲が悪く、板ばさみになった息子は母親を殺すか嫁を離別するかどちらかだと思いつめていることを予め知っていたために山奥で妹の殺される叫び声をきいたのであろう。その時刻がほんとうに妹が息子から殺される時刻と一致したということにはさしたる重要な意味はない。もっと条件を緊密においつめてゆけば、思いつめた息子が母親を殺すのは今日か明日かと言う時間の問題であることをも、山奥にいたその村民は知っていたとかんがえることができるからである。*1

このようにいえば、たしかに一つの説明は可能である。少なくとも、弥之助の心的構造を説き明かすことはできるだろう。しかし、説話の問題としてみれば、これだけではすまない。弥之助は確かに女の叫び声を聞いたのだし、その弥之助が不思議の声を聞きやすい男であったからこそ、弥之助の体験はB

の話の事実性を支える一つの要因ともなりうるのである。そして、説話的にいえば、聞こえた声が、生じた出来事の事実性を支えてゆくというあり方は普遍的な説話の構造として存在する。幻聴としての声は、幻視としての姿や夢の映像である場合も多い。「夢知らせ」や「虫の知らせ」も吉本風に説明すれば、その心的構造は解けるが、それればかりでなく、それらが出来ごとを説話に仕立てあげるキイポイントであり、またその出来ごとの事実性を保証する証拠[*2]になるのだというふうに、説話表現の上からはいえるのである。

Bに描かれた家族関係は、いつも、どこにでもありふれた家庭不和を引き起こす関係として読める。神話的にいえば、父がいないということにおいて神の子としての資格をもつ「母一人子一人」で育った息子は、自立心の弱いマザコン気味の男でもあったはずだ。その息子が嫁をめとったとき、母と嫁との仲が悪くなり、息子がその二人のあいだで身動きできなくなるということは誰にでも容易に想像がつく。

吉本も述べるように「母親を殺すか嫁を離別するか」しか選択の余地はないわけで、そのとき息子が、若くて愛しい嫁を救おうと考えたというのは、ある意味では至極健全な選択であっただろうということができる。ただ、嫁はしょっちゅう里に帰ったり、この日もそうであったように不貞寝をしてみたりと、あまり良い嫁とは描かれていない。それはいうまでもなく、この話が母親の側に立って描かれているからである。やさしい母の相手には意地悪で気のきかない嫁がいなければならない。説話における姑と嫁とは、そのようにしてしか表現をかくとくしえないものなのである。

＊1 吉本隆明『共同幻想論』（河出書房、一九六八年）六七頁。
＊2 「証拠」については、このあとの第七章で論じる。また、証拠と対になる「証人」については第六章で論じる。

ここに描かれた事件が遠野の山村で現実に生じたことか否かはわからないし、それは、どちらでもかまわない。「狂人なりとて放免せられて家に帰り、今も生きて里に在り」と、母殺しの男の実在性・現在性を強調しているところからみて、この話が現実の出来ごととして語られているということを確認できさえすれば、それでいい。ただ、もし実際の事件であったとしても、ここに描かれた通りに事が進行したとは考えない方がいい。厳密に読んでゆくと、説話らしい描写が目につくからである。

嫁と姑との対立的な関係もきわめて説話的だが、描写をみてゆくといかにも山村の説話らしい表現にぶつかる。母と嫁との毎度の不和に苛立った伜は、たぶん発作的に母親を殺そうとする。即座に包丁でも持ちだすのなら息子の行為は説明しやすい。それが、「大なる草苅鎌を取り出し、ごしごしと磨ぎ始めたり」というのである。もちろん、説話的にいっても、この行為は息子の狂気を証明しているということはできる。しかし、そうした説明のまえに、この描写は、昔話「三枚のお札」を思い出させる。

山中に迷いこんで日が暮れ困りはてた小僧が、運よく泊めてもらった一軒家で、夜中に目を覚まして見たものは、障子に映る老婆の影。そっと覗いてみたら、あの優しかった老婆は耳まで口の裂けた山姥で、彼女は「うまそうな小僧だ」と言いながら包丁をゴシゴシと研いでいる——。

Bにおける伜の行為は、この山姥と説話的に重なってゆく。この、包丁（鎌）を研ぐという行為は、閉ざされた空間における主人公の危機の到来を巧みに語ることになる。そして、小僧が追い詰められてゆくように、ガガ（Bの話の母親）は絶体絶命のピンチに立たされる。詫びをいれるけれども許されない。寝ていた嫁も起きだして夫をなだめるけれども、止めることはできない。厳重に鍵までかけられた密室の中で母親は身動きもとれず、時間ばかりが経過してゆく。緊張は極度に高まってゆき、そして、最後の危機突破のための手段が、「便用に行きたし」であった。

便用という言い逃れは、やはり「三枚のお札」の専売特許だといってもよく、逃竄譚の基本的モティーフだ。小僧が小便に行きたいと言うと山姥は手の中にしろと言い、次に、「あっぱ（大便）」が出そうだといっても、山姥は手の中にしろという。いや、もったいなくてそんなことはできないしビチビチだ、とか言って、ようやくのことで縄を腰に結びつけられて外の厠に出ることができる。あとは厠神とお札の神威にすがって逃げに逃げるだけだ。密室から出さえすればなんとかなる。

ところが、便用という母の頼みに、伜は、「おのれ自ら外より便器を持ち来りて此へせよ」と言うのである。これでは母親は外へ逃げだすことはできない。時間の経過とともに追い詰められ、遂にはあきらめるしかない。そして、とうとう母は伜のよく研いだ大鎌で斬られてしまう。

小僧はとっさの機転で逃げおおせ、母親の機転は効力をもたない。二つの話の違いはそれだけだ。じりじりと追い詰められ時間の経過とともに緊迫感は高まってゆく。なかなか巧みな場面描写だ。その、Bの話の展開に、たぶん間違いなく逃竄譚「三枚のお札」にパターン化された、包丁を研ぐ姿や便用に行きたいという言いのがれが、説話表現の様式としてはたらいているにちがいない。このように語れば密室の主人公はピンチに立たされ、話は緊迫感をもつ、という語りの手法である。

ここで語られるのは、現実にどのように母は追い詰められたのかという問題ではない。説話表現の様式のなかで母は追い詰められてゆくことになる。ある事件が表現を獲得してゆくとき、説話はそのようにしてしか表現をもたない。だから、あったとしても具体的な事実は、表現の奥に隠されてしまう。

この話でもっとも大事なことは、母親の最期を語る、その語り方である。まず左の肩口を斬られてあげた叫び声が、第一〇話（A）の弥之助の幻聴譚とつながって事実性を保証するとともに、リアルな殺人現場を描き出してゆく。次に、右の肩への一撃によって最期の痛手を負わせるとともに、その間に経った時間が、里人たちを招集させる。彼らは、次に発せられる母親の台詞を聞くための、大事な証人たちである。呼ばれた警官の役割も、里人とおなじだ。身につけた棒によって、この事件の起きた時代を限定してゆくことが、この話の事実性を支えているということを付け加えてもかまわない。

伜が、駆けつけた人々や警官に取り押さえられ、引っ立てられてゆくその時に、母親は、瀕死の痛手のなかで声を振り絞る。「おのれは恨も抱かずに死ぬるなれば、孫四郎は宥したまはれ」と。この言葉を聞いて、集まった人々は感動をおさえることができない。そして、その瞬間に、一人の慈愛に満ちた母親が生まれることになった。現実にこの母親が嫁いびりに精を出す意地悪な姑であったとしても、この一言が彼女を聖母に仕立てあげずにはおかない。それほどの威力をもつのが、この台詞なのである。

それを、本当にこの母親が瀕死の口にしたのかどうか、などと問題にしてみても、ほとんど意味のないことだろう。重要なことは、説話に語られる母親は息子（娘）に対して、このような存在としてあるのだということである。だから、傷の痛みで声も出せない母親であったとしても、かけつけた里人たちは、まがうことなくこの言葉を聞いてしまうことになるのである。

しかも、この母の最期の言葉を聞いた里人たちが、第三者的な立場でその現場に居合わせるということが、この説話を事実譚に仕立ててゆくためには大事な点となる。〈証人〉と呼ぶべき存在であり、それがこの話の語り手にもなってゆく。あるいは、その里人たちからの又聞きというかたちで、語り手は〈事実〉を語ることができる。だからこそ、最期の母のことばがこの話の方向を規制し、母の側に立った話として、立派な母の最期が語り継がれるのである。

二　信心深い母

幻想のなかにいつも慈母としてある母は、このようにして説話表現をかくとくする。そして、こうした母の姿はずいぶん古いものだったということを、次に引く『日本霊異記』の説話は教えてくれる。

C　悪逆の子、妻を愛して母を殺さむと謀り、現報に悪死を被《かが》ふりし縁

吉志火麻呂《きしのひまろ》は、武蔵国多麻郡鴨《かも》の里の人なり。火麻呂の母は、日下部真刀自《くさかべのまとじ》なり。聖武天皇の御世に、火麻呂、大伴（という役人）に、筑紫の前守《さきもり》（防人）に点《さ》されて、応《まさ》に三年経《へ》むとす。母は子に随ひて往きて相養《あひか》ひき。その妻は国に留まりて家を守る。時に火麻呂、己が妻に離れ去《ゆ》きて、妻の愛に昇《た》へずして逆《さかしま》なる謀《はかりごと》を発《おこ》し、我が母を殺し、その喪に遭《あ》ひて服《したが》ひ、役を免れて還り、妻と倶《とも》に居らむと思へり。母の自性《ひととなり》、善を行ふを心とす。子、母に語りて言はく、「東の方の山の中に、七日法花経を説き奉る大会有り。率《いざ》、母よ、聞きたまへ」といふ。母、欺かれ、経を聞かむと念ひ、心を発し、湯に洗ひ身を浄め、倶に山の中に至る。

子、牛のごとき目を以て母を眦《にら》みて言はく、「汝、地に長跪《ひざまづ》け」といふ。母、子の面を瞻《まぼ》りて答へて曰く、「何の故にか然言《しかい》ふ。若し、汝、鬼《もの》に託《くる》へるや」といふ。子、横刀《たち》を抜きて母を殺《き》らむとす。母、即ち子の前に長跪きて言はく、「木を殖ゑむ志は、その菓《このみ》を得、並びにその影に隠れむが為なり。子を養はむ志は、子の力を得、并せて子の養ひを被《かが》ふらむが為なり。恃《たの》みし樹の雨漏《も》るが如くに、何ぞ吾が子の思ひしに違ひて今異《け》しき心の在る」といふ。子遂に聴かず。時に母佗傺《わ》びて、身に著たる衣を脱ぎて三処《みところ》に置き、子の前に長跪き、遺言して言はく、「我が為に詠《しの》ひ裹《つつ》め。

以《おも》ふに、一の衣は、我が兄の男、汝、得む。一の衣は、我が中の男に贈り貺《たま》はむ。一の衣は、我が弟の男に贈り貺はむ。」といふ。逆なる子、歩み前《すす》みて、母の項《うなじ》を殺《き》らむとするに、地裂けて陥る。母、即ち起《た》ちて前み、陥る子の髪を抱き、天を仰ぎて哭きて、願はくは、「吾が子は物に託《くる》ひて事を為せり。実《まこと》の現《うつ》し心には非ず。願はくは罪を免《ゆる》し貺へ」といふ。猶、髪を取りて子を留むれども、子、終に陥る。

慈母、髪を持ちて家に帰り、子の為に法事を備《まう》け、その髪を筥《はこ》に入れ、仏像のみ前に置きて、謹みて、諷誦《ふじゅ》を請ふ。母の慈は深し。深きが故に悪逆の子にすら哀愍《かなしび》の心を垂れて、それが為に善を修す。誠に知る、不孝の罪報は甚だ近し。悪逆の罪はその報《むくい》無《な》きには非ずといふことを。

（『霊異記』中巻・三話）

防人に命じられた男が母を連れて任地へ行き、三年を経て、故郷の妻への思慕に耐えかねて、母を殺し、その喪を理由に国へもどり、妻と暮らそうとする。古代律令国家における、東国農民と国家との関係を象徴的に表している説話である。いかにもありそうな話だが、よく考えてみると不自然なところの目につく話でもある。

「応に三年経むとす」とあるのだが、古代律令国家の法律である『律令』のなかの「軍防令」によれば、防人の任期は三年（現地までの往復日数は含まない）なのである。もちろん、任期通りに帰還できたかどうかは疑問もあるが、三年の任期を終えようとするまさにそのときに事を企てようとするというのは、いかにも不自然である。しかも、「軍防令」の兵士の規定によれば、「凡《およ》そ征行せむときは、皆婦女を将《ゐ》て、自ら随ふることを得じ」とあって、女性を遠征に同行することはできない。この規定は防人にも適用されていたはずである。

同じく「軍防令」には、「凡そ防人防《ぼう》に向はむ、若し家人・奴婢《ぬひ》及び牛馬、将て行かむと欲《おも》ふことあらば、聴《ゆる》せ」とあって、防人は任地に、自給のための田を耕すために牛馬とともに家人や奴婢を連れてゆくことが許されていた。だから、Cの説話を論じるとき、妻はだめだけれども、母を連れてゆくことは許されていたのだということの正当性をこの条文によって説明しようとするのだが、それはあやしい。ここの「家人」とは、いわゆる家族の者という意味ではない。「奴婢」と対になっているのだから、『律令』の他の多くの条文に「奴婢」と並べて規定されている私有賤民としての「家人《けにん》」とみるべきなのである。だからこの話で、母を連れて行ったと語っているのは、律令体制下の兵士（防人）にはありえないことだ。

このようみると、この話は古代律令期にありえた現実の事件とは考えられない。しかし、古代の国家と農民の関係や家族の問題をきわめて鮮明に描きだしている話であるとみることには支障がない。そして、ここに描かれている母と息子とその妻との関係は、先の『遠野物語』の話Bときわめて近い関係にあるということができるだろう。母の保護下からぬけだせない息子が、三年も離れ離れになった妻に会いたくなる。任期も終了間際の三年を目前にして我慢しきれなくなってしまったというところに、切実な思いがうまく表されていると読むこともできる。そのとき、彼にとって二人を隔てているのが国家であるということに気付かず、短絡的に、母の殺害によって障害をとり除こうとしたのである。

Bの『遠野物語』では、二人の関係を気まずくさせている母を殺すことによって妻との関係の改善を図ろうとしたのだし、Cの『霊異記』では、母を殺すことによって離別を強いられた妻との関係を回復させようと試みたのである。そして、どちらの母も、自分を殺そうとした（殺した）息子への深い慈愛をもっていた。ただ、違うのは、Cの母が信心深い人物であり、この話が仏教説話集に収められているために、母は仏の加護を得て命を救われたということだけである。

母を殺すために山中に連れてゆくというのは、伝説としても多い昔話「姥捨て山」を思いださせる。その場合には、一定の年令になると、殿様の命令や村の掟にしたがって親を捨てなければならないと語るわけで、親と子との対立という構造は持っていない。ところが、もっとも古い姥捨て伝説を伝える『大和物語』（平安前期）によれば、信濃の更級に住む男は若くして親に死なれ伯母に育てられるのだが、妻を娶ると、伯母のために妻との関係がしっくりしない。いささか陰険な妻に、「持ていまして、深き山に捨てたうびてよ」と責められてその気になり、「寺に尊き業する、見せたてまつらむ」と言って伯母をだまして山中に連れてゆき、捨ててくる。この『大和物語』では、それが姥捨て伝説のパターンでもあるのだが、男は改心して伯母を連れ帰ることになっているが、発端の設定はCの説話ときわめて近似している。どちらも、連れだす口実に仏道修行を用いている点からみて、寺院の説教などにこの話型が用いられていたのかもしれない。

『大和物語』では、伯母を捨ててしまった男の苦悩を描写し、抒情的な歌を用いて男の改心というパターンを物語的に描いてゆくのに対して、Cの『霊異記』では、山中で殺人に及び、母の慈悲心にもかかわらず仏罰をえて死ぬというふうに語られており、捨てにゆく側の、親（姥）を思う心を描くことによって、のちに連れもどすと語る姥捨て伝説のパターンを排して、個別的な結末になっている。それによって、この説話は事実譚的な装いをとることができたのである。

刀を振り上げる息子の前で事を分けて説得したけれども効き目がない。『遠野物語』の母と同じように防人の母も追いつめられてゆく。しかし、とり乱したりはしない。その緊迫した場面で、もっとも母らしい行動に出るのである。彼女は身に着けた衣のすべてを脱ぎ、それを面前の息子をはじめ、三人の息子たちに分け与えると遺言する。この場面は人々を感動させずにはおかないはずだ。母は凄い、これこそ慈母の典型だ、と。これで息子の刃にかかって死ねば、『遠野物語』の母親と同じことになるのだが、ここの母は信心深いという点でBの母とは違っていた。

男は刀を振りあげた瞬間に裂けた大地に落ち込んでしまう。刃を逃れた母は、足もとの裂け目から息子を引きずり上げようとする。殺されそうになっても落ち着き払っていた母が、泣きわめきながら仏に許しを請い息子を救おうとするが、結局息子は大地の底に消えてゆく。母の手には、息子の髪だけが残されている。これは凄惨な場面である。

仏罰としての、大地へ引き込もうとする力に抗う母の力が髪を放さないのだし、その力が息子の頭から髪だけを引き剥がしてしまうのである。つまり、母の手の中に残された息子の髪は、母の慈愛深さの証しの品として仏が母に与えたもうたものだ。だから、彼女は〈慈母〉として故郷に帰ることができるのである。Bの説話における里人のごとき現場の証人はいないけれども、残された髪がこの母の慈愛深さを保証する証拠の品となるのである。

死の間際まで息子をかばい、あるいは、髪の毛が根こそぎに抜けてしまうほどの力を込めて自分を殺そうとしたわが子を助けようとする。母はこのように語られることによって、はじめて、説話的な〈母〉という存在になることができる。母は、〈特別な母〉という装いをとらなくては説話の中では母になることはできない。そして、その、もっとも典型的な母の装いが〈慈母〉という存在なのである。

もちろん、説話に描かれる母にもいろんな女がいる。たとえば、幼い子がいながら邪淫の罪を犯し、男と交わって子に乳を与えず飢えさせたために、両の乳が「竈戸《かまど》の如くに垂れ、乳より膿《うみしる》流る」という報いを受けた女の話がある（『霊異記』下巻・十六話）。そういう女もまた母であるのは当然のことだが、こうした悪女が母として描かれてゆくのは、説話で様式化された母が、〈慈母〉として強い規制力を持っているからである。慈母という存在が説話的に固定化された母であるからこそ、ある説話ではその逆の、子を捨てて邪淫に走る女を、何の疑いもなく否定的に描くことができるのである。

　母の描き方が固定化すればするほど、母の慈愛は強くなり、それ以外の個別的な母は説話の外側に追いやられてしまう。そのとき、母の否定的な側面は、もう一人の母が受けもつ役割として固定化してゆく。〈継母〉という存在は、説話的にいえばそのような母なのである。『落窪物語』（平安前期）の「北の方」以来の継子譚における継母は、慈母である母（実母）が説話的存在となった途端に、必然的に説話的存在となったのである。説話の〈母〉が二極分化をおこし、慈母としての資格は実母の側に与えられ、慈しみ深さが強調されるとともに、母のもう一方の側面としての悪母は、継母の専有するところとなったということである。*3

　個別に存する現実の母は、そこでは表現をとりえないのである。

三　たくましい母

　慈母というのは決してひ弱な存在ではない。ことに村落で語られる慈母は、逞しい慈母だとさえいってよい。やさしいだけでは生きてなんかゆけないのだから、それは当然のことだ。深沢七郎『楢山節考』が村落の人間を描きえたのは、七十を迎えて楢山まいりにゆく老婆おりんが、石にぶつけて欠かなければならないほどに丈夫な歯をもっていると語られていることに象徴されているような逞しさを持ち合わせていることだといってよい。

昔話「姥捨て山」でも、捨てられたままでじっとしている老婆ではなくて、捨てられた山中で、まわりに落ちている小枝などを集めて火を焚き、大股を広げて火にあたり、近寄ってきた鬼の子がその下の口は何だと問うと、お前たちを食うためだとか言って騙し、持っていた打ち出の小槌を奪うと、そこに街屋をつくって女殿様におさまる、といったとんでもない老婆を語る笑話のほうが（たとえば、『聴耳草紙』一七番「打出の小槌」参照）、親孝行やつまらぬ知恵を教訓的に語る「姥捨て山」よりはよほどおもしろいし現実的だとも思えてしまう。それは、そこに登場する老婆に（この種の話では決して爺さんの話にはならない）、村落の母の逞しさがリアルに見えてくるからに違いない。

たくましい老婆たちは、『遠野物語』にも生きている。たとえば、姥捨て伝説の断片らしき話があって、次のように語られている。

D　山口、飯豊、附馬牛の字荒川東禅寺及火《ヒ》渡《ワタリ》、青笹の字中沢並に土淵村の字土淵に、ともにダンノハナと云ふ地名あり。その近傍に之と相対して必ず蓮台野と云ふ地あり。昔は六十を超えたる老人はすべて此蓮台野へ追ひ遣るの習ありき。老人は徒《イタヅラ》に死んで了《シマ》ふこともならぬ故に、日中は里へ下り農作して口を糊《ヌラ》したり。その為に今も山口土淵辺にては朝に野らに出づるをハカダチと云ひ、夕方野らより帰ることをハカアガリと云ふと云へり。

（『遠野物語』一一一話）

＊3 河合隼雄『昔話と日本人の心』（岩波書店、一九八二年）一一一頁以下。なお、昔話に置ける「継母」については、三浦佑之『昔話にみる悪と欲望』（新曜社、一九九二年）「第一章　継子いじめ譚の発生」で詳述した。

ここでも、六十になって棄てられた老人たちは、ただじっと座して死を待ってはいない。「日中は里へ下り農作して口を糊」したというのだから、彼らは結局、生き続けてゆくのである。昔話の婆さんのように女殿様になれはしないけれども、それがあたかも隠居制度の説話化であるかのように、村落に睨みをきかして老人たちは生きのびてゆき、そうした古老たちを養ってゆく力をもつことで、現実の村落は村落としての十全なる活力をもつことができたはずなのである。

そしてことさらに、伝承の場においては、老婆や妻や母たちの逞しさとやさしさが語られてゆく。次に掲げる話は、逞しい慈母の物語である。十九世紀の東北で語り伝えられていた。

E　矢沢村寺館といふは、往古の城主元祖は稗貫為重が弟、矢沢左近光直なり。天正の頃の城主は矢沢参河といふ。胡四王山北麓にて北上川のはたなり。洪水の度毎に本丸欠け崩れ、当時、外郭・遠堀・追手先少し残れり。其の下に百姓家一軒あり。寺館の助左衛門といふ。女房に後れ、子はあれども幼少なり。又、北隣村に五太堂といふ所には、夫におくれ、わづか十歳の男子をつれて古家へ帰り、弟に添ふて居たる女あり。是を、助左衛門が後妻に然るべしとて、取りむすぶ。其の年も程なく暮れ、翌年の夏、助左衛門が女房、所用の事ありとて右の子供に言ひ付け、五太堂村弟のかたへ遣はしけり。「若し、日暮れなば伯父がかたにとまりて、明朝早く帰るべし」と申し含め遣はしけれども、兎角父親に離れ、母をちからとする童子なれば、伯父、達て留めけれども逃げ隠れして帰りける。矢沢と五太堂村との境に狼の住家とする大森山といふ松山あり。其の麓に陣が岡といふ所もあり。（略）此の所は矢沢・小山田・五太堂三ケ村の通路の道あり。右寺館近所の若者ども、朝、草苅りにこの陣が岡へ行きしに、子児の着物血に染まりて帯などちりて有りける。能々《よくよく》見れば、寺館の助左衛門が嚊息子《かがむすこ》の着物なり。これはと驚き、夫より助左衛門が女房に知らせければ、其の侭《まま》かけ出て陳が岡へ行きて見るに、紛れもなき我が子の着物なり。「にくき狼の喰ひしならむ」と大森山へ登らんとすれば、若者ども差し留めけれども聞き入れず走りしが、詮方なくかの女と共に大森山へ登りて見れば、少々草のなき所あり。其の片原に我が子の足の膝節、はばきの際まで喰ひて両足残りあり。母これを見て両足を抱き悲しむ声、此の三ケ村に聞こえければ、追々人来たりてやうやう家に返しけり。
また其の日暮れに、母、両足を持ち出て大森山へのぼり、前に有りし所へ持て置き待ちければ、狼また来たりけるを、飛びかかり、狼の口へ手を入れ込て終に殺し、我が子の敵を取りけり。助左衛門、近所の者をたのみ、松明をふり、大森山の辺を尋ぬれば、女房は大わらはになりて、狼を引きずり出して人々に見せけるとなり。

(『三郡見聞私記』巻一)

子供を残して妻に先立たれた男と、夫に死なれた子持ちの女とが夫婦になる。どこにでもある家庭だ。そして、この説話の主人公は、再婚した母とその十歳の連れ子である。尋常の母と子にもまして強い絆をもつ親子として、二人は関係づけられてゆく。この母が、昔話の継母のように継子に対して邪険であったとか助左衛門が妻の連れ子に冷たかったとかいうようなこととはかかわりなく、母と実子は、その絆の強さを強調することで、説話的な存在となりえているのである。逆に、もっとも強い絆をもつ母子として説話的に選ばれたのが、夫(父)に死なれて再婚した(新しい父をもった)この二人であったのだ、と言ったほうがよいかもしれない。
母の使いで隣村の伯父の家にでかけた帰り道に事件に遭遇するのだが、「若し、日暮れなば伯父がかたにとまりて、明朝早く帰るべし」という母の忠告や、伯父が引き止めるのを「逃げ隠れして」まで帰ろうとしたと語るあたりに、母子のつながりの深さはことさらに強調して描かれている。そして、いうまでもなく、そのことが不幸な事件をうむことになったのであり、そう語ることで、連れ子の死に対する同情と、母の行為に対する人々の驚嘆は倍加するのである。

伯父の家からの帰り道で童子は狼に襲われて喰い殺される。そこは、狼の棲み処となっている場所で、村と村との境目でもあったという。説話的にいえば、境界はもっとも不安定で危険な場所なのである。そこには、いつも恐ろしきものが跳梁し通りかかる人々を狙っている。だから、人々を守るために境界には神が祀られる。ここでは、その恐ろしきものが狼として具体的な姿をとって現れているのだが、狼を、生物学的なオオカミとして考える必要はない。

『遠野物語』にも狼の話は多いが、それらはいずれも説話的な存在、境界に棲む恐ろしきものとして語られている。そういうものだから、いわゆる「送り狼」の説話も存在するのである。村境から人の後をつけてくる狼の話は多く、その人が心掛けのよい場合にはなにもせず、却って守ってくれたりするが、悪い心の男であれば躓いた拍子に、狼は飛びかかってくるのだという。そこに語られる狼の二面性は、まさに、境にいる恐ろしきものの二面的な在り方と一致する。境界にいる恐ろしきものと、そこを守る神とは、じつは、同じ存在の裏表でしかないのだから。

次の日の朝、村の若者たちが見つけた血に染まった着物は、子供が狼に喰われたことの証拠の品であり、知らせを聴いて駆けつけた女房が山で見つけた証拠（「我が子の足の膝節はばきの際まで喰ひて両足残りあり」）によって、それは確かなこととして確認されてゆく。説話における証拠については後の第七、八章で詳しく述べるつもりだが、足や手だけが残されるという語りかたは、恐ろしきもの（鬼という場合が多い）に喰われたことを示すための象徴的な描写である。

「両足を抱き悲しむ声、此の三ケ村に聞こえければ」といういささか大袈裟な母の嘆きの描写も、始めに語られた、この母と子との特別な絆の強さを考えれば、それほど不自然には感じられない。そして、最後に語られる母の突飛な行動も、この二人の絆から生じる激しい怒りと嘆きを聞いたあとでは、ごく素直なふるまいだと思えてしまうのである。

いったんは人々に説得されて山を降りた母は、夕暮れに、狼を誘い出し仇をとるために、残された息子の足を持って山に往く。そこで繰りひろげられるのは、母と狼との、一対一の一騎打ちである。もっとも恐ろしきものである狼と、もっとも弱き者である母との素手の戦いは、どう考えてみても勝負は決まっている。それを逆転させてしまうのは、説話における母の力だ。不憫な子を持った慈母の、捨身の行為が、「狼の口へ手を入れ込」むことだった。だから、現実ではとうてい考えられない母のふるまいを、あたかも事実であるかのように語りうるのである。

それにしても、この慈母はあまりにもたくましい。結末の、「女房は大わらはになりて、狼を引きずり出して人々に見せけるとなり」という一文には、その雰囲気が巧みに描かれている。ひょっとしたら、その狼の肉は残された家族や村人たちの腹の中に収まるのかもしれないし、皮はなめして売られたかもしれない、と思わせるような表現である。しかも、もう一歩でひどくわざとらしくなってしまう手前で描写を抑制しているのがよい。だから、この逞しい慈母は、村落の〈母〉の規範になりえたのである。

付け加えて記しておけば、「狼の口へ手を入れ込」んで殺すというのは、狼との一騎打ちを語る際の説話的パターンなのだが、そのことについては、次章で改めて述べてゆくことにしよう。

第六章　証人——狼との一騎打ち

前章で扱った助左衛門の女房が狼の口の中に手を入れて殺すという語り口は、じつは、狼との一騎打ちを語る場合の説話のパターンとして存在する。ここでは、それらの説話をとりあげながら、出来ごとを目撃する〈証人〉に注目しつつ、事実譚について考えてゆく。

狼が神的存在であるということは、古い文献から登場する。たとえば、『日本書紀』欽明天皇の条の、秦氏の立身出世の縁起譚が狼の報恩によって語られている説話では、昔、秦の大津父《おおつち》という人物が伊勢へ商いに行った帰りの山道で二匹の狼が喰い合うのに出あい、これを諫め争いを止めさせたことがあったのだが、そのことのあった後に、天皇の夢に狼が現れ、大津父を取り立てるようにとのお告げをしたために、大蔵省の長官に抜擢されたという話（欽明紀即位前紀条）があり、『万葉集』には狼を「大口の真神」（巻八・一六三六番歌）と呼んでおり、神的な存在として敬い恐れていることがわかる。口の大きな本当の威力を持った神、それが狼なのであった。

静岡県の山住神社や埼玉県秩父の三峰神社など、各地の山の神の神社が狼を祀っていることにも、狼の神的性格は示されている。そして、『万葉集』に歌われているように、狼の形態的特徴の一つは、口が大きく耳まで裂けているというところにあった。もちろんそれは、狼の形態的特徴をもとにして説話的な表現になっていったに違いないのだが、説話における狼の口の大きさは、まさに狼の威力そのものとして象徴的に存在する。これは、何も日本の説話ばかりではなかったということは、ヨーロッパの昔話「赤頭巾」を思い出してみればわかることだ。

狼の口に手を差し入れて殺すという狼との一騎打ちの説話的パターンは、説話における狼の口の大きさから発想されてくる。だから、口の大きさを語るヨーロッパでも、やはり、狼と一騎打ちして口に手を入れる主人公はちゃんといる。有名な、ほらふき男爵がその人である。

一　目撃した人々

A　またあるときなぞはやはりハッと気がつくと、恐ろしい一匹の狼が矢のような勢いでワガハイに迫ってい、身をかわす間もあらばこそ、ただ機械的本能に従ってワガハイこぶしを突き出し、カッと開いた狼の口につっこむしかなかった。身の安全を思う一念で段々奥へとつっこむうちに、ワガハイの腕はほとんど肩まで入ってしまったもんです。さてここでいかになすべきか――この厄介な状況がワガハイにふさわしく特別優雅じゃ、とはちょいと申せんわけで――なにせ、オデコとオデコを狼なんぞとつきあわせた姿、マ、ひとつ御想像下され――互いに愛情こもれる、とはまさにいいがたき目と目を、ワレラ両名見あわせた。ワガハイが腕をひき抜くや、畜生《やつ》が一層猛《たけ》り狂ってワガ身にとびつくだろう、それだけは明晳《めいせき》判明に奴《やっこ》さんの燃えるような瞳から読みとれるのではあった。そこで要するにです、ワガハイは奴の内臓《はらわた》をつかんだ、手袋と同じように表と裏をひっくり返した、で地面に奴をたたきつけ、そのまま放り出して帰った次第。

（『ほらふき男爵の冒険』新井皓士訳）

この饒舌な語り口と、前章で狼の口に手を入れて息子の敵討ちをした慈母を語る抑制の効いた語り方とを較べたとき、この表現に態とらしさと嘘っぽさとを感じてしまうのはしかたがない。これが男爵の語り口なのだから。パターン化された法螺話を、これでもかこれでもかといった調子でたたみ重ねることで、ほらふき男爵は事実を創り上げようとするのである。たぶん、『ほら吹き男爵の冒険』で次々に語られてゆくそれぞれの挿話は、類型をもつ誇張譚として語り継がれていたものであったのだろう。ここに引いた話もそうした一つにちがいない。

誇張譚は、とことん話に尾鰭をつけて誇張し、人々を笑いに誘い込んでゆければよいわけで、そこでは、事実性にこだわる必要はない。だから、「ワガハイは奴の内臓をつかんだ、手袋と同じように表と裏をひっくり返」すといった嘘っぽい結末を平気で語ることができるのだ。というより、そこに話の落ちをつけることによって、この挿話は男爵のお話らしく仕上げることができたのである。それは、事実譚との意識的な乖離だといってもよいだろう。さも本当らしく語りながら、わざとそこから超えて話を飛躍させ遊ばせてゆき、人々を笑いのなかに引き落とす。それが、ほらふき男爵だ。それに対して、事実譚は、あくまでも現実の出来ごととして語るということにこだわり続ける。説話表現として、どのように語ることで、表現のなかに〈事実〉を描くことができるか（創ることができるか）という点にこだわり続けるのである。

前章の最後にあげた『二郡見聞私記』の話とAの話とのもっとも大事な違いは、主人公の周りに人がいたかいなかったかという点である。ほらふき男爵の場合は、語られる話はいずれも、シベリアやポーランドの森の中でのたった一人の体験であり、周りに人はいず、したがってその出来ごとは、男爵の自叙（一人称語り）というかたちにしかならないのに対して、前者の体験は村の若者や夫の助左衛門などの監視下において生じているのである。だから、『二郡見聞私記』の話の語り手は、第三者になりうるのである。つまり、第三者が語り手になりうるのは、事件を目撃した人々が周りにいるからだといってよい。事実譚の構造を考えるとき、この目撃者の存在がとても重要になるのである。

狼の口に手を差し込んで殺す、という語り口は、近世にかなり流行した話型だったらしく、『二郡見聞私記』ばかりではなく、いくつかの随筆類にも見えている。[*1] そのなかの一例だけを紹介しておく。

B　是もむかししろしめしし、石見国那珂《なか》郡浜田の在にて、あしき狼ありて、狂ひありき、あまた人をなやめし故に、夕ぐれには、人の往来《ゆきき》も稀なるを、ある農夫、十二三なる女子を、酒買ひに遣りたるに、買ひて帰る道にて、かの狼に出合ひけり。狼は少女を食ひ倒さんと飛びかかる。少女はのがれんとして、酒器持ちたる手を後ざまにさし出だして、逃げんとする。双方の勢ひにて、徳利といふもの、狼の口中に深くいりて、出でも入りもせず。狼はたけび狂ひて死したりけり。少女は、酒の器を狼にとられて、せんすべなく泣き居たるを、所の者の聞きつけて、家に送りしとなり。

（『傍廂』前編）

ここの主人公は、か弱い少女であり、助左衛門の女房のように慈母だけれど逞しいといった語りかた

*1 平岩米吉『狼——その生態と歴史』（池田書店、一九八一年）に、近世の説話が多く紹介されている。

はできない。そのために、狼の口に突っ込まれるのは、腕ではなくて持っていた徳利になっている。それも、意図的にではなくて、狼が飛びかかる拍子に、恐ろしさのあまり咄嗟に差し出した徳利が、うまい具合に狼の口の中に嵌まり込んで抜けなくなってしまった、というふうな語り方をする。それによって、このありえないような話は、事実性を獲得してゆくのである。まさに「事実は小説より奇なり」ということになる。ありえないと思える出来ごとをさも本当らしく語らなければ、事実譚は表現を持ちえない。

しかも、この話でも「所の者」がちゃんと駆けつけて、口に徳利を突っ込まれて死んでいる狼と泣いている少女を目撃しているのである。その点でもこの話は事実性を保証されているといえる。そして、その構造は、先の『二郡見聞私記』の場合と同じである。ただ両者ともに言えることだが、肝心の、狼の口に腕や徳利を差し込んだその瞬間は、誰も見ている者がいないという点は気にかかることである。Bの話の「所の者」も、『二郡見聞私記』の話の助左衛門たちも、すでに一騎打ちが終わった後に駆けつけてくるのである。そこに、これらの話の事実譚としての弱みがあると言うことができる。

それに対して、同じく狼の口に腕を突っ込むという話を語る『遠野物語』の説話は、そうした弱点をもたない、よくできた事実譚に仕上がっている。

二　狼と鉄腕

C　六角牛山《ロッコウシ》の麓にヲバヤ、板小屋など云ふ所あり。広き萱山なり。村々より苅りに行く。ある年の秋飯豊村《イイデムラ》の者ども萱を苅るとて、岩穴の中より狼の子三匹を見出し、その二つを殺し一つを持ち帰りしに、その日より狼の飯豊衆《イイデシ》の馬を襲ふことやまず。外の村々の人馬には聊かも害を為さず。飯豊衆相談して狼狩を為す。其中には相撲を取り平生力自慢の者あり。さて野に出でて見るに、雄の狼は遠くにをりて来らず。雌狼一つ鉄と云ふ男に飛び掛りたるを、ワッポロを脱ぎて腕に巻き、矢庭に其狼の口の中に突込みしに、狼之を噛む。猶強く突き入れながら人を喚ぶに、誰も誰も怖れて近よらず。其間に鉄の腕は狼の腹まで入《ハイ》り、狼は苦しまぎれに鉄の腕骨を噛み砕きたり。狼は其場にて死したれども、鉄も担がれて帰り程なく死したり。

(『遠野物語』四二話)

屋根葺きの材料となる萱をとるための、入会地の萱山での事件である。事件の発端は、飯豊衆が狼の子を殺したことから始まる。

狼は、明治の初期には懸賞金を出して退治を奨励されていたほどに、[*2] 人々から恐れられ嫌われていた。だから、狼を殺すことに対して、人々は、それほど抵抗はなかったのかもしれない。しかし、一方で、「お犬」と呼ばれるように、狼は神であり、恐ろしきものでもあった。そもそも、人間が狼退治をしなければならないのは、人間がその生活領域を広げて、向こう側の空間に侵略していったからである。開墾などによって生じたバランスの崩壊の結果、人と狼は対立する存在となった。だから、退治したいという心と狼を恐れ敬う心性とは、かれらの中で共時的に存したはずなのである。しかも、ここでは子狼が飯豊衆によってなぶり殺しのように殺されている。そこに、親狼の復讐は語られてゆくことにな

*2 吉田政吉『新遠野物語』(国書刊行会、一九七二年)五一頁。高橋喜平『遠野物語考』(創樹社、一九七六年)五三頁、など。

る。

大事な馬を殺されて放っておけず、狼退治が企てられる。そして、出かけていった萱山で彼らが見たものは、遠くにいて近づこうとしない雄狼と、鉄という男に飛びかかってきた雌狼とであった。その点でいえば、Cの話はまさに、狼の〈慈母〉の物語なのである。母と子との絆の強さは、なにも人間だけの専売ではない。動物もまた、生ある者であるかぎり、説話の世界では子を慈しむものとして語られてゆく。だから、鉄が相手にしたのは、ただの狼ではない。ある種の後ろめたさを持つ彼ら飯豊衆が相手にしたのが〈慈母狼〉だから、ここに描かれている一騎打ちは、今までに見た話のように、一方的に人の側が勝つことはできないのである。

それにしても、慈母狼の口の中に腕を突っ込んだ男が「鉄」という名をもっているというのは、あまりにも出来すぎてはいないか。もちろん、鉄という字をもつ名前は珍しくはない。ありふれた名だといってもよい。しかし、鉄という名をもつと語ることによって、狼の口に入れられた「腕骨」が、偶然にも鉄腕であったということになり、そのことにこそ、この出来ごとが事実そのものにとどまらず、説話という言語表現になっていった理由の一つはあるのだということに気づかねばならない。

説話的にいえば、「鉄」という名の男は、その名をもつかぎり〈英雄〉でなければならない。この狼がただの狼であったならば、鉄の鉄腕は狼の鋭い牙をボロボロにするだけの力をもっていたと語られ、鉄は狼退治の英雄になっていたはずなのである。鉄の腕が鉄腕であるというその証拠に、鉄は「相撲を取り平生力自慢の者」と語られているではないか。

また一方、慈母狼の側からいえば、一騎打ちの相手になる人間は、もっとも優れた者でなければならない。そうであることによって、子を殺された母狼の、人間への恨みの強さと、殺された子狼への慈愛の深さとを語ることができるのだから。

鉄と雌狼とをこのように位置づけると、その一騎打ちの結果はわかりきっている。ここに語られているような相打ちしかないのである。鉄の、死をも恐れない武勇と、勇敢な慈母狼に対する人々の同情との両方の要求を満たすために、説話において可能な唯一の結末として、「相打ち」は必然的な選択だったのである。それによって、狼も鉄もともに英雄となった。

それにしても、この話には不自然な部分がある。その一つは、平岩米吉が指摘していることだが、「ある年の秋」という点で、なぜなら、狼の子は春（三月頃）生まれるのであり、「秋にはもう相当の大きさになっていて、そう簡単に捕れるものではない」ということである。[*3] これはたぶん、萱刈りという共同作業が秋に行われるものだから、このように語られ、その結果として狼の生態と矛盾することにもなったのかもしれない。

また、もう一つの不自然さは、一騎打ちの最中の飯豊衆の行動である。狼の口に腕を突っ込んだ鉄は仲間に援助を求めた。これは当然のことだ。それなのに、「誰も誰も怖れて近よらず」というのである。雄狼は遠くにいるのだし、雌狼は鉄に腕を突っ込まれて身動きもできないはずである。それなのに、飯豊衆は何を怖れているのか。多くの仲間がいるのだから、殴り倒すことだって容易であったにちがいない。おまけに鉄は、「ワッポロ」（消防団の着ている上着のようなもの）を腕に巻いていたというのだから、狼の牙がいくら鋭くても、そう簡単に、鉄腕をかみ砕くことなどできなかったにちがいない、というふうにこの説話は読める。

*3 平岩、*1 同書、一五三頁。

そういう状況のなかで、飯豊衆が鉄の腕が噛み砕かれるのを、じっと見ているだけというのは、彼らは、怖くて近づけないのではなく、説話的にいえば、近づいてはいけない人たちだったからではないか。つまり、英雄と慈母との、語り継がれるべき一騎打ちの証人として、彼らは存在したのではなかったか。仲間でありながら、つまり事件の現場にいながら当事者にならずに、出来ごとの外側にいて目撃する者こそ、もっとも確かな証人たりうるのである。それは、まるでインドシナ戦争の従軍カメラマン、ロバート・キャパのような存在である。先にあげたほかの狼殺しの話に較べて、Cの『遠野物語』の表現が、確かな事実性を表現の内部に内包していると思わせる最大の理由は、殺しの瞬間に立ちあった者たちがいたからである。

もう一話だけ、狼との一騎打ちの話をとりあげる。

D　明治の初め頃であつたかに、土淵村字栃内の西内の者が兄弟二人して三頭の飼ひ馬を連れ、駒木境の山に萱苅りに行くと、不意に二匹の狼が出て来た。馬の荷鞍にさして置いた鎌を抜き取る暇もなく、弟は突嗟に枯柴を道から拾つて、此二匹の狼を相手に立ち向つた。兄はその隙に三頭の馬を引纏め、其うちの一頭に乗つて家まで逃げ帰つた。たとへ逃げ帰つても、家族の者や村人に早くこのことを知らせたならば、弟の方も或は助かつたかも知れぬが、どういふ訳があつたか、兄は人に告げることをしなかつたので、たつた十五とかにしかならぬ其弟は、深傷を負つてむしの息になり、夕方家に帰つて来た。さうして縁側に手をかけるとそのまま息が絶えたと謂ふことである。

（『遠野物語拾遺』二一三話）

この話は兄弟譚になっている。意気地のない兄と、年は小さいが勇敢な弟という対立的な構造をもっている。昔話によくあるスタイルだとみればよい。だから、語りかたもそれだけ昔話的になっている。弟との狼との一騎打ちの証人は、唯一の目撃者である兄が逃げ帰ってしまったためにいなくなり、事件の詳細な状況は何も語られない。弟の勇敢さはわかるとしても、彼は狼退治の英雄にはなりきれず、家にもどって無念の最後を遂げてしまう。つまり、この話は、狼と格闘する弟に焦点が絞られていないのである。それは、昔話の兄弟譚の様式性に引かれてしまっているからだといってよい。ここでは、兄の行為とその心に語り手の興味の半分は向いている。

「たとへ逃げ帰つても、家族の者や村人に早くこのことを知らせたならば、弟の方も或は助かつたかも知れぬ」とか「どういふ訳があつたか、兄は人に告げることをしなかつた」とかいう語りぶりには、兄の行為に対する批判やその心への疑いが読みとれる。そして、そのような人物として兄を語るのは、ここで語られている兄は、実在の兄ではなく、説話（昔話）的な登場人物として様式化された〈兄〉、兄弟譚におけるやさしくて勇敢な弟に対する、臆病で心根のよくない兄として語られているからである。

弟を主人公として語れば、今までの話のように、腕かなにかを狼の口の中に入れて殺したという英雄譚になっただろうし、そうだとすれば、兄は逃げずに呆然と立ちすくみ、一騎打ちを目撃した証人になったはずだ。ところが、兄と弟という設定をとったとたんに、昔話における話型の規制がはたらいて、こうした、ある意味では中途半端な話ができあがってしまう。そこにはたぶん、説話のもつ様式性という問題がかかわっている。そういう意味でいえば、弟をもつ兄は、いつも損な役廻りを負わされるのである。

三　熊に組みついた熊

Cの狼との一騎打ちの話にならべて、『遠野物語』では熊と戦った猟師の話を語っている。これも、事実譚という面から考えると、なかなか興味深い話である。

E　一昨年の遠野新聞にも此記事を載せたり。上郷村の熊と云ふ男、友人と共に雪の日に六角牛に狩に行き谷深く入りしに、熊の足跡を見出でたれば、手分して其跡を覓《モト》め、自分は峯の方を行きしに、とある岩の陰より大なる熊此方をみる。矢頃《ヤゴロ》あまりに近かりしかば、銃をすてて熊に抱へ付き雪の上を転びて谷へ下る。連《ツレ》の男之を救はんと思へども力及ばず。やがて谷川に落入りて、人の熊下になり水に沈みたりしかば、その隙《ヒマ》に獣の熊を打取りぬ。水にも溺れず、爪の傷は数ケ所受けたれども命に障ることはなかりき。

（『遠野物語』四三話）

熊狩り猟師の体験談として語られている。内容も、直前の第四二話（Cに引いた鉄の話）の、あまりにも事実譚めかしたわざとらしさに較べ、より事実らしい語りぶりで、ありそうな話に思える。それは、冒頭の、「一昨年の遠野新聞にも此記事を載せたり」という語り出しからも読みとれる。

また、この種の話は、実在する猟師の体験談にもよく似た話を見つけることができる。たとえば、秋田・阿仁マタギの名人の一人という村田酉松という人物の体験談を引いてみよう。

F　三十八、九歳の頃、山本郡と西津軽郡の境の山に雉を射ちにいって大クマにばったり出あった。弾丸をつめかえる間がないので雉弾で射った。クマは崖下に落ちた。その下は滝壷になっていた。西松はクマが死んだと思って降りていった。するとクマはむっくりと起き上がって咬みついてきた。西松はこのクマを巴投で滝壷に投げこみ、重傷を負いながらひきずって帰ってきた。

（戸川幸夫『マタギ』）

この話は連れがいなくて一人で雉打ちに出かけた時の事件が語られているのだが、いかにもありそうなことで、北海道のヒグマではとても無理かもしれないが、本州のツキノワグマならこれくらいの武勇譚があっても、いっこうに不思議ではない。しかし、マタギの体験談は、始祖とされる万事万三郎（磐司磐三郎）の伝説をもちだすまでもなく、かなり説話的な誇張が強いから、EやFの話だってどこまで事実なのかというふうに言えば、それはわからない。ただ、どこまでが事実かということを別にすれば、これらは、一人の猟師の体験談として読んでかまわない。

ところで、EとFの話を読み較べて、もし、佐々木喜善がFの話を柳田国男に語ったのだとしたら、おそらく柳田は、その話を『遠野物語』には収めなかっただろうと思う。なぜなら、Fの話は、説話的な要素をほとんどもってはいないからである。

では逆に、Eの体験談のどこが説話的かといえば、間違いなく、その名前であろう。動物の「熊」に組みついたのが、人間の「熊」だからこそ、この話は説話として伝承されることになったのに違いない。殺すか殺されるかの一大事に、必死の形相で熊と組みあっている男がクマという名をもつということが、こうした事件が熊打ち猟師たちにとってありふれた個人的な体験であったとしても、その出来ごとを説話に仕立てあげたのである。

もちろん、その名前が事実であってもいっこうにかまわないが、Cの、狼の口に腕を突っ込んで噛み砕かれた男の名前が「鉄」で、その次に並べてEの「熊」を語っているということを考えると、『遠野物語』では、この熊という名前に、説話的なこだわりを強くもっているということは言えるはずである。それのことは、「人の熊下になり水に沈みたりしかば、その隙に獣の熊を打取りぬ」という描写の仕方に明瞭にあらわされている。

人が必死になればなるほど、それを見たり聞いたりする第三者は、その主人公に滑稽さを感じるというのはよくあることだ。だからある人物の生死にかかわるような体験が、周りの者にとっては笑い話になるということが、わりと一般的に起こりうる。この熊の体験談もそうした意味で説話になったのである。ただ、この熊という名前が事実であったのか否かは確かめようがない。しかし、それはどちらでもよいことだ。説話としての役割を、「熊」という名前が果たしているということさえ取り出すことができれば。

EとFとで、もうひとつ違うのは、Eには〈証人〉としての連れがいるのに対して、Fでは一人の時の体験談だということである。Fの話の、「酉松はこのクマを巴投で滝壺に投げこみ」といった部分に、いささかの怪しさを感じ取るとすれば、その原因は、その出来ごとを誰も目撃していなかったという点にある。

それに対して、Eの『遠野物語』では、連れの男がいて、しっかりと事件を見ている。しかも、獣の熊を殺したのは、人の熊ではなくて、連れの男であった。沈着に、人の熊を打たないように、人の熊が下になって水に沈んだのを見計らって鉄砲を打つあたり、Eの話を、連れの男の武勇譚とみてもかまわないほどである。だから、Fの話に較べて、証人でもあり、熊退治の当事者でもある人物がいるという分だけ、Eの話のほうが事実性が確かになるのである。しかもEの話は、連れの男からの又聞きというかたちをとって語られている。「連れの男之を救はんと思へど力及ばず」という連れの男の立場を弁護するような描写をもっているということからも、そのことは説明できるだろう。そうした語り手の立場の明確さが、Eの話の事実性を支える根拠の一つにもなっているのである。

ただし、証人である周りの人々が主人公の鉄をただ眺めていたと語るCと、証人である連れの男こそが熊を打ちとった張本人であったと語るEの話とを較べた場合、何もしない証人のほうが、出来ごとに直接かかわっている人物よりも、説話における証人としては確かだとはいえる。語られる出来ごとに何らかの利害をもつ人物は、証人としての資格はもつとしても、語られる証言の信憑性にいささかの疑問を感じさせる余地を与えてしまうからである。

話の事実性の一つは〈証人〉の存在によって保証されながら、その証人の位置が何処にあるかということによって、事情はすっかり変わってしまうことがある。だから、Eの話の熊殺しの当事者である「連れの男」は、説話の語り手としてはまずいのである。それゆえに、Eは、連れの男からの又聞きというかたちをとることで、疑いを消そうとする。それに対して、Cの飯豊衆は説話の語り手になる資格を十分にもっているのである。直接の目撃者で、しかも事件に直接関わっていない者が、証人としてはもっとも確かな存在になるということだ。

もちろん事件にまったく無関係な目撃者など、実際はほとんどいない。だから目撃者の自叙（一人称語り）という形ではなく、目撃者からの又聞きという形で語られてゆくことが多いのである。CもEもそういうふうに語られている。そうなることによって、Cの飯豊衆が、狼と闘っている鉄の手助けもしないで見ているということの不自然さや後ろめたさ、Eの目撃者が事件の一方の当事者でもあるということの不適切さが解消され、目撃者の証言だけが濾過されて残ってゆくことになる。

「こと（言）」が「こと（事）」であることが神によって保証されていた時代の証言であれば、語られることばは、神に保証されて確かに事実そのものでありえたわけだが、ことばそのものが疑われてしまった今日、どのような証言も完璧に確かなものとはなりえない。だからこそ、ことばに代わる証拠としての写真が、週刊誌やテレビの情報番組のゴシップには求められるのである。写真という「こと（事）」＝モノが、はるかに「こと（言）」を超えてしまったのだ。そういう点でいえば、今は事実譚の受難の時代なのかもしれない。

『遠野物語』に語られているような、何でもない普通の人間にかかわる出来ごとが人々の興味をそそり語り継がれてゆくほどに、現在の共同体は、緊密な人間関係を欲してはいないのだと言えるかもしれない。だから、誰もがよく知っていると思い込んでいる、ブラウン管を通して与えられたタレントやプロ野球選手や政治家たちが、ゴシップ記事やシャッターチャンスの対象となり、彼らが、あたかも都市という擬制的な共同体の人間関係をつなぐ潤滑油であるかのように登場してくるのである。

もちろん、スターたちと週刊誌の読み手（情報番組の視聴者）とは、あらかじめ失われた関係性の上になり立っているわけで、村落で語られる事実譚における、語られる者と語り継ぐ者たちとの緊密でドロドロとした関係性など保ちようがない。受け手の側は、スターたちに対して後ろめたさややましさなどを一切もたないから、一瞬の間だけ叩きのめしあざ笑い捨て去って、次の週の新たなニュースを待っていればよいのである。

第七章　証拠——田植えを助ける神

事実譚における証人について述べてきたが、証人のつぎは当然、〈証拠〉をとりあげなくてはならないだろう。ある出来ごとを事実あったこととして語るためには、その出来ごとが事実であることを保証する語りの方法がなくてはならない。その一つが、目撃者としての証人だったわけである。そしてもう一つ、説話の事実性を保証する方法に証拠がある。

身分証明書という一片の紙切れが、本人自身よりも強い存在証明である場合があることを、あるいは、水戸黄門の印籠こそが、水戸黄門その人よりも「水戸黄門」であるということを、私たちはどのように説明できるかといえば、ある物は、それを所有するその人よりも、その人自身であるというふうに言う以外にないだろう。ある人がその人であるためには、その人であることを保証する品物がなければならないのである。私たちが私たちであるためには、私たちがそこにいるだけではいけないのだ。少なくとも、私たちである何かを、たしかに所有することが必要である。そして、説話にとって確かな物が、〈証拠〉という実在の品物によって語られる。

一　泥のついた足

『遠野物語』の説話のなかで、証拠の品がもっとも明確に示されている話として、次のような説話をあげことができる。

A　オクナイサマを祭れば幸多し。土淵村大字柏崎の長者阿部氏、村にては田圃《タンボ》の家《ウチ》と云ふ。此家にて或年田植の人手足らず、明日は空も怪《アヤ》しきに、僅《ワヅカ》ばかりの田を植ゑ残すことかなどつぶやきてありしに、ふと何方《イヅチ》よりとも無く丈低き小僧一人来りて、おのれも手伝ひ申さんと言ふに任せて働かせて置きしに、午飯《ヒルメシ》時に飯を食はせんとて尋ねたれど見えず。やがて再び帰り来て終日、代《シロ》を掻《カ》きよく働きて呉れしかば、其日に植ゑはてたり。どこの人かは知らぬが、晩には来て物を食ひたまへと誘ひしが、日暮れて又其影見えず。家に帰りて見れば、縁側に小さき泥の足跡あまたありて、段々に座敷に入り、オクナイサマの神棚の所に止《トドマ》りてありしかば、さてはと思ひて其扉を開き見れば、神像の腰より下は田の泥にまみれていませし由。（『遠野物語』一五話）

オクナイサマはオシラサマと重なる部分があるらしく、その性格もはっきりせず、「屋内様」「行なひ様」「御宮内様」などと説明されるのだが、それが家の神であり、守護神的な性格をもつ神だということはできよう。『遠野物語』第一四話には「部落には必ず一戸の旧家ありて、オクナイサマと云ふ神を祀る」とあるから、どの家にも祀られていたのではないらしい。Aの話を読んでみても、オクナイサマを祀るのは「田圃の家」と呼ばれる長者の家だ。

長者の田植えは、説話的なパターンをもっており、多くは没落譚として語られる。とくに、「田植の人手足らず、明日は空も恠しきに、僅ばかりの田を植ゑ残すことかなどつぶやきてありしに」という語り口は、奢り高ぶった長者の傲慢な行為とその結果として招来される没落へと展開する場合が多い。たとえば、有名な、湖山長者の没落譚――。

B　時は五月雨の空珍しや霽れて、春の日影長く成つた暖かい或日、今日は愈々長者の小田の田植だと云ふので、里の乙女は白手拭に赤い襷も甲斐々々しく、年に一度の晴れの身仕度小ざつぱりとして、朝早くから集つた。長者は何と思つたか、幾千町の田を、今日の一日に植ゑよと命じた。例になき長者の触出しに、里の者は驚いたが、言出したことは、無理でも通す長者の機嫌を損ねては、後の祟が恐ろしいので、唯もう御無理御尤もと、俄に乙女の人数を殖して、田植歌勇ましく、一心不乱に働いた。長者は高殿の上から、此有様を打眺めて、吾と吾威光の素晴しいのを感じてゐる。春の日は永い、田植乙女の数は多い。長者の威光は大したもので、見てゐる中に、田の面がずんずん青く成つて行く。けれども幾千町の田が、如何に働いたとて、中々一日の中に終へるものではない。今四五町と云ふところで、日は早や西の山の端に傾いた。此時高殿の上に立つてゐた長者は、日の丸の扇をあげ、沈まんとする日を麾いた。天の日輪までが、長者の威勢に恐れたか、麾かれるままに、再び中天に舞戻つた。そこで残る四五町の田植も難なく済んで、長者の望みが遂げられた。其夜長者がどんな夢を見たか、知らないけれど、夜が明けると、長者は急いで高殿に現れた。昨日植えた幾千町はと見ると、こはそも如何に、影も形もあらばこそ、見渡すかぎり渺茫として、一面の湖水が冷やかな波を湛えて、昨日までの栄華を冷笑つてゐた。

（高木俊雄『日本伝説集』）

心の奢り高ぶった長者は必ず没落する。奈良時代に編纂された『風土記』に、もうすでに似たような話が存在するぐらいに（『豊後国風土記』国名由来、同じく国埼郡田野の条、など）、このパターンは古くからのものだ。『遠野物語』でも、長者屋敷伝説の断片（第三四話など）を記しているから、長者没落譚はあったにちがいないし、Aの話もそのような方向に展開していっても、いっこうに不思議ではない。それがBのようにならないのは、オクナイサマがいるためである。もちろん、Aの話では、長者の傲慢な心を語ろうとはしていないのだが、「明日は空も恠しきに、僅ばかりの田を植ゑ残すことか」という長者の危険なつぶやきを待っていたかのように小僧が現れるというところに、神に見捨てられることのない家の幸運が窺える。

突然現れた小僧はどこの誰かもわからないけれども、よく働いてくれる。共同体の「結《ゆ》い」の習いとしての飲食のもてなしにも応じないで姿を消してしまうというところで、この小僧の不思議さはすでに示されている。ただ、その素性はわからない。そして、その小僧と、じつはその小僧がオクナイサマであったという不思議とを結びつけているのが、縁側から座敷へと続く小さな泥の足跡であり、泥にまみれた神棚のオクナイサマである。

神像についた泥が、小さな足跡を介して田の泥と結ばれることによって、田植えを手伝った小僧がオクナイサマであることを保証する。泥が、確かな遺留証拠になるからである。不思議な出来ごとが事実として語られてゆくためには、いつもこのような語り口がなくてはならない。事実譚に証人や証拠が必要なのは、そのためである。まったく離れてある両者を一つに結びつけてゆく際の説話的様式が、Aでいえば、「泥」として表現をかくとくしてゆくのである。

ここに語られているようなオクナイサマの話は、佐々木喜善によって数多くの事例が紹介されていて、田植えのほか、火事を消したりもする。[*1] また、「田植え地蔵」の伝説はすでに中世の『地蔵菩薩霊験記』などにもみられ、証拠を語ることによって、霊異なる出来ごとを事実譚として語ってゆく。

Aの話では、困っている時にやって来た小僧は、じつはその家に祀られているオクナイサマだったわけだが、それはどのような神でもかまわない。ふだん深く信仰していさえすれば、神はその人を見捨てたりはしない。それと気づかないようにやって来て苦難を救ってくれる。そして、それが不思議な出来ごとになるために、いつもその人は何か証拠を残してゆく。それが、不思議を語る説話の語り口である。現存する最古の仏教説話集『日本霊異記』の、次のような説話をあげておこう。

C　窮《まづ》しき女王、吉祥天女の像に帰敬し、現報を得る縁

聖武天皇の御世に、王宗《わうしゅう》二十三人同じ心に結び、次第に食《じき》を為して宴楽《うたげ》を設け備へき。一《ひとり》の窮しき女王有りて、宴衆の列に入りき。二十二王、次第を以て宴楽を設くること已に訖《をは》りぬ。但し此の女王のみは、独り未だ食を設けず。食を備ふるに便無し。大きに貧報を恥ぢ、諾楽《なら》の左京の服部堂に至り、吉祥天女の像に対面して、哭きて曰さく、「我、先の世に貧窮の因を殖ゑて、今、窮報を受く。我互いに食する為に宴会に入り、徒《ただ》に人の物を噉《くら》ふのみにして、食を設くるに便無からむ。願はくは我に財《たから》を賜へ」とまうす。時に其の女王の児、忩々《いそ》ぎ走り来て、母に白して曰はく、「快《たくま》しく故京《ふるさと》より、食を備けて来れり」といふ。母の王聞きて、走り到りて見れば、王を養《ひた》しし乳母なり。乳母談《かた》りて曰はく、「我、客を得たりと聞きしが故に、食を具して来つ」といふ。其

*1 佐々木喜善『遠野のザシキワラシとオシラサマ』(宝文館、一九七七年)。

の飲食蘭《かうば》しく、美味《うま》く芬馥《かを》り、比《たぐひ》無く等しきもの無し。具足せぬ物無し。設くる器、皆鋺《かなまり》にして、荷《にな》はしむる人三十人なり。

王衆《たち》、皆来たりて、饗《あへ》を受けて喜ぶ。其の食、先の王衆よりも倍《ま》し、讃《たた》へて富める王と称《い》ふ。「然らずは何ぞ貧しくして、敢へて能く余り溢れ飽き盈《み》ちむや。我が先に設けしよりも佐《すぐ》れたり」といふ。儛歌の奇異《めづら》しきこと、鈞天《きんてん》の楽の如し。或いは衣を脱ぎて与へ、或いは裳を脱ぎて与へ、或いは銭・絹・綿等を送る。悦《よろこび》の望《おも》ひに勝《た》へずして、得たる衣装を捧げて、乳母に著せ、然る後に堂に参り、尊像を拜せむとするに、乳母に著せたりし衣装は、其の天女の像に被ふれり。疑ひて往きて問ふに、乳母、「知らず」と答ふ。

定めて知る、菩薩の感応して賜りしことを。因《よ》りて大きに財に富み、貧窮の愁を免る。是れ奇異《めづら》しきことなり。

（『日本霊異記』中巻・十四話）

王族の末裔でありながら、経済的な後ろ盾がなく（子がいるとあるから夫はいたが、死なれたか別れて捨てられたかした）、貧しい暮らしを強いられ、そうでありながら王たちとの派手な付き合いがあり、宴会などに招かれていた。しかし、お返しに自分が宴楽を設けて王たちを招くことが出来ないでこまっている。そこに、以前の都である藤原（あるいは明日香か）から、自分を育ててくれた乳母がたくさんの素晴らしい御馳走を持ってやって来てくれたというのである。それによってこの女王は立派な宴を設けることができ、他の王たちにお返しができた。

貧しい女王は恥をかかなくてすんだばかりか、あまりの見事さに驚いた王たちからたくさんの贈り物を与えられた。女王は大いに喜び、与えられた衣装の一枚をお礼として乳母に贈った。そして、普段から深く信仰し、宴楽の際にもお参りしていた服部堂の吉祥天女にお礼参りにいったところ、乳母に与えたはずの衣が天女像にかけられていた。不思議に思った女王が乳母を尋ねていったが、乳母は何も知らないという。それで、宴楽の支度をしてくれたのが、じつは吉祥天女であったということがわかった、というのである。

仏教説話集である『日本霊異記』には、こうした信心深い人々への現世利益が数多く語られており、この話では吉祥天女の感応を語っている。その不思議な出来ごとが仏の力であるということを証明しているのが、乳母に与えたはずの「衣」であり、それが吉祥天女の像に掛かっていた。そういうふうに語ることで、「衣」は、御馳走をもって現れた乳母がじつは吉祥天女が化身した姿であったということを保証する証拠になってゆくのである。もちろんその不思議は俄かには信じられないことだから、乳母に事実関係を確認することが必要になるのだが、乳母が行っていないと言ったとしても、証拠の品がなければ、吉祥天女の施しだということを知ることはできないし、この話が「奇異しき」出来ごとを語る事実譚には決してならなかったはずなのである。

二　吉祥天女と交わる優婆塞

Aの伝承も、Cの説話も、ある不思議な出来ごととその行為者とを繋ぐものとしての〈証拠〉を描いてゆくことで、語られる不思議を事実として確認してゆくという手法をとる。前章で取り上げた証人も、ある不思議を事実として確認するための説話的な手法であったわけだが、こうした証拠と証人とが、事実譚の構造を考えてゆく際にはとても大事になる。次に示す話は、その両者がうまく組み合わせられた事例である。

D　愛欲を生じて吉祥天女の像に恋ひ、感応して奇《めづら》しき表を示しし縁

和泉国泉郡血淳の山寺に、吉祥天女の攝像《せふざふ》有り。聖武天皇の御世に、信濃国の優婆塞《うばそく》、其の山寺に来《きた》り住みき。之《こ》の天女の像に睇《めかりう》ちて愛欲を生じ、心に繋《か》けて恋ひ、六時毎に願ひて云ひしく、「天女の如き容好《かほよ》き女を我に賜へ」といひき。優婆塞、夢に天女の像に婚《くなが》ふと見て、明くる日瞻《まば》れば、彼の像の裙《も》の腰に、不浄染《そ》み汚《けが》れたり。行者視て、慚愧して言さく、「我は似たる女を願ひしに、何ぞ忝《かたじけな》くも天女専《もは》ら自ら交りたまふ」とまうす。媿《は》ぢて他人《ひと》に語らず。弟子偸《ひそか》に聞く。後、其の弟子、師に礼無きが故に、嘖《せ》めて擯《お》ひ去《や》らる。擯はれて里に出で、師を訕《そし》りて事を程《あらは》す。里人聞きて、往きて虚実《こじつ》を問ひ、並《とも》に彼の像を瞻《まば》れば、淫精染み穢れたり。優婆塞、事を隠すこと得ずして、具《つぶさ》に陳《の》べ語りき。諒《まにと》に委《し》る、深く信ずれば、感の応へぬこと无《な》きことを。是れ奇異《めづら》しき事なり。涅槃経に云ふが如し。「多淫の人は、画ける女にも欲を生ず」と者《のたま》へるは、其れ斯れを謂ふなり。

（『日本霊異記』中巻・十三話）

出家せずに在家のままで仏道修行を行なっている信心深い優婆塞といえども男であり、しかも禁欲的な生活を送っているということにおいて、女と交わる夢を見るというのは至極当然なことでもある。その相手がたまたま吉祥天女であったということも、山寺に籠もり修行する優婆塞にとって、具体的にイメージできる女が眼前に坐す「吉祥天女の**攝**像」だけであり、その像が豊艶な肢体をそなえた美女であ

れば、天女に「愛欲」を感じてしまうというのもごく自然ななりゆきであった。ところが、この説話は優婆塞のただの夢を語るのではないわけで、そこに大きな問題がある。ただの夢ではないために説話になったのだといいかえてもよい。

「明くる日瞻れば、彼の像の裙の腰に、不浄染み汚れたり」と語ることにおいて、吉祥天女はまさに優婆塞の前に示現したのであり、染み汚れた「不浄」は天女が男と現実に交わったことの証しとなるのである。これを、優婆塞の夢精だと解けば現実的なレベルで解釈できるけれども、それでは、『霊異記』説話の論理から離れることになる。

この説話の次に並べられているのは、前に引いたCの話だが、そこでは、吉祥天女が夢にではなく、現実に乳母の姿をとってやってきたと語っていた。そして、その不思議な出来ごとが、まさに〈現実〉にありえたことがらになるのは、お礼として乳母に与えたはずの「衣裳」が天女像の身にまとわれていたという叙述によってであった。説話の手法として、天女像にかけられた衣は、出現した乳母が祈願した吉祥天女であることの証しとして語られる。

証拠の品をもつことにおいて、起こりえない不思議が現実に起こった「奇異しき事」になるというのが、霊異譚の構造である。これは何も、『霊異記』だけの特質ではない。『古事記』のカムヤマトイハレビコ（神武天皇）の東征で、高倉下《たかくらじ》という人物の見た「夢」と目覚めて見つけた「剣」との関係をみればよい。あるいは、Aの、田植えを手伝った丈低き小僧と田の泥にまみれて坐す神棚のオクナイサマを想起してもよい。説話において、不可思議な出来ごとが現実の事件として叙述されるためには、たしかな証拠の品が必要なのである。逆の言い方をすれば、高倉下の見た夢は、アマテラスが見させたと語られることで、疑う余地のない神話として描かれるが、吉祥天女（オクナイサマ）の出現や優婆塞の夢は、そのままでは疑われているということである。だからこそ、その疑いを払拭し去るためにも、証拠の品が必要となるのである。

「不浄」が染みついていることによって、天女との交わりは優婆塞の欲望としての夢ではなく、真実おこった出来ごとになるわけだが、そうなることにおいてこの交接は、優婆塞一人の願望や行為ではなくなってしまう。そこでは、吉祥天女の意志こそが重要なのである。天女が自ら優婆塞の願いを叶えるために示現したのであり、そうであることによって、本話は、「優婆塞の深信と吉祥天女の慈悲*2」を語る「奇異しき事」として肯定的な霊異譚となるのである。したがって、この話の優婆塞と天女との交接を「完全なる邪婬の破戒という悪行」とみて、「優婆塞の行為は、当然非難に値し、また、その結果は悪報とされるべきである*3」とみる前提は誤まっているとしなければならない。

もちろん、邪婬が重大な破戒行為として許されないのは当然である。たとえば、文忌寸《ふみのいみき》という男は信心深い妻が悔過《けか》に行ったことを怒り、導師を罵り、家に連れもどした妻を犯したために「卒爾《にはか》に閛《まら》に蟻著きて嚼《か》み、痛み死」んでしまったと語られている（中巻・十一話「僧を罵《さいな》むと邪婬するとにより、悪死を得て死にし縁」）。また、丹治比《たじひ》の経師は、請われて法花経を写している堂の中で、雷雨を避けて堂に入った女に「婬《たは》れの心」を発して「孃の背に踞《うずくま》りをり。裳を挙げて婚《くなか》ふ。閛《まら》の閪《くぼ》に入るに随ひて、手を携へて倶に死ぬ。唯《ただ》女は口より漚《あわ》を噛齧《か》み出して死にき」（下巻・十八話「法花経を写し奉る経師の、邪婬を為して、以て現に悪死の報ひを得し縁」）、と語られている。

右の二話は、邪婬による悪報を語っている。文忌寸の悪死は邪婬ばかりか僧を罵倒するという悪行の報いでもあり、丹治比の経師のふるまいもまた、堂の中での清浄であるべき写経の最中の行為に対する当然の報いだといってよい。下巻・十八話の女が悪報を被るのは、「手を携へて」とあるように経師の行為に応えたからだし、中巻・十一話の妻に報いがないのは、妻が夫を拒んでいるからであり（「犯す」という叙述は妻が夫を受け入れつつ拒んでいるからだとみなければならない）、信心深いからである。

　『日本霊異記』の論理は実に明解である。僧や仏に対するいかなる悪行も許さないし、信じる者はいつの場合にも救われる。つまり、Dの優婆塞とこの男たちとは本質的に別の存在なのである。『霊異記』説話にとっての人間は、仏を信じる者と信じない者との二種しかなく、それが〈善〉と〈悪〉とを判定する唯一の基準なのである。それ故に、Dの話は他の二つの説話とは本質的に違う。また、相手が吉祥天女であり、天女が「慈悲」によって感応したということにおいても、他の二話とは違っている。ここに語られるのは、日常的な男と女との交わりではないのだ。神話における巫女と男神との神婚譚とも対応しうる聖なる交わりであることにおいて、日常的な交接とは別の霊異譚になっているのである。

話題を変えて、弟子の存在について考えてみる。

優婆塞に弟子がいるということ自体疑問だが、説話の構造からいえば、弟子が介在することによって優婆塞と吉祥天女との交わりは里人たちに知られることになった。つまり、優婆塞にとって慙愧すべきものとして秘めておかなくてはならない個的な体験が周知の事実となるためには、弟子が不可欠な存在なのである。第六章で述べた、出来ごとの現場にいて〈証人〉の役割を果たしていた人々と同じ役割を、ここでは弟子が担っている。師の破廉恥な振舞を立ち聞きによって知ってしまった弟子は、そのときから師を尊敬できなくなってしまい、礼を失したふるまいが多くなる。そして、その言動に怒った優婆塞

*2 池辺実「『日本霊異記』中巻の第十三吉祥天女説話について」（『文学研究』47号、一九七八年七月）。
*3 播摩光寿「吉祥天感応（中13）」（山路平四郎・国東文麿編『日本霊異記』早稲田大学出版部、一九七七年）。

が弟子を追放する。それゆえに、この秘められるべき出来ごとは、外部に漏れ出てゆくことになった。

優婆塞に弟子がいることの不自然さは、優婆塞を常住の僧と置き換えてみれば解消される。そして、僧の霊異体験が一般の人々に共有されてゆくとき、弟子が大きな役割を果たしているというのは『霊異記』説話の基本的な構造であるとみてよい。たとえば、上巻・十四話の釈義覚や、同じく上巻・二十二話の道照法師の霊異体験に対する、証人としての僧慧義や弟子知調などの存在がそれである（この二説話については後述する）。「不浄」という証拠物が夢を現実に変えたのと同じ構造をもって、霊異体験は弟子によって山寺から里へと移されてゆく。

もし、これらの仏教説話が唱導という行為を通して仏者たちから一般の生活者たちに伝えられるものであるとするならば、ここに語られる弟子の存在は、説話の唱導に介在する唱導師たちと重ねられるかもしれない。あるいは、話の中の弟子の体験は、語り伝える唱導師自身の体験と一つになってゆく可能性ももっている。そうであることにおいて霊異譚は真実性を獲得してゆくのである。少なくとも、説話の構造として、個的なはずの霊異体験が衆人の知る事実となるためには、弟子の存在が不可欠なのである。つまり、このDの話は、次に図示するような構造になっているとみなくてはならない。

師によって、不行跡を理由に負い出されてしまった弟子が証人となり、この出来ごとの第一次的な語り手の役割を果たしているという点で、この説話は事実譚としての確かさを保証されている。しかし、弟子と優婆塞とは、弟子を追放することによって対立的な関係に置かれてしまうから、弟子の証言には自己の利害がかかわってしまい、証人としての信憑性はいささか疑わしいという要素をもつ。

その胡散臭さを消して、事実譚としての完成度を高めてゆく手法がここではとられている。それが、利害関係のある二人とは離れた第三者的な存在としての「里人」である。[*4] 弟子から話を聞いた里人たち

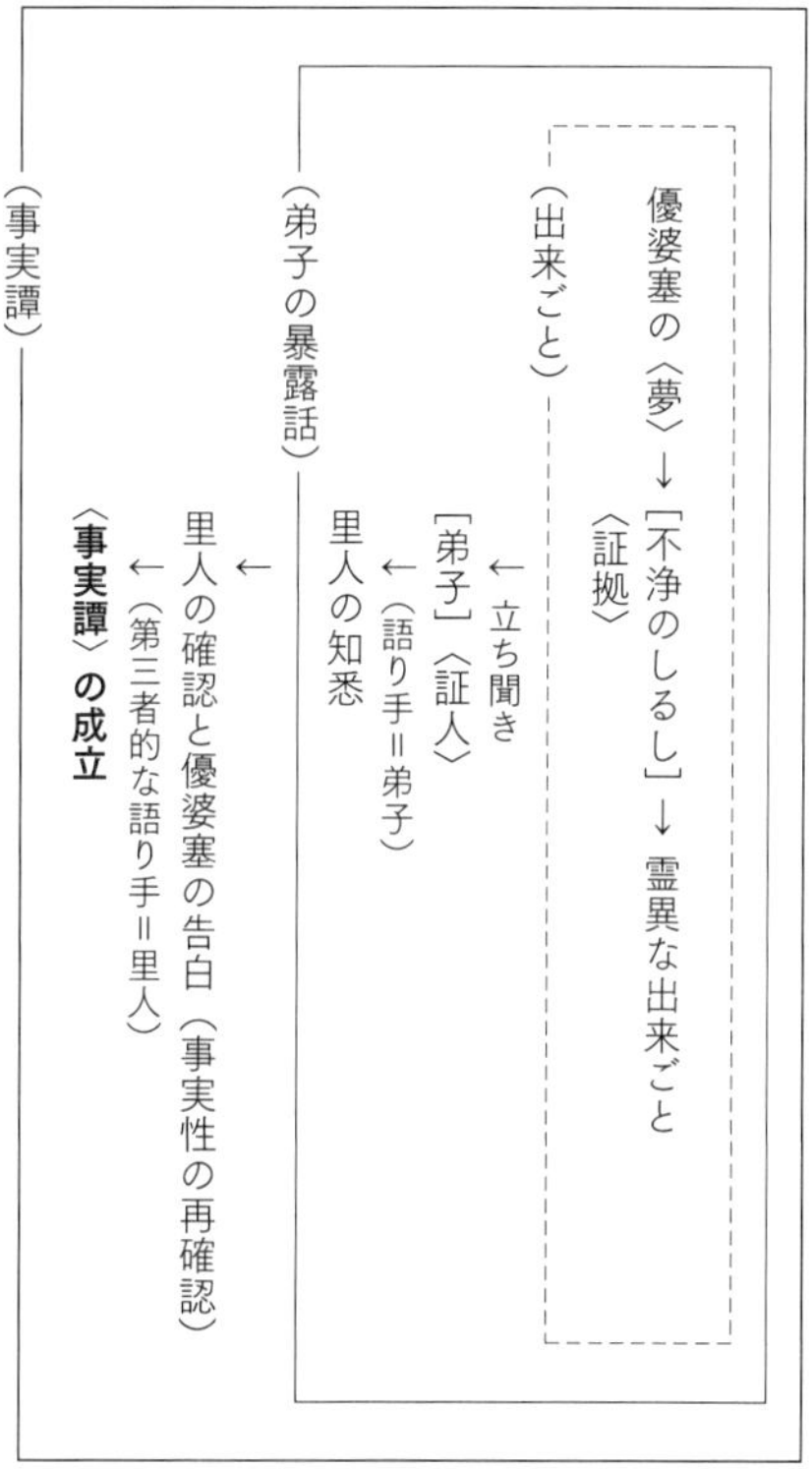

は確認のために寺へ行き、証拠の、天女像の腰のあたりに染みついた「淫精」を確認するとともに、優婆塞本人の告白を引き出すのである。つまり、ここでは証拠は二重に確かめられている。その点で里人たちはこの事実譚の第二の証人となり、利害関係をもたぬ語り手の資格をもつことで、この出来ごとを完璧な事実譚に仕上げていったのである。

＊4 この説話における「里人」の役割については、古橋信孝に論述がある（「説話の論理――話の証人の位相」『解釈と鑑賞』一九八一年八月号）。

三　優婆塞の夢

夢はあくまでも個的な体験であるけれども、それが単なる個的体験であるならば、説話として表現され伝えられてゆくことはないはずである。ことに、Dの話が仏教説話としての唱導性をもつものであるかぎり、この説話を伝承し支えていた人々の側に、優婆塞の体験と触れ合う共通の体験なり、夢の現象を追体験しうる可能性なりを認めなくてはならないはずである。それがなければ、霊異を語る仏教説話は存在の基盤を失なってしまう。

神がそれぞれの共同体にまつられ、起源神話がその神の出現や祭祀のいわれを語ることで神と人とを結ぶのと同じように、数々の不思議が語られることによって仏の存在を確かなものにする。その意味で仏（あるいは僧）と一般の人々とは霊異なる話によって結ばれているといってもよい。血縁的・地縁的な共同体とは本質的に違うけれども、仏による共同体がそこには存在する。それに支えられて、個的な夢は、現実の仏（吉祥天女）の示現へと展開しうるのである。

Dの説話からありうる（起こりうる）体験を想定してみれば次の如きものであろう。もちろん、あくまでもありうる体験であって、Dの話の背後に、次のごとき出来ごとが現実に起こったというのではない。

1　一人の信心深い優婆塞が山寺にこもり、眼前の吉祥天女像に向かい六時毎に祈り修行を続けていた。

2　その最中のあるとき、修行者は吉祥天女と交わる夢を見た。

3　己れの修行の足りなさを慚愧するとともに、仏の実在を確信してますます信心を重ねた。

優婆塞が夢を見るために欠かせない要件を上げるとすれば、山寺にこもることであり、六時毎の祈りを欠かさないことである。もう一つあげれば、祈る像が吉祥天女であるということである。修行する優婆塞にとって夢は、安穏な眠りの中でもたらされたものと考えることはできない。Dの話の優婆塞は「六時毎」の祈りを欠かさない。一日を六つに分けた晨朝・日中・日没・初夜・中夜・後夜の、四時間ごとに行なわれる「六時の勤行」は修行者にとって最も普通の、しかも苦しい修行であったに違いない。その行為は、日常の生活のリズムを否定し、仏に仕える生活をくり返すことで悟りに至る具体的な方法である。「六時の勤行」が連続的な睡眠（生活的リズムとしての睡眠）を許さぬものであるということが、夢を考える際には重要なのである。

想像をたくましくしていえば、修行とは肉体を苦しめ痛めつけることにおいて精神を研ぎ澄まし、仏の教えを聞くことで悟道を達成することだと考えられる。それは一方で修験道のような肉体的な苦行をもってなされる場合があり、一方に閉ざされた闇の空間での籠もりがあるとみてよい。それは、シャーマンの神懸かりが、太鼓やドラの音を伴う踊りの喧騒の中での神懸かりと籠もりにおける静的な神懸かりとの二様に存するというのと同じことだと考えればよい。山寺にこもり六時の勤行を続ける優婆塞の行為は、睡眠を極度に切りつめて坐し、読経を続けることにおいて仏の示現を待つ行為だとみてよい。そして、その籠もりのなかに吉祥天女は示現したのである。それは夢というよりは示現であり、現代ふうに解釈すれば幻覚という現象であろう。

覚醒と眠り、意識と無意識との境目に身を置くことで、神や仏の示現を待つことが籠もりという修行であった。それは意志的に夢をえようとする行為である。夢と籠もりとのつらなりに視座を据えたのは、西郷信綱『古代人と夢』であった。西郷はいう。「物忌みして礼堂に『こもる』ことじたい、昼間の時間における身体と魂の関係を逆転し、それを夜寝たときの状態におきかえることによって魂の働きを活気づけ、みずから夢見がちにする行為であった」[*5]と。

『古事記』に語られるミマキイリヒコ（崇神天皇）の夢が「神牀に坐しし疲」にもたらされるものであり、眠りのなかの日常的な夢ではないというのは重要である。潔斎沐浴して身を浄めて聖なる「神牀」で神を待つ籠もりの夜に、大物主は示現し祟りの原因を教えるのである。神が聖なる夢に現われてくれるのを崇神天皇は待ち続けるのである。神懸かりできるシャーマンは、個体の特異的性格を駆使して神と交流しうるのだとしても、籠もりや音や薬がシャーマンの神懸かりに力を授けるものであるのと同じように、夢は、人が神の示現を得るための唯一の手段であったと考えてよい。そして、時たまの夢ではなく求めて夢を見ようとするとき籠もりという夢を見やすい状況を設定することが試みられただろうということは容易に想像できる。

それはいうまでもなく、いわゆる〈夢〉と意識されるものではない、神の〈示現〉としての〈夢〉なのである。数年前の夏、沖縄の宮古島を歩いていて、御嶽《うたき》（本土でいう神社のような聖域）には必ずといってよいほどに〈隠屋《こもりや》〉と呼ばれる建物が附随していることを知った。そこは神女（シャーマン）たちのお籠もりをする場所なのだが、Dの話で優婆塞が「六時の勤行」を行なった山寺と同じく、籠もりによって神に出あう場所だと考えればよい。

「ヘヤー・インディアン」と生活を共にした原ひろ子がネイティヴ・アメリカンの「夢で考える」能力を指摘し、「正夢をみる能力のある人は偉い人間として尊敬され、おそれられる。そこで、男も女も、夢をみる努力をかさね、正夢をみる人になりたいと願うのがふつうである」と述べている。[*6] この報告を読んで、その「夢をみる努力」というのが具体的にどのような行為であるのかを知りたいと思った。ネイティヴ・アメリカンたちがどうするのかは何も語られていないのだが、古代の夢に引きよせていえば、籠もりによって肉体を苦しめることで精神を神や仏に集中させるなかの、覚醒と眠り、意識と無意識との境目を、みずから作り出す行為こそが「夢をみる努力」なのだと考えてみることができる。

Dの優婆塞の夢は、そうした籠もりの幻想によってもたらされたと考えることができる。それが夢である限り個的な体験であるとしても、修行者たちにとって籠もりが共通の体験であり、そこでの修行の重要な目的として仏との出あい（幻想）が意識されているかぎり、優婆塞の個的体験としての夢は、修行者たちの共通の体験として受け入れられる可能性をもつはずである。吉祥天女との交接の夢は究極の悟道からは遠いにしろ[*7]、仏はとにかく示現したという面を強調して言えば、それも、修行の深化による具体的な顕現であり、悟道への過程として讃えられ共感されうる幻想（夢）だったと考えることができないわけではない。

四　籠もり幻想

夢と記されていない説話の中にも、仏と出あう籠もりの幻想がより明確に顕在化している場合がある。

＊5 西郷信綱「長谷寺の夢」（『古代人と夢』平凡社、一九七二年、一〇六頁）。
＊6 原ひろ子『極北のインディアン』（玉川大学出版部、一九七九年）一二四頁。
＊7 池辺実は、「これは、編者の因果の悟りであって、優婆塞の心底からの体得ではない。なぜなら、優婆塞は、おのれの行為の結果を恥じて、他人に語らず、天女との出会いを心底から喜ぶ自己の言葉はないからである」と述べている（＊2、同論文）。

E

弥勒菩薩の、願ふ所に応じて奇形を示したまひし縁

近江国坂田郡遠江《をえ》の里に、一の富める人有りき。姓名詳《あきら》かならず。瑜伽《ゆが》論を写さむとし、願を発《おこ》し未だ写さずして淹《ひさ》しく年を歴たり。家財漸く衰へ、生活《い》くるに便無し。家を離れ妻子を捨て、道を修し祐《さいはひ》を求めき。猶し願を果さむと眷《かへり》みて、常に懐《こころ》に愁ふ。帝姫《ていき》阿倍の天皇の御世の天平神護の二年の丙午の秋九月に、一つの山寺に至りて、日を累《かさ》ねて止り住む。其の山寺の内に、一つの柴生ひ立てり。其の柴の枝の皮の上に、忽然《たちまち》に弥勒菩薩の像を化生《けしやう》す。時に彼の行者、見て仰ぎ瞻《まば》り、柴を巡りて哀願しまつれり。諸人伝え聞き、来たりて彼の像を見まつる。或いは俵の稲を献る。或いは銭・衣を献る。及《また》、供へ上《たてまつ》れる一切の財物を以て、喩伽論百巻を繕写し奉り、因りて斎会《さいゑ》を設く。既にして其の像、奄然《たちまち》に現れざりき。〔以下、省略〕　（『日本霊異記』下巻・八話）

この「一の富める人」は熱心な信者であるために家財を傾け、妻子をも捨てて仏道修行に努める。彼は、先の優婆塞と同じく「行者」であり、「山寺」で「日を累ねて」修行することによって弥勒菩薩に出あったのである。その結果、人々の供物を得て念願の写経を果すことができたという。

それを、弥勒の姿に見える柴の枝の皮を偶然に見つけたに過ぎないと考えてみたところでどうにもならない。財産も家族も捨てて山寺で読経三昧の修行を続ける行者の目に、柴の枝の皮は、たしかに弥勒菩薩の像として見えてくるのである。それは籠もりのなかでの白日の幻想として一瞬、行者の目に映じた仏の姿であった。説話ではその像を諸人も拝したというふうに、示現した一瞬を停止させてしまうのだが、「既にして其の像、奄然に現れざりき」という末尾の一文の存在は、本来これが諸人には見ることのできない行者の瞬間的な〈幻想〉であったということを裏付けている。行者が一瞬の瞬きのなかに

幻視した仏が、説話では衆人が共有できる仏として顕在化してゆくのである。その「諸人」たちが証人となり、語り手の役割を担うことによって、説話表現をもったという点は、先のDの場合と同じである。
ここでは、それがどのような経路を経て諸人が知るに至ったかは探れないけれど、先のDの話では弟子が優婆塞と里人とをつないでいた。同じように弟子が介在する次のような話もある。

F　僧の憶《こころ》に心経を持し、現報を得て奇《あや》しき事を示しし縁

釈義覚は本《もと》百済の人なりき。其の国破れし時に、後の岡本の宮に宇御《あめのしたをさ》めたまひし天皇のみ代に当りて、我が聖朝《みかど》に入り、難破の百済寺に住《とどま》れり。法師は身の長《たけ》七尺ありて、広く仏教を学び、心般若経を念誦せり。時に同じ寺の僧慧義《ゑぎ》といふひと有りき。独り夜半《よなか》を以って出て行く。因りて室の中を見るに、光明照り耀《かがや》く。僧すなはち之《これ》を怪しびて、竊《ひそか》に牖《まど》の紙を穿《うが》ち窺ひ看《み》るに、法師端坐して経を誦せり。光、口より出づ。僧、驚き悚《お》ぢ、明くる日に悔過《けくわ》して周《あまね》く大衆に告げき。時に覚法師、弟子に語り言はく、「一夕、心経を一百遍許《ばか》り誦しき。然る後に目を開けて観れば、其の室の裏《うち》の四壁、穿《う》げ通り、庭の中、顕《あらは》に見えたり。吾、是に希有の想を生じ、室より出でて院内を廻り瞻《み》て、還り来たりて室を見れば、壁と戸と皆閉ぢたり。即ち外にして後に心経を誦《ずん》ずれば、前の如くに開け通れり」といへり。即ち是れ心般若経の不思議なり。〔「賛」省略〕

（『日本霊異記』上巻・十四話）

仏を見たのではないが、釈義覚（覚法師）は夜を徹して修行し般若心経を誦経し続けることによって、一瞬、壁をも透視する目を獲得したのである。室の壁が「穿げ通り、庭の中、顕に見」えたということ

の真疑を疑ってみてもはじまらない。少なくとも弟子たちは、師のその体験に何の疑念も持ってはいない。それは、彼らが義覚の幻想体験を容易に共有しうる存在だったからである。

義覚自らが弟子に体験を語り聞かせるということが、この個的な体験を周知のものとするきっかけである。しかし、この話が事実性のたしかな説話になってゆくのは、弟子の一人慧義が夜中に目覚め、一室にこもって読経し続ける義覚の異常な恍惚状態を盗み見たと語られるように、証人を持つからである。しかも、その行為は、「竊かに牖の紙を穿ち窺ひ看るに」というふうに、盗み見として具体的に描写されるのであり、それは、説話のリアリティーを保証するための表現である。

その覗き見た姿が「光、口より出づ」と語られてゆくのは、体からの放光が高僧伝の一つのパターンとしてあるということからみて、[*8]ごく自然な展開である。〈証人〉慧義の口添えがあるからよけいに、義覚自らが語った個的な透視体験は疑う余地のない霊異体験として共有され、事実譚として形成されてゆくことになる。

一人の僧の霊異な体験が、籠もりにおける幻想によって生じ、それが、証人としての弟子を通して外化され、説話化されてゆく。この道すじは、先のDの話の優婆塞と吉祥天女との交わりの夢とほとんど等しいものだということができる。これらの場合、夢も透視体験も籠もりという特別な状況のなかで顕現してきた。そして、籠もりが見仏体験を可能にする行為＝行であるということにおいて、彼らには欠かせない修行の一つであった。

光りを見るというのは、霊異記説話の一つの類型として語られている。たとえば、諸楽京の東の山寺に住する金鷲優婆塞の体験譚も同じ構造である。「……金鷲《こんす》行者を以て常に住《とどま》りて道を修せり。其の山寺に一はしらの執金剛神の攝像《せふざう》を居《お》きまつる。行者、神王の蹲《こむら》より縄を繋《か》けて引き、願ひて昼夜に憩《いこ》はず。時に蹲《こむら》より光を放ち、皇殿《おほとの》に至る。……」（中巻・二十一話「攝《せふ》の神王の蹲《こむら》の光を放ち、奇しき表《しるし》を示して現報を得し縁」）。

ここで金鷲が執金剛神の攝像《しょうぞう》のふくらはぎからの放光を見るのも、まさに幻視としての霊異体験であり、それは「願ひて昼夜に憩はず」という修行三昧の生活が可能にしたものである。あるいは、道照法師が死に臨んで「洗浴し衣を易へ、西に向ひて端坐」する室に光が充満する話（上巻・二十二話）や、切れ落ちた観音の首が「一日一夜を経て、朝に見れば、其の首自然に故《もと》の如くに継がる。加以《しかのみならず》光を放てり」という檀主の体験（中巻・三十六話、この場合は僧や優婆塞ではない）も、信仰深い者が共有しうる幻想として考えてゆけるのである。

また、仏の声を聞くという幻聴体験も、同様に籠もりにおける幻想と考えられる。

G　弥勒の丈六の仏像の、其の首を蟻に嚼《か》まれて、奇異しき表を示しし縁

紀伊国名草郡貴志《きし》の里に、一つの道場有り。号《な》をば貴志寺と曰ふ。其の村の人等、私の寺を造れるが故に、以て字《あざな》とせり。白壁の天皇のみ代に、一の優婆塞有りて、其の寺に住《とどま》りき。時に寺の内に音ありて呻《によ》ひて言ひしく、「痛きかな、痛きかな」といひき。其の音、老大人《おきな》の呻ひの如し。優婆塞、初夜は、路を行く人の病を得て参り宿れるならむかと思ひ疑へり。起きて堂の内を巡り、堂を見れども人無し。其の時に塔の木あり。未だ造らずして、淹《ひさ》しく仆《たふ》れ伏して朽《く》ちたり。斯れ塔の霊ならむかと疑へり。その病み呻ふ音、夜毎に息《や》まず。行者聞き忍ぶること得ぬが故に、起きて窺

*8 中田祝夫校注『日本霊異記』（日本古典文学全集、小学館、一九七五年）九五頁、頭注。

ひ看るに、猶し病める人無し。然して最後夜に、常の音に倍《ま》して、大地に響きて、大きに痛み呻ふ。猶し塔の霊ならむかと疑へり。明くる日早《つと》に起きて、堂の内を見れば、其の弥勒の丈六の仏像の首、断《き》れ落ちて土に在り。大きなる蟻千許《ばか》り集り、其の首を嚼《か》み摧《くだ》きつ。行者見て、檀越に告げ知らす。悵《かな》しびて、復《また》造り副《そ》へ奉り、供養しき。〔以下、省略〕（『日本霊異記』下巻・二十八話）

首の切れ落ちた「弥勒の丈六の仏像」の安置された荒れた道場の中にこもって修行する優婆塞を想定してみればよい。信心深い優婆塞に、その荒れ果てた堂と仏像のありさまが耐えがたい苦痛を与える。それ故に「痛きかな、痛きかな」という仏の声が優婆塞の耳に聞こえてくるのである。この声は、優婆塞の深い信仰と籠もりの堂の荒れ果てたすさまじさとによって生ずる幻聴としてあるのだ。六時の勤行を続ける夜の、初夜には「老大人の呻ひ」の如きであった声が、最後夜には「常の音に倍して、大地に響きて、大きに痛み呻ふ」と増幅されてゆくのも、優婆塞の籠もりの深化と対応したものだとみればよくわかる。ひょっとしたら、檀越たちを動かすための優婆塞の計略的手段として仏の声はあったのかもしれないが、仏像の声は、たしかな体験として檀越たちに共有されるのである。

籠もりの幻想として夢や見仏体験に考えを馳せるとき、『梁塵秘抄』第二・法文歌中の、

仏は常に在《いま》せども　現《うつつ》ならぬぞあはれなる
人の音せぬ暁に　仄《ほの》かに夢に見えたまふ（二六）

という歌を想い起こし、西郷信綱の、「夜来、仏を一心に讃歎敬仰して暁に至り、とろっとした忘我境

に夢幻のごとく仏が示現する」という「一心三昧の果ての夢想」とみる理解[*9]のみごとさを思う。あるいは、同じく法文歌の、

静かに音せぬ道場に　仏に花香奉《たてまつ》り
心を静めて暫らくも　読めばぞ仏は見えたまふ（一〇二）

法華は諸仏に勝れたり　人の音せぬ所にて
読誦積もれば自から　普賢薩埵《さった》は見えたまふ（一〇四）

という歌々は、山寺や堂や道場にこもり読経三昧の生活に入る修行者たちの求めたものが、仏を見ることであったらしいということを確信させるものであるといってよい。そして、今まで述べてきた霊異記説話の原質のところに、修行者たちの籠もりに伴う幻想があったとみることや、その原質が確かなものとして支えられ説話化されてゆく基盤として、籠もりという共有体験が存したということを、これらの歌からも確認することができるのである。

*9 西郷信綱『梁塵秘抄』（筑摩書房、一九七六年）一四九頁。

五　山人の夢と証拠

シャーマンや仏道修行者たちのように、籠もりや修行によって自ら夢を見るといったありかたではないが、山に入る人たちの間にもよく似た体験は数多く語られている。『遠野物語』も、そうした猟師たちの体験した不思議を語る説話の宝庫である。そのなかから、次の一話を見てみることにしよう。

Ｈ　山々の奥には山人住めり。栃内村和野の佐々木嘉兵衛と云ふ人は今も七十余にて生存せり。此翁若かりし頃猟をして山奥に入りしに、遥かなる岩の上に美しき女一人ありて、長き黒髪を梳《クシケヅ》りて居たり。顔の色究めて白し。不敵の男なれば直に銃《ツツ》を差し向けて打ち放せしに、弾《タマ》に応じて倒れたり。其処に馳け付けて見れば、身のたけ高き女にて、解きたる黒髪は又そのたけよりも長かりき。後の験《シルシ》にせばやと思ひて其髪をいささか切り取り、之を綰《ワガ》ねて懐《フトコロ》に入れ、やがて家路に向ひしに、道の程にて耐え難く睡眠を催しければ、暫く物陰に立寄りてまどろみたり。其間夢と現《ウツツ》との境のやうなる時に、是も丈《タケ》の高き男一人近よりて懐中に手を差し入れ、かの綰ねたる黒髪を取り返し立去ると見れば忽ち睡は覚めたり。山男なるべしと云へり。（『遠野物語』三話）

柳田国男が『遠野物語』の序文に「国内の山村にして遠野より更に物深き所には又無数の山神山人の伝説あるべし。願はくは之を語りて平地人を戦慄せしめよ」と言った、その戦慄すべき説話のなかでももっとも『遠野物語』らしい伝承が、山男・山女の説話であり、そのなかでも典型的な山人譚がＨである。

これら山人譚を「〈入眠幻覚〉の恐怖」として説明したのが、吉本隆明であった。そして、吉本はこのHの話について次のよう述べている。

村の猟師が獲物をもとめて山に入った。山を駈けずりまわって大へん疲労をおぼえた。この疲労は判断力を弛緩させ、そのとき白日夢のように山人に出遇い、あたかも現にあるかのような光景を視させる。人のあまり通わない深山で獲物をもとめる猟師たちの日常では、しばしばある種のおなじ想いがとおりすぎるであろう。（略）このとき、山人がいるとか、人さらいがいるとか、山奥の雰囲気をおそれた体験や言い伝えを、幼児のときにでもきいていたとすれば、猟師はたやすく山人に出遇い、山人を銃で撃ち、山人と話を交わすという入眠幻覚をうることができるはずである。[*10]

そして、こうした説話がどこにでも語られているということについて、「おなじような生活をしている猟師たちに固有な幻想がある共同性を獲得してゆくから」だとも述べている。

このHの話は、とくに「入眠幻覚」の構造を端的に示しているとみることができる。佐々木嘉兵衛という猟師が、山中で出あった女ににわかに発砲し、証拠（「後の験」）として髪の毛を切り取って帰る途中で「耐え難く睡眠を催しければ、暫く物陰に立寄りてまどろ」んだ。そして、そのあいだは「夢と現との境のやうなる時」で、そこに近づいてきた山男に証拠の黒髪を奪われてしまったと思うと、「忽ち睡は覚めた」というのである。

*10 吉本隆明『共同幻想論』（河出書房、一九六八年）四四頁。

ここには、吉本の述べている入眠幻覚という心的構造が「睡眠」とか「夢と現の境」とかいう表現によってはっきりと表されている。そして、こうした表現は入眠幻覚という心的構造を明らかにしているというだけではなく、説話表現の様式という点でも興味深い。

説話において、神の世界に人が入っていったり、神と人とが出あったりする場合に、眠るとか目を瞑るとか語られることが多いのだが、それが異郷や神を語る際の説話的様式性として固定的な表現になっている。夢という語り口を取る場合も多いが、それも同様に考えることができる。また、神が日の沈む刻限にやって来て、闇の時間を人々とともに過ごし、夜明けには姿を消してしまうという神話や説話の構造も眠りや夢の説話的構造と等しいものだとみることができる。[*11] つまり、Hの話は、異郷の者との交渉を語る説話の典型として読める。だから、山中の岩の上に梳る女を見たという部分からはじまる嘉兵衛の行為のすべては、入眠のなかでの夢とみてもよい。それゆえに、「直に銃を差し向けて打ち放」すといった、いささか乱暴で性急な行為が描かれることにもなるのである。

なお、この話は第二章でふれたように、「栃内村和野の佐々木嘉兵衛と云ふ人は今も七十余にて生存せり」という部分が、初稿本では、「二三年前ニ七十余にて身まかりし」となっており、この改変は、柳田が、『遠野物語』を事実の話として描こうとしていたということとかかわっていると思われる。しかし、ここに語られている内容は、現実の出来ごととみるのはもちろん、事実譚というふうに見る場合にも、説話表現の内部から読み取ることのできる事実性は、かなり曖昧になってしまっているとみなければならない。それは、間違いなく証拠の品である山女の黒髪が奪い取られて失くなってしまったと語っているからである。証拠の品もなく証人もいなくて、嘉兵衛本人の体験談しかないのでは、その内容に疑いを抱いても致し方なかろう。柳田もそれを感じていたから、佐々木喜善が死んだと語っていたらしい嘉兵衛爺さんを、生き返らせたのかもしれない。

もちろん、遠野の山村でこの話が語られている時には、この話は紛れもなく事実として語り継がれていたはずである。それは、吉本のいう山人に対する「恐怖の共同性」が、そこの村人たちのあいだでは、緊密なものとして存在していたからである。それが、村落の共同幻想を離れて、言語表現だけが別のところに文字化されて残った時、事実譚としての表現の緊密さを保ちえないというのは、ある意味では当然のことだった。だからよけいに、説話は、表現の内部に事実譚の様式を取り込もうとするのである。

次に引く話は、Hの猟師の体験談とよく似た構造をもつ伝承である。山を越えた三陸の海辺の漁師の体験として語られている。

I　船越の漁夫何某、ある日仲間の者と共に吉利吉里より帰るとて、夜深く四十八坂のあたりを通りしに、小川のある所にて一人の女に逢ふ。見れば我妻なり。されどもかかる夜中に独此辺に来べき道理なければ、必定化物ならんと思ひ定め、矢庭に魚切包丁を持ちて後の方より差し通したれば、悲しき声を立てて死したり。暫くの間は正体を現はさざれば流石に心に懸り、後の事を連の者に頼み、おのれは馳せて家に帰りしに、妻は事も無く家に待ちてあり。今恐ろしき夢を見たり。あまり帰りの遅ければ夢に途中まで見に出でたるに、山路にて何とも知れぬ者に脅かされて、命を取らるると思ひて目覚めたりと云ふ。さてはと合点して再び以前の場所へ引返して見れば、山にて殺したりし女は連の者が見てをる中につひに一匹の狐となりたりと云へり。夢の野山を行くに此獣の身を傭ふ

*11 三浦佑之「〈闇〉――幻想領域の始源」(『古代叙事伝承の研究』勉誠社、一九九二年)。

ことありと見ゆ。（『遠野物語』一〇〇話）

夜中に山の中で出あった女が、家にいるはずの女房だったというのである。不思議に思った男が、即座に包丁で殺してしまうというのは、先のHの猟師がすぐに鉄砲を向けると言うのとおなじで、それは「恐怖の共同性」の説話的表現だとみればよい。ここには証拠は語られていないかわりに連れの男がいて事件の証人になっている。男は、狐のしわざだと思いながら、倒れているのが相変わらず女房であることに恐れをなして急いで家に帰るのだが、そのあいだも、連れの男はそこにいる。そうでなければ、この話は事実譚にはならなかっただろう。狐に騙されたとんまな男、というよくある笑い話になってしまうはずだ。

たとえば、山中できれいな女に出あい、その後をつけて行き、家のなかに入ったので障子に指で穴を開けて覗いている。ところが、ふと気づいてみたら馬の尻の穴に目玉をくっつけていたのだとさ、というような「馬の尻のぞき」と呼ばれるちょっと卑猥な笑い話があるが、Iの話は、そうした笑い話とほとんど接近している。もう一歩でその類いの笑い話になりそうな話でもある。たとえば、『遠野物語』には、ほとんど笑い話といってもよい、狐に騙された話が載せられている。

J　この菊蔵、柏崎なる姉の家に用ありて行き、振舞はれたる残りの餅を懐に入れて、愛宕山の麓の林を過ぎしに、象坪の藤七と云ふ大酒呑にて彼と仲善の友に行き逢へり。そこは林の中なれど少しく芝原ある所なり。藤七はにこにことしてその芝原を指し、ここで相撲を取らぬかと云ふ。菊蔵之を諾し、二人草原にて暫く遊びしが、この藤七如何にも弱く軽く自由に抱へては投げらるる故、面白きままに三番まで取りたり。藤七が曰く、今日はとてもかなはず、さあ行くべしとて別れたり。四五間も行きて後心付きたるにかの餅見えず。相撲場に戻りて探したれども無し。始めて狐ならんかと思ひたれど、外聞を恥ぢて人にも言はざりしが、四五日の後酒屋にて藤七に逢ひ其話をせしに、おれは相撲など取るものか、その日は浜へ行きてありしものをと言ひて、愈狐と相撲を取りしこと露顕したり。されど菊蔵は猶他の人々には包み隠してありしが、昨年の正月の休に人々酒を飲み狐の話をせしとき、おれも実はと此話を白状し、大に笑はれたり。

(『遠野物語』九四話)

てっきり友人の藤七だと思い込んで相撲をとったという山中での体験は、本人である菊蔵自身にも疑わしき出来ごとであり、狐に餅を取られたという恥ずべき体験として秘められていた。ところが、のちに藤七にあって事実が露顕し、ついには村人たちにも告白してしまって笑い者にされる。ただ、この話は単なる笑い話ではないわけで、それは、藤七という友人の証言によって、菊蔵が狐に騙されたということが事実として証明された話になっており、Jの話は事実譚として、「恐怖の共同性」を読みとれる伝承になっているのである。しかし、菊蔵という固有名詞と藤七という証言者をはずしてしまえば、ごくありふれた笑い話になってしまうわけで、Iの話と比べれば、ずいぶんと笑い話に接近した事実譚だということになる。

それに対して、Iの話は恐ろしき事実譚に仕上がっている。その理由の一つは、「恐怖の共同性」という問題であり、説話表現の面からいえば証人の存在である。しかし、それだけならJの話でも同じように説明することはできる。Iの話とJの話との差異は、Iの話が夢に対する神秘性を語っているという点にあり、それがこの話の事実性を保証している。

夢は、魂の飛行によるものであると考えられていた。昔話「夢買い長者」で、寝ている男の魂が、蜂や虻や蜻蛉になって口や鼻の穴から出て行き、その行った先の景色を夢として見せてまた戻ってくるというふうに語られているように、人の魂は、肉体を離れ、何かに宿ることのできるものであった。

Iの話でいえば、夫の帰りを待ちわびる女の魂は体から飛び出し、夫が歩いているだろう山中へと飛行し、そこにいた狐に宿ることもあるという共同性に支えられて事実譚になってゆく。だから、この話は男が狐に騙されたという笑い話ではなく、女房の浮遊した魂が狐の体に宿り、それが狐を女房に変身させたのだというふうに語られてゆくのである。そういう点でいえば、女房の魂と夢が、笑い話に向かいそうなIの話を、事実譚に引き寄せていったのである。

大事なことは、HやIの体験談と、「馬の尻のぞき」やJの話のような、HやIの話を支える共同性を逆手にとったような笑い話（あるいは事実譚的笑話）とが、村落の内部では、共時的に語られているということである。両者は対立的にあるのではなく、共存するのである。HやIの伝承とそれを支える共同性が、狐に騙された男を語る笑い話を支えてもいるのだし、逆に、笑い話が、これらの体験談の事実性を保証してもいるということである。それが、説話における話型の力だといえよう。

ある出来ごとは、話型の展開に添って語れば一つの話になるわけで、そのとき、その話が事実譚になるのか笑い話になるのかというところには、ちょっとした表現上の別れ道があるだけなのである。

第八章　血筋――嬰児殺し

遠野出身の文学青年・佐々木鏡石（喜善）の口述が、柳田国男の洗練された文体によって活字化され、『遠野物語』は出現した。そこに収められた話は、いずれも遠野地方で語り継がれていた、山男や山女、狼や猿、オシラサマやザシキワラシなどと村人たちとの間に起きた不思議の出来ごとであり、それらは、事実譚として東北の一山村に満ち満ちていた話の群れの、偶然に拾われたいくつかである。何も、遠野固有の話と考える必要はない。山口県出身の民俗学者・宮本常一は、はじめて『遠野物語』を読んだ時の印象を、「……内容は多少違いますけれども、われわれ子供のときにしょっちゅう聞いておった話なんですね。……そういう話はごくありふれた話なんで、つまらないと思っておった。……そして、こういうふうに表現すればこういうものになるのかという、そういう驚きが一つあるんですね」と語っている。[*1]

遠野がただ一つ重要な村落だというのではなく、『遠野物語』が他の伝説集を排して価値があるというわけでもない。遠野という固有の村落を超えて、前近代の、村落共同体における〈話〉の問題を考えてゆくとき、『遠野物語』は一つの重要な資料になるということである。

*1 伊藤幹治、米山俊直、桑原武夫との『遠野物語』についての座談における宮本常一の発言（伊藤・米山編『遠野物語の世界』日本放送出版協会、一九七六年、九七頁）。

事実譚として『遠野物語』を読んでゆくとき、村落はどのようにして表現を獲得していったのか、ということに興味が向いてゆく。もちろん、『遠野物語』は、佐々木喜善と柳田国男との共同作業によって、近代の作品として創られたわけで、純粋に遠野に語られていた伝承ではないし、もともとの語られていた伝承も、時間的にどこまで溯ることができるかといえば、考慮すべき問題はたくさんある。しかし、そうした考慮をしたのちにも、やはり、『遠野物語』から、前近代の村落に語られていたと考えられる伝承の姿をかなりの程度復元してみることは、それほど大きな誤りを犯すとは思えない。そして、村落における〈家〉の問題を説話的に考えようとするとき、次に引く話は興味深いいくつかの問題を提供してくれる。

一　河童の子を孕む女

A　川には河童《カッパ》多く住めり。猿ケ石川殊に多し。松崎村の川端の家《ウチ》にて、二代まで続けて河童の子を孕《ハラ》みたる者あり。生れし子は斬り刻みて一升樽に入れ、土中に埋《ウヅ》めたり。其形極めて醜怪なるものなりき。女の聟の里は新張《ニイバリ》村の何某とて、これも川端の家なり。其主人人《ヒト》に其始終を語れり。かの家の者一同ある日畠に行きて夕方に帰らんとするに、女川の汀《ミギワ》に踞《ウヅクマ》りてにこにこと笑ひてあり。次の日は昼の休に亦此事あり。斯くすること日を重ねたりしに、次第に其女の所へ村の何某と云ふ者夜々《ヨルヨル》通ふと云ふ噂立ちたり。始には聟が浜の方へ駄賃附《ダチンヅケ》に行きたる留守をのみ窺ひたりしが、後には聟と寝たる夜さへ来るやうになれり。河童なるべしと云ふ評判段々高くなりたれば、一族の者集りて之を守れども何の甲斐も無く、聟の母も行きて娘の側《カタハラ》に寝たりしに、深夜にその娘の笑ふ声を聞きて、さては来てありと知りながら身動きもかなはず、人々如何にともすべきやうなかりき。其産は極めて難産なりしが、或者の言ふには、馬槽《ウマフネ》に水をたたへ其中にて産まば安く産まるべしとのことにて、之を試みたれば果して其通りなりき。その子は手に水掻《ミヅカキ》あり。此娘の母も亦曽て河童の子を産みしことありと云ふ。二代や三代の因縁には非ずと言ふ者もあり。此家も如法の豪家にて〇〇〇〇〇と云ふ士族なり。村会議員をしたることもあり。

（『遠野物語』五五話）

引用したのは、河童の子を孕んだ女の話である。人間と人間以外の者との婚姻は、日本の昔話のもっとも主要なモチーフの一つで、相手も、蛇・鬼・猿・犬・馬・木魂・蛤・魚・鶴・狐……と、きりがない。そして、これらの動物や精霊たちのいずれにも、神の影がつきまとっている。

引用Aの話も、その構造は昔話「蛇聟入・苧環《おだまき》型」とほぼ一致するし、それは、『古事記』『日本書紀』にすでに見いだされる丹塗矢（三輪山）型神婚神話ともつながっている。Aの話から、神話的な、神と女との婚姻譚（神婚神話）への道筋探しをするのは比較的容易な作業だが、それをやってみても、Aの話をそれ自体として理解することにはならない。村落共同体において、Aの話が事実譚として語り継がれることの本質を考えることこそが重要である。

一読してまず感ずることは、この「如法の豪家」と呼ばれる旧家の、暗さと陰湿さとである。それは、何代にもわたって続く村落の家の証しなのだと言ってもよい。そして、その家の秘密を守るために行われる陰惨な光景が目に浮かぶ。間違いなく、包丁を握って生まれ落ちた嬰児を斬り刻んだのは、この家の家長である父親であった。たぶん、村落において、父はそのように存在する。そうした家の中での出来ごととして、この話は語られてゆく。

Aの話は、ことさらに事実めかした語り口をとっている。まず、地名・人名など固有名詞が明記されていることが、この話に事実性を与えていると読める。松崎という集落は猿ケ石川の川曲《かわくま》に位置し、猿ケ石川は河童の名所、舞台としては申し分ないし、女の家は川端の豪家とあれば、河童に憑かれないのがおかしい。なぜ「川端の家」を強調するかといえば、それはただ川の傍にあるからではないはずだ。川端の家こそ、始源的には川の神につながる家筋、川の神を祀る家、神を迎える家であったはずである。だからこそ、「二代まで続けて河童の子を孕む」のである。神話的な神の家筋が、話では豪家と語られてゆく。神に選ばれた家の選ばれた女＝巫女は、近代を取り込むことにおいて、村会議員を務めたほどの豪家の娘に姿を変える。このように語れば、土地の人にとっては、この家がどこの家かはすぐにわかる。しかも、『遠野物語』の表記にかかわっていえば、その親の名五文字分をわざわざ伏字にしているというのも、事実譚めかした手法だといえよう。

じつは、我々が読んでいる活字本のもとになった毛筆初稿本では、この五文字分の伏字は、ちゃんと実名で記されている。*2 おそらく柳田は、実名を公にすることを憚って伏せ字にしたのに違いない。しかも、それを活字本では、他の話にみられるように「何某」とせずに、わざわざ実名五文字分の伏せ字にした配慮からは、この話が事実譚になるためには実名でなければならないという柳田の強い意志が働いていたことを感じさせる。しかも、〇による伏せ字は、何か特別の秘め事めいた淫靡さを読み手に与えるという効果ももつ。

この話が事実譚になるために欠かせないもう一つは、この話のニュース・ソース（告白者）のこと。証人といってもよい。この話では、聟の父親がその役割を担っている。これはじつに巧みな設定である。当事者にも近い、たしかな証人がいてこそ噂は真実性を増してゆく。この場合、女の両親は証人にはなりえない。なぜなら、その家にとって忌わしい恥を外に漏らすとは考えられないからである。その点、聟の父親はニュース・ソースとして最適な人物である。

松崎の豪家の血を継ぐために（働き手としての聟の役割を除外すれば、聟の唯一の必要性）、女を孕ませるために聟入りした息子は、女が他の者の子を宿すことによって聟という立場を拒否されたわけで、その時、聟の父親は最も鋭く松崎の豪家と対立する存在になった。妻（聟の母）を娘（嫁）の監視に行かせるほどに近く、しかも送り出した息子が果たすべき役割を拒否されたことで、松崎の家と鋭く利害が対立することになった聟の父親こそ、この秘められた事実を語る資格を持った唯一の人物となるのである。

ただし、第六章で述べたように、語られる事実譚の証人は、事件に直接の利害をもたない人物であるほうが、話の信憑性は強くなる。しかも、そうした第三者的な証人をもつ事実譚は、話を中立的な視点で語れるのに対して、ここに登場する聟の父親は、松崎の豪家と親しい立場にあり、もっとも鋭く対立する存在になったという点で、この話は、もはや中立的な立場などもちえない話になったのである。

明らかに、松崎の家に対するさげすみや、その血筋に対する忌わしさが、この話の根底にはある。だから、証人である聟の父親からの又聞きというかたちで語られているこの話の語り手の立場は、松崎の豪家の血に対するさげすみや忌わしさをもつものとなる。それは、村落のなかにある一軒の豪家に対する、まわりの家々が抱いている視線と等しいものだと言ってよい。村落のなかでの立場が強ければ強いほど、豪家と他の家々との間には歪みが生じてしまうわけで、その歪みが村人の側から語られていった

＊2『初稿本遠野物語』は柳田の弟子池上隆祐によって秘蔵されているが、その全体を見た小田富英の報告があり（「初稿本『遠野物語』の問題」、『国文学』一九八二年一月号）、そこで、この伏せ字も実名で紹介されている。のち、『注釈遠野物語』や『柳田国男全集』に翻刻され、容易に見ることができるようになった。

とき、ここにみられるような、豪家の秘部への陰湿な目なざしをもった話になってゆくのである。

証人はもう一人いて、聟の母親がそれである。娘（息子の嫁）に添寝して河童の来訪を知りながら、金縛りにあって守れなかったと語ることで、訪れて来るのが村の男ではないということを証言する。また、生まれた子に「水掻」があったと語るのも、河童の子を生んだという不思議な出来ごとを事実譚に仕上げるための証拠である。その子が「極めて醜怪」であることを強調したり、異常な誕生の仕方を説明したりすることで、河童への恐れも巧みに表わされており、Aは、事実譚に必要な要素を完璧に備えた話だということができる。欲をいえば日附がほしい。ごく近時の事件というのはわかるが、時を明示することで話の事実性がもう一つ保証されるからである。

だが、このようにいくら説明しても、Aの話は現代の我々には事実あったこととして信じることができない。しかし、Aの話を、少なくとも明治末期の遠野という山村の一部では、たしかに事実と信じていた人々がいたのである。そして、この話がなぜ信じられたかという問題は、固有名詞や証人や証拠といった事実譚の構造を追うだけではとても説明しきれない。そこに、吉本隆明のいう、村落共同体における〈共同幻想〉という視座が必要になってくるのである。[*3] Aの話に即していえば、選ばれた女は人間以外の者の子を宿すことができるのだという幻想が、この話を外側から支えることによって、Aの話は事実譚として人々に受け入れられてゆくということである。

この不思議な出来ごとについて、現実の側から合理的に説明しようとする試みがなされることがあるが、そういう作業は説話表現という問題を視野に入れない限り、ほとんど無意味なことである。たとえば、嬰児殺しについて、「過剰な人数となった子供を河童の子として間引いたことの符合とみたい」[*4]というふうに「間引き」と考えた場合に、なぜ豪家でそんなことが行なわれるのか、とか、なぜこのような不思議な出来ごととして語られねばならないのか、といった疑問に対して何も答えられないに違いない。

あるいはまた、「水掻」のある嬰児の誕生について、「頭部や顔面や手足に奇型を示すアペール症候群」という遺伝的疾患によるものだ、という見解も示されているが、[*5] こうした説明は、まさに近代医学的な知識にもとづく合理主義的解釈としか言えないわけで、Aで語られている不思議を説話の問題として考えるという視座からは、隔たっていると言わなければならない。

さまざまに満ち溢れる異類との婚姻譚は、村落の幻想性に支えられて表現をとってゆく。逆に言えば、幻想は具体的な表現(その形態はいろいろにありうる)に支えられて増幅してゆくのである。両者は相互補完的な関係で存在する。そして、その表現が事実譚の装いをとらねばならないのは、そこで語られている〈事件〉が疑われたり、共同体の幻想に歪みが生じたりしているからである。つまり、共同幻想が緊密さを保てず、語られる出来ごととの間に隙間を生じたとき、事実譚という接着剤を要求することになるのである。

*3 吉本隆明『共同幻想論』(河出書房、一九六八年)。
*4 岩本由輝『もう一つの遠野物語』(刀水書房、一九八三年)一五六頁。
*5 岩本由輝「遠野の河童」(『民話の手帖』第19号、一九八四年四月)。そこで筆者も言っているように、アペール症候群と考える場合には、常染色体優性遺伝であるこの病気が二代も三代も続くというのはいささか考えにくく、かなり無理な解釈が必要となるようである。

B　（神武天皇は、皇后にふさわしい女を探していた時、「神の御子」と呼ばれる乙女と会い后にする。その娘がなぜ神の子と呼ばれるかと言えば）三島溝咋《みぞひ》の女《むすめ》、名はセヤダタラ比売、其容姿《かたち》麗美《うるは》しかりき。故《かれ》、美和《みわ》の大物主神、見感《みめ》でて、其の美人《をとめ》の大便《くそ》まれる時、丹塗矢に化《な》りて、其の大便《くそ》まれる溝より流れ下りて、その美人の富登《ほと》を突きき。爾《ここ》に其の美人驚きて、立ち走りいすすきき。乃ち其の矢を将《も》ち来て、床の辺に置けば、忽ちに麗《うるは》しき壮夫《をとこ》に成りて、即ち其の美人を娶《めと》りて生める子、名はホトタタライススキ比売命と謂ひ、亦の名はヒメタタライスケヨリ比売と謂ふ。故、是を以ちて神の御子と謂ふなり。

（『古事記』中巻）

初代天皇となったカムヤマトイハレビコ（神武）の后は、三輪（美和）山の神大物主がセヤダタラヒメという選ばれた女に婚して生ませた女性イスケヨリヒメであり、それゆえに后の資格をもつわけで、この話は典型的な始祖神話だといえる。この神話は丹塗矢型神婚神話の原初的な姿を示しており、矢がホト（女陰）を突くという描写はその古さを示している。[*6] そして、重要なことは、その構造はAの話とほとんど共通しながら、Bの話にはことさらに事実性を強調しようとする描写がないという点である。

それにもかかわらず、生まれた子イスケヨリヒメは神の孕ませた子として承認され、イスケヨリヒメは「神の子」として皇后の資格をもったというのだから、ここで語られている出来事は事実そのものと認識されていることになる。それはAに比べてBの話を支える共同幻想が緊密なものとしてあるからだといえるだろう。神と女との結婚による神の子の誕生という出来事に疑い[*7]を差し挟みえない幻想の強さが、神話を可能にするといってもよい。

疑いを懐いた途端に神の子は忌み嫌われる存在となって、Aのように斬り刻まれ埋められてしまう。昔話「蛇聟入・苧環型」で、糸をつけた男（蛇）の後を辿っていった女の母親が、淵の辺りで蛇の母と息子との会話を立ち聞きし、娘の腹にいる蛇（神）の子の堕ろし方を知り堕胎してしまう、と語るのも、Aの斬り刻みという行為と接近している。しかし、昔話「蛇聟入」が高らかに人間の知恵（文化）の勝利を謳いあげて自然を打擲してゆくのに比べると、Aの話は暗さを秘めている。その暗さは、村落における、神の子を孕む女に対する共同幻想の残像の強さであり、話という面から言えば、村落と家との関係性を背後にもった噂話のもつ陰湿さであると言えよう。

斬り刻むというのは、民俗学的にいえば、魔性のものの魂の再生を防ぐ呪術的な行為として説明できる。しかし、話はいつも、そうしたレヴェルの説明を超えてしまう。Aの話もそうで、そこに描かれた情景は、暗い家の土間の隅にころがる血に濡れた包丁と恐怖にひきつった家族たちの顔なのである。この陰湿さは、たとえば、次のような話と通底している。


C（河内の国に富める家があり、その家の女が桑の葉を摘んでいると大蛇が現われ、木の上に登っていた女に纏いついて婚《くな》かった。どうしても離れないので、失心した女と蛇を家に連れ帰った家族の者が、医師をたのみ、庭で）稷《きび》の

＊6　古橋信孝「原神話への構想」（『解釈と鑑賞』一九七七年一〇月号）。この論文は三輪山型神話について、神話を神話的幻想の説明とみる立場から論じている。
＊7　古橋信孝が、村落共同体の紐帯のゆるみによって、説話（世間話）に、紐帯の象徴に対する疑いが語られるという例をあげて、神話と説話を論じている（「説話の論理——話の証人の位相」『解釈と鑑賞』一九八一年八月号）。

藁三束を焼き、湯に合せ、汁を取ること三斗、煮《にい》煎りて二斗と成し、猪の毛十把を剋み末《くだ》きて汁に合せ、然し嬢《をとめ》の頭足に当てて、橛《くひ》を打ちて懸け釣り、閧《つび》（性器）の口に汁を入る。汁一斗入る。すなわち蛇放れ往くを殺して棄つ。蛇の子白く凝《こ》り、蝦蟇《かへる》の子の如し。猪の毛、蛇の子の身に立ち、𨳯《くぼ》（性器）より五升許り出づ。口に二斗入るれば、蛇の子皆出づ。（目覚めて夢のようだったと語った女は、三年後に再び蛇に婚《くな》かわれて死んだ……）

（『日本霊異記』中巻・四十一話、前後は要約）

ここに語られる秘薬作りと堕胎行為のリアルさは、あまりにどぎつくグロテスクなのだが、Aの陰湿さと同様に、魔性の子を孕む娘を出した家の立場が鮮明に表れている。神話的にいえば、神に選ばれる女＝巫女を出す聖なる家が、魔性に魅入られた家に逆転するというかたちで、AやCの家族はあり、村落共同体の目に曝されながら密やかに行なわれる堕胎は、それが秘め事であればあるほど、陰湿さの度合いを増さざるをえないのである。共同体から排除されないために、あるいは、村落における、自己の家筋の優位性を保つために。そうでありながら、女は「にここと笑ひて」（A）河童に魅入られてゆくし、「夢の如」き思いの中で再び蛇と交わってゆく（C）。そこには、普遍化された〈対幻想〉と亀裂を生じた〈共同幻想〉との、話のなかでの断層をみてとることができるだろう。

共同体の側からみれば、こうした事件は格好の噂話の種になるし、共同幻想を背負っているゆえに、この上ない恐怖でもあったわけで、そのためにグロテスクさや陰湿さを増幅させた話になってもゆくのである。そして、当然のこととして、いささかエロチックな笑い話に傾斜してゆく場合もある。

D　（大和の国の富める家に万《よろづ》の子という美人がおり、あらゆる男を拒否していた。ところがある時、一人の男が沢山の品物を贈って女に近づき、ようやく床を共にすることができた）其の夜、閨《ねや》の内に音《こゑ》有りて言はく、「痛きかな」といふこと三遍《みたび》なり。父母聞きて、相談《かたら》ひて曰くはく、「未だ効《なら》はずして痛むなり」といひて、忍びて猶し寝《い》ぬ。明くる日晩《おそ》く起き、家刀自《いへとじ》戸を叩きて驚かし喚べども答へず。怪しびて開き見れば、唯《ただ》頭と一つの指とを遺《のこ》し、自余《ほか》は皆噉《くら》はる。父母見て、悚《お》ぢ慄《おそ》り惆《あは》れび懊《うれ》へ、娉妻《しるし》に送りし彩《しみ》の帛《きぬ》を睠《み》れば、返《かは》りて畜の骨と成り、載せし三つの車も、また返りて呉朱臾《からはじかみ》の木と成れり。八方の人、聞き集ひ、臨み見て怪しばずといふことなかりき。〔以下、省略〕（『日本霊異記』中巻・三十三話）

残された頭と指は、娘が「悪鬼」に喰い殺されたことの証拠の品であり、それが、この話の事実譚の装いになっている。集まってきた「八方の人」がこの不思議な出来ごとの語り手になるというのも、今まで読んできた話と変わりがない。しかし、このことを超えて、Dの話の面白さは、「痛きかな」という娘のことばがもつ閨房の秘め言めいた卑猥さにあり、それを鬼に喰われる痛みに逆転させて、その「痛きかな」を、誰もがそう思ってしまいそうな閨房の中での女のことば、初夜の痛みと誤解した父母を笑い飛ばすことに、語り手の興味は集中している。だから、Dの話は、女が魔性のもの（神）に選ばれるということへの「恐怖の共同性」を超えてしまう。

しかし、その飛躍がどこまでも恣意的に可能かといえば、そうではない。ことに口誦の話は、話の様式性に規制されていて、Dの話の場合でいえば、Bのような神話の枠を完全に突き破ることはできない。いつも、女をねらう神がいて、どの女もその来訪を拒否できず、誰もが魅入られてゆくのである。そこに、「恐怖の共同性」の消しがたい残留をみることができよう。

三　歴史と説話

鬼に喰われたり蛇の子を宿したりする女の話はいつの世にも満ち溢れ、世間を震憾させる。たとえば、次に引く話は、天皇の居所近くの大内裏の内の武徳殿の松原で生じた事件を生々しく語っている。

E　今は昔、小松の天皇の御代に、武徳殿の松原を若き女三人うち群れて内ざまへ行きけり。八月十七日の夜の事なれば、月極めて明し。
しかる間、松の木の本《もと》に男一人出で来たり。此の過ぐる女の中に一人を引かへて、松の木の木陰にて女の手を捉《とら》へて物語りしけり。今二人の女は、「今や物云ひ畢《をは》りて来たる」と待ち立てりけるに、やや久しく見えず。物云ふ声もせざりければ、「いかなる事ぞ」と怪しく思ひて、二人の女寄りて見るに、女も男もなし。「此はいづくへ行きにけるぞ」と思ひて、よく見れば、ただ女の足手ばかり離れてあり。二人の女これを見て、驚きて走り逃げて、衛門の陣に寄りて、陣の人に此の由を告げければ、陣の人ども驚きて、其の所に行きて見ければ、凡そ骸《かばね》散りたることなくして、ただ足手のみ残りたり。其の時に人集り来て、見ののしること限りなし。「これは鬼の人の形となりて、此の女を噉《くら》ひてけるなりけり」とぞ人云ひける。
然れば、女、さやうに人離れたらむ所にて、知らざらむ男の呼ばはむをば、思量《おもひはかり》して行くまじきなりけり。ゆめゆめ、怖るべき事なりとなむ語り伝へたるとや。

（『今昔物語』二十七巻・八話）

Dの場合と同じように、喰われた女は足と手を証拠に残している。しかも、現場には二人の連れの女いる。

も居合わせたとある。そしてじつは、この話は、朝廷の正史『日本三代実録』にもほぼ同様に記されて

F　今夜亥の時、或人告ぐ、「行人云はく、『武徳殿の東の縁《ふち》の松原の西に美しき婦人三人あり。東に向ひて歩行するに、男ありて松樹の下にあり。容色端麗なり。出で来りて一《ひとり》の婦人と手を携へて相《あい》語る。婦人精感して、共に樹下に依る。数剋《こく》の間、音語聞かず。驚き恠《あやし》みて見るに、その婦人の手足折れ落ちて地にあり。その身と首は無し』と。右兵衛右衛門の陣の宿侍《とのゐ》の者、この語を聞き往きて見るに、その屍《かばね》あること無し。ありし所の人も忽然として消失す」と。時の人、以為《おも》へらく、「鬼物形を変じて、この屠殺を行なふ」と。

（『日本三代実録』仁和三年八月十七日条）

EとFの内容はほとんど同じなのだが、Eでは二人の女が見つけた時も、陣の人々がかけつけた時にも、喰われた女の足と手はちゃんと残されていた。そして、「骸散りたることなくし」て手足だけが残されていることが、鬼に喰われたことの有力な証拠になって話の事実性を支えているのに対して、Fでは、陣の宿侍が駆けつけた時には、屍はすっかり消え去っている。つまり、証拠は完全に消されている。また、Eでは女の連れと語られていた第一発見者が、Fでは「行人」という曖昧な証人になっている。しかも、Fの話を記した後に、『日本三代実録』では、次のような一条を載せる。

この月、宮中及び京師にかくの如き不根の妖語ありて、人の口にあること三十六種なり。委《つぶさ》に載することを能はず。

Eでは証拠の品が事実性を保証し、証拠の消えたFでは、その事件を「不根の妖語」として、事実の外に排除しようとする。Eは、証拠のほかに二人の連れの女の行動を詳しく描写することで忠実に現場を再現するし、知らない男に声をかけられてもついて行くなと忠告の言を附して「怖るべき事」への戦《おの》慄《の》きを表わしている。この心性は、Fでいえば「時の人」のものであり、それと離れて、Fの話を冷静に見ることのできる別の人がいる。「時人」とは、国家に対峙し国家に包まれてある地下の人々と考えればよい。それは、村落のレヴェルの「恐怖の共同性」を背負った人々であり、A〜Dの話を支える人々の心性と等質である。そして、Eの語り手（書き手）は時人のレヴェルにあるが、Fの正史の記録者はそこにはいない人である。

端的に言えば、FとEとは、公の歴史書と説話集との違いを明瞭に示しているといえるだろう。それは、こうした類いの話を「不根の妖語」として排除しうる歴史家の目と怪異なる事件に恐れ戦慄く者の目との違いだと言ってもよい。もっと言えば、国家と村落との断層を象徴しているともみられる。そして、Eのごとき事実譚は、どこまでいっても村落的な幻想性を背負い続けるものだから、Aの『遠野物語』とも等質なのである。

一方、Fを「不根の妖語」として排除することで、国家は別の事実譚を可能にする。それは、儒教や陰陽道といった新たな秩序に支えられた徳や瑞祥として歴史書に現われてくる。[*8] 聖帝は三年間の免税を実施するし、繁栄の証しとして空に瑞雲が浮かぶ、というふうに。擬制的な共同体（国家）の裂け目を補塡しなければならない時に、免税や瑞雲の話が国家の共同幻想を確かなものにするための事実譚として要請される。

村落内部の歪みを埋めるためのものとしての事実譚は、国家の側の事実譚にはなりえなかった。というより、村落的な事実譚を「不根の妖語」として排除することで国家は国家たりえたのである。つけ加えておけば、事件の予兆として語られている『日本書紀』の「童謡《わぎうた》」は、国家の側の論理に組み込まれて歴史となったのである。

四　物語と説話

平安時代の代表的な歌物語作品『伊勢物語』にも、鬼に魅入られる女の話型が用いられている話がある。

G　むかし、男ありけり。女の、え得《う》まじかりけるを、年を経《へ》てよばひ渡りけるを、からうじて盗み出でて、いと暗きに来けり。芥川といふ河を率《ゐ》ていきければ、草の上に置きたりける露を、「かれは何ぞ」となん男に問ひける。行くさき多く夜もふけにければ、鬼ある所とも知らで、神（鳴神）さへいといみじう鳴り、雨もいたう降りければ、あばらなる蔵に、女をば奥に押し入れて、男、弓・やなぐいを負ひて戸口に居り。はや夜も明けなんと思ひつつゐたりけるに、鬼はや一口に食ひてけり。「あなや」と言ひけれど、神鳴るさわぎにえ聞かざりけり。やうやう夜も明けゆくに、見れば率て来し女もなし。足ずりをして泣けども甲斐なし。

＊8 このあたりのことは、口誦のレヴェルとは別の秩序を、書くことや中国文学・思想によって古代国家は獲得していった、と考える呉哲男のモティーフに教えられている（「古代文学の変革・断章」、シリーズ古代の文学6『古代文学の変革』〈武蔵野書院、一九八一年〉、など）。

白玉かなにぞと人の問ひし時露と答へて消えなましものを
これは、二条の后の、いとこの女御の御もとに、仕《つか》うまつるやうにてゐ給へりけるを、形のいとめでたくおはしければ、盗みて負ひて出でたりけるを、御兄人《せうと》堀河の大臣《おとど》、太郎国経の大納言、まだ下ろふにて内へまゐり給ふに、いみじう泣く人あるを聞きつけて、とどめて取り返し給うてけり。それを、かく鬼とは言ふなりけり。まだいと若うて、后のただにおはしける時とや。(『伊勢物語』六段)

芥川をどことみるかについては意見が別れるようだが、これはあくまでも物語なのだから、実在の地名と考える必要はない。京から鄙へ高貴な女を連れ、追手を気にしながら逃げる途中だから、その川は境目にある川で、名前からみて穢れた恐ろしい場所だということがわかりさえすればよい。そして、そういう不安定で恐ろしき所に、鳴神の荒れ狂う夜、それは真っ暗闇の空間であり、鬼の登場するにはもっともふさわしい状況である。

男は戸口で見張り続け、女は蔵のなかの密室でひとり夜を過ごす。しかも、その女は、「露」さえも知らないという穢れないお姫様である。神話的にいえば、この構造は、来訪する神とその神を迎える乙女(巫女)との関係だとみてよい。闇の密室で忌み籠もりをしながら神の訪れを待つ女、この物語の構造はこうである。だから、雷(鳴る神)の音とともに鬼が現れるというのは、しごく当然のことだ。

「あなや」という叫び声をあげるというのは、先のDの、万の子と同じだ。しかし、もし誰かが隣にいてその声を聞いたとしても、Dのような、いささか卑猥な笑いを誘うような話へは展開しなかっただろう。そこには、説話と物語との、大きな隔たりをみてとることができる。しかし、ここでは、その声を聞く者もいなかった。つまり、〈証人〉がいないのである。このことは、大事なことだし、しかも、もう一つの、〈証拠〉の不在ということとも繋がってゆく問題である。

夜が明けて、男が蔵のなかを見ると、「率て来し女」はすでにいなかったと語るのである。そこには、女の、残された〈証拠〉の品は何もない。Fの、『日本三代実録』がそのように語っていたのと同じように、この話もまた「不根の妖語」になってゆく要素を、表現の内部に持っているということである。だから、Gでは、男の歎きの歌のあとの、種あかしの部分を語ることができるのである。

じつは、女は鬼に食われたのではなくて、男に連れ去られたのを追って来た兄たちに見つけられ、連れもどされたのだ、と語るのが後半の部分である。しかも、この物語では、その女は、若き在原業平の恋の相手として有名な、後に清和天皇の后となった高子《たかいこ》なのだと語っている。

この物語は、前半の、類型的な話型を用いて語られる、恐ろしきものに魅入られた女が喰われてしまうという部分においては事実性が消されてしまったのだが、そのかわりに、後半に、兄たちの救出と女の素姓を語ることによって、新たな事実性を与えていったということになる。そこでは、不思議の世界は物語の基層に沈澱してゆき、男と女の、人間の恋にまつわる物語へと展開していっているということである。

この話の前半と後半はそのように説明することができる。したがって、後半の部分を後の人が書き加えた注だ[*9]というふうに理解してはならない。たしかに合理的な説明のようにみえるけれども、あくまでも、後半の説明は、この物語の全体のなかで、前半部分を直接受けた表現になっているのである。もし、もともと前半部分だけしかなかったのなら、事実性は希薄だけれども、鬼に食われた女の話ということ

*9 日本古典文学大系『竹取物語・伊勢物語・大和物語』(岩波書店、一九五七年)一一四頁、頭注。

になってしまう。それでは、少なくとも、『伊勢物語』の主人公在原業平と二条の后との恋物語にはなりえないだろう。

Gの物語は、後半の語りをもつことによって、はじめて平安のかな物語の表現として成立したといえよう。しかし、そうなった時にも、前半の話のもつ、恐ろしきものへの慄きはすっかり失われてしまうことはない。境目の空間は、いつもこうした危うさをもつ場所として存在し続けるのであり、若い女は恐ろしきものに脅かされる存在としてあり続けるのである。

五　共同体と家

はじめに引いたAの話にもどる。想定しても仕方のないことだが、事実譚の生成を考えるために、あえてAの話のもとにあったかもしれない事実を考えてみる。

たとえば、聟を迎えた女のもとに、聟の留守をねらって村の男が通い、女はその男の子を宿してしまった、と考えてみる。「其女の所へ村の何某と云ふ者夜々通ふと云ふ噂立ちたり」という一文が、そうした想定を支えている。いわゆる間男の夜這いである。夫の留守をねらう男の話は他にもある（『遠野物語拾遺』第二九六話）。

もっと想像すれば、よその里から親のきめた聟を迎えた女には、それ以前から親しくしていた村の男がおり、聟をとった後も内密に関係を続けていた、とも考えられる。親は、新張の聟の家への体面上からも、村の噂を消す上からも、生れ出た子を生かしてはおけなかった。村で生き、今の地位を守るために赤子は犠牲に供された。

そうみたとき、父親の狂気は理解できるような気がする。

Aの話の直前に語られる、落とした斧をとりに行った淵の底で、数年前に死んだ主人の娘に出あったという、下男のもらした噂話を聞いた娘の父親は、「その淵に何荷とも無く熱湯を注ぎ入れなどしたが」何の効めもなかった（『遠野物語』第五四話）と語られる、その父親の狂気と等質の行為だ（この話については次章で分析を試みる）。

Aの、その秘められた事実が、聟の父親によって外に出てゆくという点については前に述べたが、その時、間男（あるいは前からのなじみの男）が河童に、父のわからない子が「水掻」のある河童の子に転じてゆくのは、ただの噂話が共同性を獲得して事実譚になるための、必然的なからくりであった。事実を超え、村落の共同幻想に包まれてこそ、話は普遍性を保証されるからである。話の事実性は、その幻想性と事実譚的な様式性とによって支えられているのであり、事実の分量の多寡が話の信憑性を支えているのではない。

習俗の面から言っても、いわゆる「夜這い」は、夜に神が来訪するという神婚幻想と底のところでつながっているように思える。たとえば、娘をあまり厳しく監視して夜這いの邪魔をしてはいけないという民俗があるのは、厳しく拒否すると男に田の苗をつぶされたり、繭を台なしにされたりという仕返しをされるからだ、というふうに現実的な面から説明されたりするが[*10]、村落の幻想としての、女のもとに通うのは神だという共同幻想を無視してしまうことはできないように思われる[*11]。有名な、『万葉集』東歌の、

*10 佐々木徳夫『みちのく艶笑譚』第2集（ひかり書房、一九八一年）「あとがき」。

誰《たれ》ぞこの屋の戸押《お》そぶる
新嘗《にふなみ》にわが夫《せ》を遣《や》りて
斎《いは》ふこの戸を

（『万葉集』巻十四・三四六〇番歌）

という歌は、新穀を感謝する祭の夜に、神を迎えるために籠もる女のもとを訪れる夫以外の男をうたった歌である。神を待つ女の幻想のなかで、神は訪れる男と重ねられてゆく。だから、新嘗の夜に戸をゆさぶる音（たとえば風）が、男の訪れとしてうたわれてゆくのである。

神と地続きに田を壊す夜這い男がいるのは、選ばれた女タマヨリビメ（聖なる巫女）とつながって豪家の女がいるのと同じことである。間男が河童に転じてゆくというより、間男は、時として河童（神）でもある、と考えたほうがAの話を支える幻想性はよくわかるだろう。神と怖ろしきものとが等価な存在であるということについては、すでに第三章で述べた。

採り上げてきた話でいえば、Bの『古事記』の神話が神と人との婚姻譚の原型にもっとも近い話として遺されていると考えられる。もちろんその表現形態は、書かれた『古事記』からは窺いようはないが、口誦にふさわしい形態をとって語られていたはずである。[*12] その構造を単純に図示すれば、図1のようになる。そして、この神話の構造は、それを支える共同幻想とほとんど重ねられる内容をもって語られているとみてよい。だからこそ、何の疑いもなく、生まれた子供は「神の子」となり、特別な力をもつ存在として語られてゆくのである。

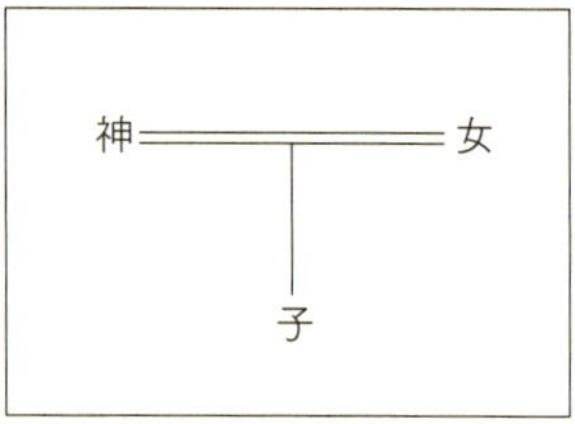

（図1）　（話＝共同幻想）

たとえば、Bの話では、その子は初代神武天皇の后になると語られており、またある場合には、氏族の始祖となったとか、シャーマンの始祖になったというふうに語られる。共同幻想と表現とが等価なものとしてあるから、事実譚の様式性をとらなくてもかまわないのである。この原型から、〈話〉はさまざまに展開する。それが、話の様式性の問題である。

私なりの言い方をすれば、〈核〉（それは中心となる構造や幻想であり、欠かせない詞章である場合もある）を起点として、伝承は溯上し、また展開してゆく。概括的にいえば、神話は〈核〉に集約されてゆき（Bでいえば、生れた子が始祖にならねばいけないということ）、昔話や説話では〈核〉を超えようとする。[*13]しかし、超えようとしつつ話の様式性に縛られて、前近代の伝承は語り継がれてゆくということについては前述した。

Bの話とその基層にある幻想とをもとに、「子」を展開させていったのがCの話である。Bの「神の子」が逆転されたところに、Cの「蝦蟆の子の如き子」の堕胎譚は位置づけられるはずである。Cを支

*11 正統派民俗学を批判し、夜這いをはじめ村落の性的問題についての長大な報告を試みた赤松啓介も、「恐らく『夜這い』は、また一つの神の降臨する様式であっただろう」と述べている（「村落共同体の性的規範」〈下〉『どるめん』第27号、一九八〇年十一月）。

*12 口誦における神話の表現形態については、〈神語り〉〈昔語り〉という方向で具体的な検証を試みている。三浦「〈神語り〉と〈昔語り〉」（『日本文学』一九七九年九月号）、「〈神語り〉論・試論」（『共立女子短期大学文科紀要』第23号、一九八〇年二月）、「〈神語り〉その様式」（『解釈と鑑賞』一九八〇年一二月号）、「〈語り〉その表現と構造」（『上代文学』第49号、一九八二年十一月、のちに、日本文学研究資料新集『古事記・王権と語り』〈有精堂、一九八六年〉再録）、など。これら一連の語り論は、三浦『古代叙事伝承の研究』（勉誠社、一九九二年）に収めている。

*13 このあたりの問題については、三浦「神話・伝承における想像力」（『共立女子短期大学文科紀要』第20号、一九七七年二月、のちに、日本文学研究資料叢書『日本神話II』〈有精堂、一九七七年九月〉再録）、あるいは、「〈神語り〉＝拒否と受諾」（シリーズ古代の文学4『想像力と様式』〈武蔵野書院、一九七九年〉）、「〈昔語り〉論・試論」（『共立女子短期大学文科紀要』第22号、一九七九年二月）、などで論じた（*12の拙著、参照）。

えているのがBの話だということは当然のことだが、逆に、Bの神話を支えているのがCのような村落の話であるという視点を忘れるべきではない。

柳田国男がすでに早く想い描いていたように、「説話時代の神話」「神話時代にも既にあった民間説話」(『桃太郎の誕生』)という伝承の交流を考えるためにも、Bを支えるCという方向性は重要なのである。信じられているかいないかというレヴェルで言えば、BもCも信じられている話である。その意味で、共同幻想の緊密さに差はあるとしても、二つの話を生み出してくる共同体自体に質的な差異はないはずだ。*14

また、DやE・Fの話は、Bの原型から〈子〉を振り捨て、神との交わりそのものに視座を据えて展開させている。そこに描かれるのは、聖婚の影を背負いつつ、神婚神話に描かれた聖なる性交の逆転であり、そこでは、卑俗なるものとして性的な笑いや恐れが強調されてゆく。

『遠野物語』の話Aは、B〜Fの話より、もう一つ複雑な展開を遂げている。想定しうる事実は、図2のように示すことができる。それに、村落の幻想、つまり、先に記した図1を重ねればよい。そして、事実としての間男が表現の外側に排除されて、あるいは、間男が河童と重ねられて、図3の実線で示したような構造をもつ話として、Aは語られてゆくのである。そのようにして、「恐怖の共同性」を秘めた村落の事実譚が誕生する。

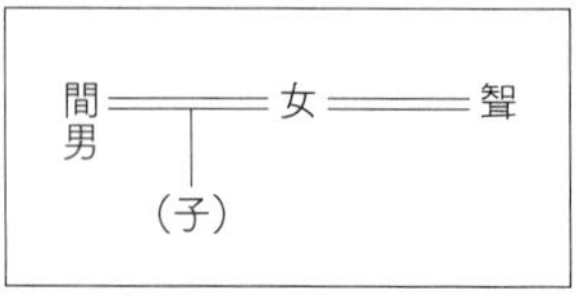

(図2) 事実

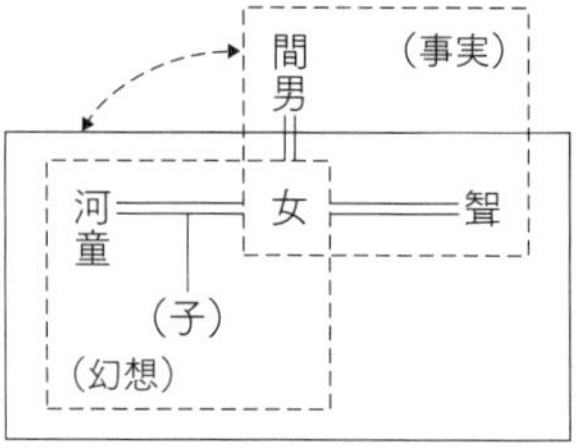

(図3) 事実譚

Aの話が、B〜Fと違うのは、共同体に対立する存在として河童の子を生む家(家族)が位置づけられ、それと利害の対立するもう一つの共同体（村落）が聟の家によって象徴化されているということである。Bの場合、家はほとんど現われていず、共同体と溶け合ってセヤダタラヒメとその子がいる。CやDでは共同体から分離して家は描かれているが、話が共同体の内部で完結してしまうために、その対立は明確化されきっていない。だから、そこに描かれる怖ろしき出来ごとを、卑猥な笑いに解消させてしまうことができるのである。

Cの話のもつ堕胎行為のリアルな描写は、それを見る（語る）者の目が、その家に対峙する存在としての村落の人々であることを想像させ、Aの話の、村落と家との対立的な構造とかなり接近しているというふうには言える。だが、Cの堕胎行為は、その家の「庭」で行なわれていると語っており、Aのような暗い家のなかの土間の片隅で行われる秘め事ではない。それは村人たちの監視にさらされており、その点で、村落と家との対立は明瞭になりきっていないと言えるのである。

Eでは、舞台が都市の真中であるために、家は消えて個人が問題になっている。だから、Fのように「不根の妖語」にもなってゆくのである。Gのあり方も、EやFと変わりがない。それらに対して、Aでは、共同体と家とが家対家という形でその対立の構造を具体化しており、そこでは、選ばれた家とそれをとりまく共同体との関係性が鮮明に立ち現れてきて、陰湿でリアルな嬰児殺しを描いてゆくことになったのである。それはたぶん、この話が、村落の秩序に生じた亀裂を根底にもつものとして語られているからだとみてよいはずである。

そこに、もう一つ、近代の波をかぶりつつある村落を想い描いてみてもよい。村落が近代とぶつかっ

*14 Bの話は国家神話に組み込まれているが、原型的には村落的な共同性に還元できるものだろうと考えている。

たとき、殺される「河童の子」は都市に拾い上げられて新たな力を与えられてゆきそうになる。Aに並べて『遠野物語』に載せられている話。

H　上郷村の何某の家にても河童らしき物の子を産みたることあり。確なる証とて無けれど、身内《ミウチ》真赤にして口大きく、まことにいやな子なりき。忌《イマ》はしければ棄てんとて之を携へて道ちがへに持ち行き、そこに置きて一間ばかりも離れたりしが、ふと思ひ直し、惜しきものなり、売りて見せ物にせば金になるべきにとて立帰りたるに、早取り隠されて見えざりきと云ふ。（『遠野物語』五六話）

証拠が疑われ話もあいまいになっているところに近代が影を落としている。生まれた子を一度捨て、神の子として拾って帰るという、習俗としての捨て子（『遠野物語拾遺』第二四七話、参照）という尾を引きずりながら、醜怪なる子は、都市の「見せ物」に売られようとする。Hではその目論見は失敗するが、神の子を生む家は、いったんは共同体から拒否されながら、新たな秩序としての金＝経済力によって再生の道を見出してゆく。しかし、それは村落共同体の崩壊の代償でもあった。

村落の変貌のたびにいつも、中世のはじまりにも、近代のはじまりにも、見せ物小屋には村から捨てられ売られた子どもや大人たちが集まって来た。そのたびに都市はふとり、村にはまた別の事実譚が溢れていった。

第九章　狂気――家を背負う父親

いくら河童の子だからといって、その子を包丁で斬り刻んで樽に入れて土中に埋めるという行為は、あまりにも陰惨な光景であり、狂気に満ちている。そして、間違いなく、その行為は父親によってなされている。母親が〈慈母〉として語られるのに対して、説話に描かれる父親は、いつもこうした損な役割を与えられているようにみえる。そこには、村落における〈家〉とその家を守る存在としての〈父〉の姿が窺える。

守るべきものとして引き継がれている血筋とその立場に固執する限り、父親の狂気は必然的なことだった。だから、娘が産んだ河童の子を血まみれになって斬り刻まなくてはならないのである。前章の最後に引いた、「道ちがへ」に河童の子らしき子を捨てにいった父親が、「惜しきものなり、売りて見せ物にせば金になるべきに」と考えて連れに戻るといった描き方にも、同様の、父親の説話的なイメージがみてとれる。経済的な力をえることによって、家を繁栄させ村落での地位を高めようとするのである。

一　淵に熱湯を注ぐ父親

そういえば、昔話「蛇聟入り・水乞い型」で田の水を得るために、蛇に娘を嫁にやると約束してしまった父親（爺）も、ずいぶんの狂気を背負っている。神話的にいえば、雨を降らせることが出来ないのは、家を守るべき父親の責任なのだ。その責任を回避し娘に犠牲を強いていると読むのはあまりに乱暴だとしても、家を守る役割を課せられているのが父親であるために、こうした言動は生じてきているとは言えるだろう。とすれば、父親が狂気を背負った存在になるのは当然なのだ。

『遠野物語』のなかで、そうした父親の狂気がもっとも鮮明に語られている話を、まずは考えてみよう。

A　閉伊川の流には淵多く恐ろしき伝説少なからず。小国川との落合に近き所に、川井と云ふ村あり。其村の長者の奉公人、ある淵の上なる山にて樹を伐るとて、斧を水中に取落したり。主人の物なれば淵に入りて之を探りしに、水の底に入るままに物音聞ゆ。之を求めて行くに岩の陰に家あり。奥の方に美しき娘機《ハタ》を織りて居たり。そのハタシに彼の斧は立てかけてありたり。之を返したまはらんと言ふ時、振り返りたる女の顔を見れば、二三年前に身まかりたる我が主人の娘なり。斧は返すべければ我が此所《コノトコロ》にあることを人に言ふな。其礼としては其方身上《シンショウ》良くなり、奉公をせずともすむやうにして遣らんと言ひたり。その為なるか否かは知らず、其後胴引《ドウビキ》など云ふ博奕《バクチ》に不思議に勝ち続けて金溜《タマ》り、程なく奉公をやめ家に引込みて中位の農民になりたれど、此男は疾《ト》くに物忘れして、此娘の言ひしことも心付かずしてありしに、或日同じ淵の辺《ホトリ》を過ぎて町へ行くとて、ふと前の事を思ひ出し、伴へる者に以前かかることありきと語りしかば、やがて其噂は近郷に伝はりぬ。其頃より、男は家産再び傾き、又昔の主人に奉公して年を経たり。家の主人は何と思ひしにや、その淵に何荷《ナンガ》とも無く熱湯を注ぎ入れなどしたりしが、何の効も無かりしとのことなり。

（『遠野物語』五四話）

この話を読んで、もっとも印象に残るのは、結末の、「その淵に何荷とも無く熱湯を注ぎ入れなどしたりしが、何の効も無かりしとのことなり」という、娘の父親（主人）の行為である。桶に熱湯を入れて担ぎ、何荷も何荷も淵に注ぎ続ける男の振舞は、想像して見るだに恐ろしく、この瞬間に父親は狂っている。娘が淵の底に棲んでいるという噂は、この父親にとっていかなるものだったのか。そして、熱湯を注ぐことによってどうしようとしたのか。

何も語られてはいないが、流れた噂が家の体面をひどく傷つける類いのものであったということは間違いがない。だから、淵の底の娘を抹殺するために、そして噂を掻き消すために、このような考えられない行為に出てまでして、家を守ろうとするのである。それが、却って噂を拡げてしまうのだということに気が廻らないままに。

娘はなぜ死んだのか。「二三年前に身まかりたる我が主人の娘」とあるだけで、娘の死については何も語られてはいない。しかし、おおよその見当はつく。ほぼ間違いなく、娘はその淵に身を投げて死んだ。なぜ、入水したのかはわからない。父親に男との結婚を許されなかったのかもしれないし、男に捨てられたのかもしれない。理由はどうあれ、その事件の当時、人々は、娘は淵の神に魅入られて引き込まれたのだ、と噂しあったはずである。若い女の自らの死は、村落にあっては、そのようにしかありえないのだから。だから、何年も経ったのちの、奉公人がばら撒いた噂は、村人たちにとってはまさに、彼らが事件の直後に感じていたことを再確認させるものだった。蒸し返された噂のために父親は狂気の振舞いをしでかすしかなかった。

ずいぶん想像たくましく述べてきたが、右に述べた推測はそれほど誤ってはいないはずである。そのことは、この話の分析によってある程度確かめることができる。

一読してわかるように、この話は、話型の上からみれば昔話「黄金の斧」と、各地に残る伝説「機織り淵」とが集合したものである。「黄金の斧」は古くイソップの寓話にもある話で、関敬吾は、「わが国の話が果たしてこのイソップによって文献として輸入されたか、またその以前のものか、これを明らかにすることは困難である。この話は国定教科書に採用され、現在の採集の中にそれがみられる」と述べている。*1「黄金の斧」の場合には水の底に入って斧を探すというふうな展開はとらないが、これとかかわるかもしれない昔話「米良の上漆」(『日本昔話大成』では兄弟譚に分類。話型番号一八一番)は、斧を落として水中に探しに行き漆を見つけるという話で、落とした斧や鎌を求めて水の底に入って行くという語り方は、かなり広く分布していたとみてよい。そういえば、あの海幸・山幸の神話でも、失くした釣り針を探しに海中に入ってゆき、神の女に出あうのだ(『古事記』上巻)。

淵の底で機を織る女の話はとても多い。機織り淵と呼ばれる淵には、必ずといっていいくらいに、雨の日に耳を澄ますと水のなかから機織りの音が聞こえてくるという言い伝えが残っている。*2そして、その理由は、ほとんどの場合、女の入水によって語られている。むかし、あるお姫様が恋仲の男との結婚を許されず意に添わない男との結婚をはかなんで身を投げた所だとか、城が攻め落とされてやっとのことで逃げのびた奥方がこの淵まで来て身を投げたのだとか、あるいは若い女が橋を歩いていて足を踏み外して落ちたのだとかいうふうに、さまざまな内容で語られている。

女の死は、説話では入水と樹に下がるのとの二通りしかないと言いきってもよい。そして、第三章で述べたように、いつの場合でも、若い娘の死は、向こう側の世界へ行ったのだというふうな幻想をもち、神の嫁になったと語られることによって村落の伝承になる。

どのような理由であったにせよ、淵に沈んだ娘は、淵の底で淵の神と暮らしているというのが、入水した女に対する村落の幻想であった。それが忌まわしきものとして出てくるのは、神の嫁を出す家と村落の家々との関係性の問題、村落内部に生じた秩序の歪みの問題として考えればよい。だから父親は、家を守るために淵の底の娘を抹殺しようと試みるのである。しかも『遠野物語』では、この話が、河童に魅入られた娘の生んだ子を斬り刻むという前章で分析した話に並べて載せられているものだから、よけいに強く、このような神の嫁とその父親という問題を引き出してしまうことになる。

毒キノコを食べて一家絶滅したという山口の孫左衛門について、第四章では引かなかったのだが、『遠野物語』には、次のような話も伝えられている。

B　右の孫左衛門は村には珍しき学者にて、常に京都より和漢の書を取寄せて読み耽《フケ》りたり。少し変人と云ふ方なりき。狐と親しくなりて家を富ます術を得んと思ひ立ち、先づ庭の中に稲荷の祠《ホコラ》を建《タ》て、自身京に上りて正一位の神階を請《ウ》けて帰り、それよりは日々一枚の油揚《アブラゲ》を欠かすことなく、手づから社頭に供へて拝を為せしに、後には狐馴れて近づけども遁《ニ》げず。手を延ばして其首を抑へなどしたりと云ふ。村に在りし薬師の堂守は、我が仏様は何物をも供へざれども、孫左衛門の神様よりは御利益ありと、度々笑ひごとにしたりと也。

（『遠野物語』二一話）

＊1 関敬吾『日本昔話大成』第六巻（角川書店、一九七八年）、四七頁。
＊2 柳田国男「機織り御前」（一九二九年、『定本柳田国男集』第二六巻、一八七頁以下）。

孫左衛門は旧家の主人らしく、むずかしげな本を読んだりする。それゆえに周りからは「変人」とも見られてしまう。ただ、この男の、家を守り富ませようとする意志は相当に強く、その意味で、典型的な村落の家の父親であった。稲荷を勧請し熱心すぎるほどに信仰したことに対するザシキワラシや土地の神々の怒りだとは語られていないが、稲荷を祀って家を富ませようとした家長としての試みは失敗し、結局は、そのことも原因の一つとなって一家絶滅という惨事を招く。そのために、この話では孫左衛門の行動はさげすまれ、彼は笑い者にされてしまう。しかし、ここに語られた勤勉さや信仰心は、ある場合には、一家を繁栄に導いた父親の功績譚として語られる要素を多分にもってもいるのである。

成功するか笑い者になるか、その境目のところで、父は、家を守り盛り立てようとして狂い、「変人」となる。ただ、村落の伝承には妬みが強くあらわれるから、笑われ蔑まれる父親が多くなるのは当然のことである。

二　ワニを殺す父親

淵に熱湯を注ぎ込む父親の狂気が家を守るための行為だとすれば、そこには、明らかに失墜した家長の権威がみえてくる。そういえば、『日本霊異記』で蛇の子を宿した娘を逆さ吊りにし「薬師（医師）」とともにいかがわしい堕胎行為を行ったというのも（第八章C、参照）、父親であった。そして、そこでの気違いじみた行動はひとまず成功したのだから、家を守るべき父の、家長としての権威は保たれているのである。そうした父の行為を辿ってゆくと、父のもつ呪性という問題が浮かび上がってくる。

C

①即ち、北の海に毘売埼《ひめざき》あり。飛鳥の浄御原《きよみはら》の宮に御宇《あめのしたしろしめ》しし天皇の御世《みよ》、甲戌《きのえいぬ》の年の七月十三日に、語臣《かたりのおみ》猪麻呂《ゐまろ》の女子、件《くだり》の埼に逍遥《あそ》びて、邂逅《たまさか》に和爾《わに》に遇《あ》ひ、賊《そこな》はれて皈《かへ》らざりき。
②その時、父の猪麻呂、賊はれし女子を浜の上に斂《をさ》めて、大《いた》く苦憤《いきどほり》を発《おこ》し、天に号び地に踊り、行きて吟《さまよ》ひ居て嘆き、昼夜辛苦《たしな》みて、斂めし所を避ることなし。かくする間に数日を経歴《へ》たり。
③然る後に、慷慨《いきどほり》の志を興し、箭《や》を磨ぎ鋒《ほこ》を鋭《と》くし、便《たより》の処を撰びて居て、即ち擡《をろが》み訴へまをしく、「天《あま》つ神千五百万《ちいほよろづ》はしら、地《くに》つ神千五百万はしら、並《ならび》に当国に静まり坐す三百九十九社、及《また》、海神《わたつみたち》等、大神の和魂《にぎみたま》は静まりて、荒魂《あらみたま》は皆悉《ことごと》く猪麻呂が乞《こ》ひのむ所に依り給へ。良《まこと》に神《み》霊《たま》有らませば、吾に傷《そこな》はしめ給へ。ここをもて、神霊の神《くす》しきを知らむ」と。
④その時、須臾《しまし》ありて、和爾百余り、静かに一つの和爾を囲繞《かく》みて、徐《おもぶる》に率て依り来て、居る下に従《よ》りて、進まず退かず、猶し囲繞めり。その時、鋒を挙げて中央《まなか》なる一つの和爾を刃《さ》して、殺し捕ること已《すで》に訖《を》へつ。然る後に、百余りの和爾解散《あら》けき。
⑤殺割《さ》けば、女子の一脛《かたはぎ》屠《ほふ》り出でき。
⑥仍りて和爾をば殺割きて串に挂《か》け、路《みち》の垂《ほと》りに立てき。
〔⑦安来の郷の人、語臣与《あたふ》が父なり。その時より以来《このかた》、今日《いま》に至るまで六十歳を経たり。〕

（『出雲国風土記』意宇郡条）

ワニに喰われて死んだ娘の仇討ちをする父親の話である。そして、その行為は狂気に接近していながら、Aの話の父親の行為とはずいぶん違ったものになっている。それはたぶん、Aの話が当事者の家の外側で語られたものであり、近代の波をかぶった話であるのに対して、Cの話は猪麻呂の側から語られ、しかも古代の話でもあるわけで、語り手の立場と父親に対する幻想とに大きな違いがあるからであろう。両者の、〈父〉に対する幻想の差異は、Aの父親が熱湯を注ぐという「何の効も無」い行動しかとれないのに対して、猪麻呂が偉大な呪性をもち、娘の仇討ちを果たしたというふうな説話内容の違いとしてあらわれている。つまり、Cの話に描かれているのは、家を守る者としての父の呪性である。

そのことを論じるためには、この説話の構造と説話を支えている基層について触れておかなければならない。まず始めに、この説話の展開を要約すれば次のようになる（段落番号は引用文に附した番号と一致する）。

①毘売埼で猪麻呂の娘がワニに喰われた。
②娘を葬った浜辺で、父は、死を憤り嘆き続けて日を過ごした。
③ワニへの報復を決意し、神の加護を祈った。
④神の助力を得て娘を殺したワニを見つけ、殺した。
⑤ワニの腹を切り割くと娘の脛が出てきた。
⑥殺したワニを解体し、その肉を串に掛けて路傍に立てた。
⑦割注〔猪麻呂の素姓と経過した時間〕

文献に残された古代の説話のなかで、事実譚の構造をもっとも鮮明にもった話である。そのことについては別に論じたことがあり、[*3]すでに、本書で述べてきたこととも重なる問題なので簡略に記しておこう。

まず、日附が目につく。「飛鳥の浄御原の宮に御宇しし天皇の御世、甲戌の年七月十三日」だが、これを現実に事件の起こった日とみて、説話の成立年や伝承の確かさを論じてみてもほとんど意味がない。「飛鳥の浄御原の宮に御宇しし天皇」とは天武天皇のことで、「甲戌の年」とは天武三(六七四)年のことである。そして、この年は、現実に事件のあった年というのではなく、現実に起こった事件であるかのように語るために、説話的に選びとられた「時」だったと考えるべきである。つまり、『出雲国風土記』の成立した〈今〉＝巻末記によれば天平五年(七三三)二月三十日、からちょうど六十年溯ったところにある、説話における事実性を保証するために選ばれた年が「甲戌の年」なのである。

なぜそのように考えられるかといえば、「今に至るまで六十歳を経たり」という末尾⑦の割注に記す「六十年」とは、普通に経過した時間とは考えにくい年数だからである。あまりにも都合のよすぎる時間として六十年はある。それは、暦で、干支がちょうど一巡する時間で、五十年とか七十年とかいった時間とはまったく異質な、区切り目としての時間なのである。そうした「六十年」が、この話の事実性を支える年数として描かれることで、Cの説話は事実譚になっていったのである。

地名や人名が固有名詞によって語られているということも、説話の事実性を保証するための手法である。ことに、娘の父親である猪麻呂について、末尾の割注に、「安来郷の人、語臣与が父なり」と記しているが、それは、『出雲国風土記』の編纂者たちにとって、語臣与という人物が、同時代の、周知の人物であるかのような描き方であって、猪麻呂の実在性を保証しようとする態度がことさらに強いと言えるのである。そしてもう一点、殺したワニの腹を割くと「女子の一脛」が出てきたと語るのだが、そ

*3 三浦佑之「事実譚の方法——語臣猪麻呂」(三浦『古代叙事伝承の研究』勉誠社、一九九二年)。

れは、殺したワニが娘を殺したワニであるということを保証するための〈証拠〉の品であり、オクナイサマの泥の足と同じ役割を、説話的にもつものである。

こうしてみると、この説話が巧みな事実譚として構想されているということがわかるのだが、ここでは、この説話の基層にある問題について考えておく。

まず猪麻呂の娘だが、毘売埼で「逍遥《あそ》びて、邂逅に和爾に遇ひ、賊はれて皈らざりき」とあるが、古代の説話で「あそぶ」とあれば、神と遊ぶことだといってよい。そこから考えてゆくと、娘は、毘売埼と呼ばれる特別な岬（ヒメ＝乙女が神と交わるところ）で海の神＝ワニを迎え、その神と交わるという神婚神話が、この説話の基層にあったに違いないのである。それは、第一章に述べたこととも関連するのだが、基本的には始祖神話と考えられるものである。しかし、この説話は始祖神話にはならずに、一回的な事実譚に仕上げられてゆく。だから娘はワニに喰われるのであり、話は父親の復讐譚というかたちになってゆくのである。神婚の相手である神を殺したり、逆に、女が神に殺されたりするという展開が神婚神話のヴァリエーションであるという点についても第一章で述べた。

父は、娘の死を知り、激しく泣き哀しみ、憤り、それは何日経ってもおさまることがない。そして遂に「慷慨の志を興し、箭を磨き鋒を鋭くし」て仇討ちを誓うのである。それが父親としての義務なのだといってもよい。

以前、アメリカで娘を強姦し殺した男が逮捕され、警官に護送されるのを待ち受けていた父親が、その男をピストルで撃ち殺してしまったという事件が、偶然現場を写していたフィルムとともに紹介され話題になったことがある。そして、その時、殺人者である父親に対する共感が大きかったことを思いだす。おそらく娘（息子）を殺された父親のほとんどは、猪麻呂やアメリカの父親のように犯人を殺してしまいたいと思っているはずなのである。それが父親の役割なのだから。しかし、国家の法はそれを許さないし、ほとんどの父親たちは、その力を持っていないから、悔しい思いで警察や裁判所にその権限を委ねるしかない。

Cの話にもどっていえば、猪麻呂はワニを殺し、娘の仇を討つことができたのだが、その殺し方はかなり説話的である。それは、猪麻呂が巫者的な人物として描かれているということとかかわっていることに、③→④→⑤は、この説話の展開からみて、猪麻呂の呪力を語っていると考えなくてはならない。いうまでもなく、この説話の主人公は猪麻呂なのである。たとえば、復讐を決意して神に祈る猪麻呂が唱える祈願詞とその姿には、巫者的な性格が濃厚だし、その祈願の通りに、神の助力をえて娘を喰ったワニを見つけ出し報復したと語ることで、猪麻呂の巫覡としての力が明らかに示されるのである。

しかもその祈願詞をみると、他の神々はまとめて数字だけで示されているのに、「海神等」だけがことさらに唱え上げられていて、猪麻呂が「海神」にたいする巫性を強くもっていたらしいということがわかる。娘を喰ったワニは、海の神が人の前に現れる時の姿であり、娘は神話的にいえば、海の神と交わり神の子を生む巫女であった。その父親が海神に対する呪力をもつのは当然のことで、この説話の構造としては、娘を殺したワニ(＝海神)への仇討ちを、「和爾百余り」＝海神の援助によってなし遂げたというふうに読みとれる。どちらもワニ＝海神であるところに、神の二面性があらわれているとともに、海神に対する人間の側の幻想の歪みが現れているとみることもできよう。

こうしてみると、この説話の基層には神婚神話の要素があるとともに、一方で、巫者猪麻呂の巫覡としての力を強調した話であると考えてみる必要がある。つまり、シャーマンの霊威譚である。その点については、この説話の③〜⑤とほとんど同一の伝承が、マライの呪術者の間で伝えられているということによって裏付けることができる。

D　鰐の男巫《おとこみこ》は、鰐族をよび集め、その中から人間を食ったものを発見する能力ありと考えられておる。最近の実見者がこういう情景を予に物語ってくれた。一マライ人が、ラルトというところで鰐にさらわれて呑まれてしまった。ナコダ・ハッサンという字《あざな》の一呪術者が犯人を見出さんとし、普通の祭用米捏粉とサフロン米を河上にふりまき、声高に河中のあらゆる鰐族をよびよせ、表面にあらわれしめた。報告者は、八匹または十匹を下らぬ鰐が実際水面にあらわれたといっておる。呪術者は、これに罪ある一匹を除き、すべて水底に帰れと命じた。すると瞬時に、たった一匹の鰐だけが水上にのこった。これが屠殺され、腹を割かれ、中から犠牲となった不幸な人間の衣が発見された。

（松本信広『日本神話の研究』）

この話は、スキート『マライ巫術篇』の引用部分で、スキートに語ったという「実見者」がいかなる人物であるのかという点が明らかではないのだが、ほぼ間違いなく、シャーマンの霊威譚として語り継がれていた事実譚である。巫者が祈願してワニを呼び出し、最後まで残った一匹のワニを殺すと、その腹には〈証拠〉としての衣がある。先の『出雲国風土記』Cの話とほとんど同じ話である。

話の伝播を考える上でも興味深いのだが、ここでは、こうした様式化された伝承によって、ワニを祀るシャーマンの呪性は支えられているのだということに注目しておく。ただ、このシャーマンは依頼人のために呪術を行使しているわけで、Cのような、父親の呪性を語る話にはなっていない。つまり、Dの話は、「鰐の男巫」と呼ばれているように、ワニ（やはり海神か）を扱うシャーマンの霊威譚そのものとして語られている話なのである。それがCでは、父の復讐譚として個別化し、一回的な事件として語られている。

　Cの話についていえば、⑥の部分の、殺したワニを割いて串に掛け路傍に立てたという行為については、「見せしめの呪術」*4という考えもあるが、吉野裕が、「アイヌの熊狩り祭りのように、トーテム神としての動物を屠った場合の儀礼的措置をうかがわせるものがある。たんに見せしめのための行為ではなく霊魂の再生に関する呪的行為と見るべきであろう」*5と述べているのが当たっていると思われる。⑥が行為の叙述だけで、それに何の説明も加えてはいないのだが、それは、この行為が、人々にとって周知の事実だったからだと考えられるわけで、その内容からみて、定期的な祭式行為であったとみるのが自然だと思われる。たしかに、⑥の内容は、アイヌが、クマの霊を神の国に送るイオマンテ（クマ送り）において、儀礼的に屠ったクマの頭を二叉の棒（ユクサパオニ）に掛け、内臓などをイナウに包んでヌササン（幣棚）に立てるのと、たいそう似かよった行為である。*6そして付け加えれば、先の七月十三日という日附は、そうした海神祭祀にかかわる日だったといえるかもしれない。

　祭式的にいえば、猪麻呂が殺したワニは、彼らの始祖神として年毎の祭祀に招かれ、丁重に屠られ、その霊魂はまた海神の世界に送り返されるといった、語臣の一族の海神祭祀があり、そこでは、一族の

*4 小島瓔禮『風土記』（角川文庫、一九七〇年）三一六頁、補注。
*5 吉野裕『風土記』（平凡社東洋文庫、一九六九年）二〇八頁、補注。
*6 アイヌ文化保存対策協議会編『アイヌ民族誌』（第一法規出版、一九六九年）下巻、五四頁以下「イオマンテ（くま送り）」の項、伊福部宗夫『沙流アイヌの熊祭』（みやま書房、一九六九年）八七頁以下、など。また、アイヌには海の動物の霊送りもあり、クマと同じような解体（屠り）と送りの儀礼を行うことを藤村久和が報告している（「アイヌの海獣狩猟における霊送りについて」『どるめん』六号、一九七五年六月）。

娘にかかわる始祖神ワニとの神婚神話が、一族とその祭祀の起源神話として語られていたのであろう。そうした血縁的・共同体的な紐帯が、内的・外的な要因によって呪縛力を弱め、その紐帯に歪みが生じてきたとき、神話は変貌してゆくことになるのである。Cの説話はそうした段階の説話として読める。家を守るものとしての父親の呪性がことさらに強調して語られてゆくのは、そのためだ。歪みを生じた家は、父の力によってのみ守られてゆく。猪麻呂の狂気に近い呪性はそのようにして語りとなっていったのだとみればよい。

語臣という一族は、その名が示しているように、聖なる「語り言（カタリゴト）」を伝承する一族で、たぶん出雲国の支配者である国造出雲臣に隷属する語り部集団であり、海浜に居住し海神祭祀をもつことからみて、漁撈民でもあったと考えられる。あるいは、同じ意宇郡の条に載せられた「国引き詞章」なども、彼らの伝承していた詞章だったと考えられるかもしれない。石母田正が述べているように、「国引き詞章」には漁業労働に基を置いたと考えられる部分があり[*7]、それは、語臣一族のこうした立場を反映したものともみられるからである。

古代の語り部とは、神話や伝承をただ語り伝えるという役目だけをもっていたのではない。「語り言」を伝えるのは聖なる行為であり、第一義的には祭祀のなかにおいて行われるものだったはずである。つまり、語り部である語臣猪麻呂という人物は祭祀にかかわるシャーマンの一族であって、ただの男ではない。だからこそ、彼の呪術的な行為は単なる〈狂気〉にはならずに、娘の仇討ちを可能にする力として働いたのである。

三　娘の腕を斬り落とす父親

遠野という村落の、しかも近代という波をかぶってしまった、不安定な状態におかれた村落の、ひとりの父親の行為が狂気を孕んでしまうということは、彼が猪麻呂ではない以上当然の結果であった。Aの狂気は、呪力をなくした父親の、精一杯のふるまいなのである。しかし、それが、熱湯を注ぐといった意味不明の行為であるというところには、入水した娘の父親が巫者的な存在であるということの残滓を漂わせているとみることもできるかもしれない。神に魅入られる娘をもつ家は、第八章で論じた河童の子を生む家が二代や三代の因縁ではないと語られていたのとおなじように、神に繋がる血筋の家であるに違いないのだから。

ただし、このように説明したとしても、『遠野物語』に描かれた父親の行動は無力なものでしかなく、その振舞いは狂気以外の何物でもない。しかし、往々にして、家を守るべき存在である父の行為は、こうした狂気を孕んだものとして語られてゆくのである。たとえば、継子譚のひとつ「手無し娘」の発端を、次のように語る昔話がある。

E　まづ或ところに仲の好《え》、夫婦《つれ》があつて、お春コづ可愛け一人娘まであつたが、お春コが四つの時《づき》、

＊7 石母田正「古代文学の成立の一過程――出雲国風土記所収『国引き』詞章の分析」（『文学』一九五七年四、五月　のち、『日本古代国家論・第二部』〈岩波書店、一九七三年〉所収）。なお、以前、「国引き詞章」の表現を〈語り〉の表現形態という面から、〈神語り〉として考えたことがある（三浦「神語りと昔語り」〈三浦『古代叙事伝承の研究』＊3同書〉）。

可哀《むぞ》やお母《が》さまが不図した患ひが原因《もと》で、草葉のかげの人とはなつた。

そのあとは後添が来たども、後添にして見れば、継子のお春コが憎げくて憎げくてならなかつた。どうにかして亡いものにしたい、亡いものにしたいと思つてゐたが、もともとお春コは賢《さか》しい娘《こ》だつたので、その機会《づき》とてもなかつた。

「憎《に》げじえ、憎《に》げじえ」と思つてゐる中に、月日の経つものは早いもので、一年二年とくらしてはや、お春コも花コならば蕾の十五の春ば迎えた。その娘《あね》さまぶりどいふものは、言葉にも絵にも描げないほどのもので、美しいどもなんともたとえがたなかつた。そうなればなるで、継母はそれがまた苦になつてならなかつた。

「はても憎い娘《がぎ》だじえ。なじよにして呉《け》べ」と、日夜夜毎に考へ抜いた末、あるづきお父さまさ、「お父《ど》さましお父さまし、おらはどうにも賢しいお春コどいつしよでは、つとめかねますけに、お暇ば呉《く》なんせ」ど、ざんそばした。ところが、どこまでも継母にまがれでゐるお父さまは、「お母やお母や、案じこどしもさな。今にお春コば、木割りコ（まさかりの小さなもの）で殺して呉るがら」ど、一も二もなく罪《とが》もないお春コば、殺す気になつてしまつた。

あるづき、「お春コお春コ、祭りコ見さあべ（行こう）」どお父さまはお春コさ今まで着せたこともないてんきり（とび切り）いい着物《べべこ》ば着せて、祭見さ出かけた。その日は、なんともいい日和で、いづにないお父さまの誘ひにお春コは、気も浮き浮きど出掛けた。ところが、祭りさ行くといふのに、山さ山さと這入つて行くのでお春コは、不審たてて、「お父さましお父さまし、お祭りは何処にあるのす」ときくど、「二山越えて二山越えた大きな城下の祭見さ」と、お父さまは先さ立つて、山奥さ山奥さど行つたど。そして、二山目の谷間コさかかるど「お春コや、昼飯《ひり》にしべやな」ど、もつてきた握飯ば出して、お父さまどお春コどして、食べた。食べてるうちにお春コは、あんまりくだびれたので、眠ぶかき（居眠り）ば初めた。そればみるなりそらこの時だとお父さまは、腰にさしてゐた木割りコで、お春コの右腕《みぎりげんな》から、左腕《ひだぬけんな》まで、べらり切り落して、泣き叫ぶお春コばその場に残して、山ば下つてしまつた。

「お父さまし、待つて呉で……。お父さまや、痛いじえ」ど、お春コは血ぐるま泥ぐるま（血まみれ泥まみれ）になつて、かけては転び、転んでは起きたども、応《いら》えるものは谷間の山彦《こだま》ばかりであつた。

〔この後の展開を要約すると次のようになる――手を斬られた娘は、通りかかった和子様《わごさま》（若様）に助けられ、結婚し幸せになるが、若様が江戸に行っている間に子供が生まれ、その連絡に遣わされた飛脚が往復の際に、そうとは知らずに継母の家に立ち寄り、手紙の内容を書き変えられたことが原因で、子を背負って夫の家を出されて乞食のような生活を送っている。あちこち放浪し、ある時、のどが渇いたので水を飲もうとして川に屈むと、背中の子がずり落ちそうになる。腕のないのも忘れて必死に手を出して助けようとすると不思議にも両手が伸びて元の姿にもどり、後には、妻子を探しにきた夫とも再会して幸せな生活を送ることになった――〕

（平野直「南部昔話抄」4）

かなり長く、整った語りをもつ「手無し娘」だが、この話型は『グリム昔話集』にも収められており、あるいは外国種の昔話なのかもしれないが、日本での採集例もかなり多い話である。

継子の手を切り落とすのは、継母や家来であると語る場合が多いが、この話では、その役割を父親が果たしている。それによって、実の父親にも見捨てられて追い出される継子の不憫さが倍加され、残酷性も強くなって、話としては面白く仕上がっているとみることができる。そして、なぜ、実の父にそうした残酷な役割が与えられてゆくのか。

この話では、かわいく成長した継子を憎む継母が、お春とは一緒には暮らせないから暇をくれ、と言う。すると父親はみずから、「お母やお母や、案じこどしもさな。今にお春コば、木割りコで殺して呉るがら」と、「一も二もなく罪もないお春コば、殺す気」になってしまうのである。なぜ、そんなに簡単に、継母の側につくのかということを説話構造の面から説明すれば、父親は継母と一体化された存在だからである。

継母対継子という様式化された対立のなかで、父親はどちらかの側につくことでしか、説話においては居場所を与えられない。口誦説話は、一対一の対立的構造によって語られてゆくという様式をもつからである。[*8] そしてその時、父親は、家を追放される者の側にはつけないのである。なぜなら、父は、家を守るべき者としてしか存在しないのだから。

新しく迎え入れた妻（娘にとっては継母）がいかなる存在であろうとも、父がその女を家に迎えることによって、家は守られてゆくのだから、新しい妻を手放すことなどできない。新しい結婚は新しい子供を生み（Eでは語られていないが、ほとんどの場合、継母と父との間には子供が生まれたと語っている）、そちらの側に家の血筋は継がれるべきだから（そうでなければ、後妻を迎える必要はない）、先妻の子（継子）は、家にとって必要のない子供になってしまうのである。[*9]

継子を家に置くことは、家の血筋や歴史を危うくさせてしまう。だから、その子を追い出すというのは、継母の意志であると説話では語られてはいるが、じつは、家を守る者としての父親の立場そのものでもあるということになる。継子に対する、この、父親の残虐なふるまいは、家を守る者の狂気としてみれば、『遠野物語』の、淵に熱湯を注ぐ父親や、河童の子を斬り刻む父親と等しいレヴェルにあるということである。

最後につけ加えておけば、継子はなぜ「手（腕）」を斬られるのかといえば、手は肉体から突出した部分であり外界とかかわる上で無くなるともっとも不便なものだからというだけではなく、「手を切る」ということばが、人間の関係性を断つ、という意味に通用するからである。だから、この継子は、肉体としての「手」を無くすとともに、父と子との血縁的な関係性を切られるのである。[*10]それゆえに、Eの話の結末で、新たな「手」を回復した後に離別を強いられていた夫と巡り会うことができたと語るのは、「手」を斬られることによって家族を欠如させられていた継子が、新たで幸せな〈家族〉を回復したのだというふうに読むことができるのである。

＊

巫性を無くした父親が家を守ろうとする時に、狂気に満ちた振舞いこそが家を守るすべての力であった。だから、守る家さえもなくなってしまった今の父親は、やさしくなるしか術がないということなのである。

*8 西郷信綱が、「登場人物は一場面二人というのが、古代の作品または民間文芸をつらぬく法則のごときものではなかったか」と述べているのが参考になる（『古事記注釈』第二巻〈平凡社、一九七六年〉九七頁「補考――登場人物の数について」の項）。

*9 継子と家族については、三浦佑之『昔話にみる悪と欲望』（新曜社、一九九二年）で論じた。また、古代の家族については、三浦『平城京の家族たち　ゆらぐ親子の絆』（角川ソフィア文庫、二〇一〇年）で私の見解を述べている。

*10 河合隼雄は、「手を斬られることは、縁を切られることを意味する」と述べている（『昔話と日本人の心』岩波書店、一九八二年、二〇七頁）。

第III部　『遠野物語』の深みへ——『村落伝承論』拾遺

一九一〇年に刊行された『遠野物語』はさまざまな事情を抱えながら、一九三五年に本篇の三倍ちかい分量の拾遺を加えて再刊された。その二十五年間にいかなる成長があったのか。少なくとも、口承文芸研究が飛躍的に進展したのははっきりしている。

わが『村落伝承論』も、二十七年のときを経て拾遺を加える。そのむかし、『遠野物語』から村落の伝承を読むと言挙げしながらどこまで読めていたのか、はなはだ心もとない。そして、今ここに拾遺を加えようとすると、よけいに忸怩たる思いがつのる。しかし言い訳はすまい。

柳田国男は、なぜ遠野へと向かったのか。いかなる構想で話群は並べられているのか。『遠野物語』の基調として流れる、失われた魂はどのようにあるのか。継子や小鳥や動物たちとふれあいながら、累積する死者たちを拾い上げようとしたが、さて、いかがか。

遠野という土地は、柳田国男あるいは日本民俗学にとって約束された土地だったのではない。明治四十一年（一九〇八）の冬、佐々木喜善という若者を介して、ふと引きよせてしまった偶然の土地であった。しかも、この時期を措いて、遠野が他の山村から抜きんでて特権化される契機はなかったし、『遠野物語』が成立する機会もなかったはずだ。そして、遠野を引き寄せた理由はただ一つ、同じ年の夏、椎葉（那須）と呼ばれる日向の山村が柳田国男を牽引してしまったためである。

日本民俗学の創建というがわから言えば、この、『後狩詞記』（明治四十二年三月）と『遠野物語』（同四十三年六月）とに結実する体験が、柳田国男を目覚めさせたことになる。しかしそれは、かつてロマンチスト松岡国男が、「いざ今いち度かへらばや、うつくしかりし夢の世に」（「夕ぐれに眠のさめし時」）と歌ったような朦朧とした覚醒であり、しかもそれは、産業組合を普及させ二町歩の田を持つ独立自営の農家「中農」の実現を説き続けていた「近代合理主義的な発想」[*1]をもつ農政官僚＝学者としての柳田国男が眠りに落ちてゆくのを代償とした目覚めでしかなかった。そして、この曖昧な覚醒から柳田が今いち度目覚めた時、「自立した、全体概念」として「特権的な座」をもつ〈常民〉[*2]が姿をあらわすことに

＊1　岩本由輝『論争する柳田国男』（御茶の水書房、一九八五年）。

なったのである。

つまり、『後狩詞記』『遠野物語』に始まり『山の人生』（大正十五年十一月）によって終息する初期柳田国男の山人論の営みは、覚醒による入眠というありえない状況のなかでなされたものであった。ただ、この時たしかに柳田国男は目覚めたのであり、その証拠を、明治四十一年という年にさまざまに刻みつけている。ここでは、その痕跡を追いながら、柳田国男の軌跡の一端を辿っておきたい。

一　農政学から民俗学へ

明治三十三年（一九〇〇）に農商務省の役人となって以降の柳田国男の著述を眺めてゆくと、明治四十一年を境に、その前と後とでは大きな変化が見てとれる。前半のそれは農政学と産業組合関係の論文がほとんどで、柳田の意志は確固として「中農」養成に向いていた。たとえば『定本柳田国男集』と藤井隆至編『柳田国男農政論集』[*3]に収録された明治四十年発表の論文と講演を列挙すると、「樺太雑談」「農業用水ニ就テ」「小作料米納の慣行」「農業組合論」「日本に於ける産業組合の思想」「地方の産業組合に関する見聞」「箱根の山中」「蚕業の一本山たる高山社」「保護論者が解決すべき一問題」「農業政策」といった題名が並ぶ。それに対して、翌四十一年には、「土地と産業組合」「肥後の民風」「地価高きに過ぐ」「天草の産業」「九州の水利事業」が、四十二年には、「町の経済的使命」「天狗の話」『後狩詞記』「九州南部地方の民風」「島々の物語」「農業経済と村是」「木曾より五箇山へ」「山民の生活」「潟に関する連想」が発表されている。

四十一年を境に農政関係の論文が少なくなり、「民風」「生活」などという表題からも窺えるように、後に確立される日本民俗学に繋がる論文が姿を見せ始めていることに気づく。そこにどのような契機があったかといえば、間違いなく、この年の五月二十四日から九十日間にも及ぶ九州・四国への視察講演旅行の途中に接した九州各地、とくに阿蘇山麓・天草・五木・椎葉の人々の生活であった。

この、五月二十七日に博多に到着し、長洲（宇佐市）を離れて広島に向かう七月二十六日までの二ヶ月間の九州一周の旅については不明な部分が多かったが、先年、その行程をびっしりと書き記した田山花袋宛の絵葉書（七月三十一日、松山の消印がある）が公開されたおかげで、詳細にその足取りを追うことができるようになった。[*4] そこで判明した行程に、『柳田国男農政論集』に収録された諸論や『後狩詞記』序などを重ねてみると、明治四十一年に生じた柳田国男の変貌とその理由はかなり鮮明に浮き上がる。端的にいえば、柳田は九州で体験した「民風」に戦慄したのである。

最初の驚きが旅の始まりに訪れたらしいということは、柳田がまだ九州を旅行中の七月に雑誌発表された「肥後の民風」（『斯民』三編五号、『農政論集』所収）によって推察できる。この文章は五月三十日と六月三日の日付をもつ二通の書簡からなるが、「筑後八女郡の山間、黒木町より一書を呈し候」と書き出された前半が、博多から久留米を経て黒木（福岡県黒木町）までの、筑後川両岸の土地利用の進捗状況・耕地整理・流通・産業などを農政官僚の目を通して報告するのに対して、阿蘇山北麓の宮地（熊本県一の宮町）に二日間滞在した後に、南麓の戸下温泉（同、長陽町）に宿泊した六月三日付の書簡は興味深い

＊2 赤坂憲雄『山の精神史　柳田国男の発生』（小学館、一九九一年）。
＊3 藤井隆至編『柳田国男農政論集』（法政大学出版局、一九七五年）。
＊4 館林市教育委員会文化振興課編『田山花袋宛柳田国男書簡集　田山花袋記念館研究叢書　第一巻』（館林市、一九九一年）。

内容を含んでいる（行程と宿泊地は花袋宛の絵葉書による）。

阿蘇山下より一書奉呈候、筑後川低地の民生を見たる後阿蘇の高原に入るときは、殆コントラストの耳目を驚かするもの有之候。（略）土地利用の進歩せさること此の如くに候へ共、小生が観る所之にも亦言ふべからざる妙味これあり、古日本の風気精神の猶此山間に存するあるは全く右主畜農業一毛作農業と相関聯するかと存候。（略）勿論此の如き粗暴耕作の永続すべからざるは明白に候へ共、願くは統一に過ぎたる行政方針を以て平地の標準を適用し急激なる経済組織の動機を引起さぬやう致度候。

ここには、農政官僚・柳田国男の理想とする農業とはかけ離れた山間の生活への驚きが率直に述べられている。しかも、その後進性が「妙味」であり「古日本の風気精神」の残存かもしれないと考え、画一的な改革に危惧を表明するのである。「平地」を立脚点として農業政策を考えていた柳田にとって、この宮地での体験は、自らの農政学に疑問を抱き、山民の生活に目を向ける最初の契機を与えたという点できわめて重要だといえよう。

そして、次いで訪れた天草地方（花袋宛絵葉書によれば、六月六日に熊本から本渡に入り下津深江・牛深・本渡と廻って十日に対岸の三角町に向かう）でも同様の体験をしたことが、「天草の産業」（四十一年十月、『斯民』三編八号、『農政論集』所収）という報告に記されている。

「人口は二十万人あつて、其内五万人は外国へ出稼をして居るから、外より入る金銭は中々多い。然し島民の生活程度は甚だ低くて、労働は中々烈しくやつて居る。其割合には富んで居らないが、幸福な島であります」という屈折した文章に続けて、見聞した島の産業や宗教・習俗にふれながら、次のような文章で締め括っている。

是等の習慣が、今日の如き極めて新しい文明社会の風俗と併存して居る状態は、到底単純なる法則の下に、社会の行動を律し様とする書生の想像には及ばない所かと思ふ。

宮地での体験を踏まえれば、ここに言う「書生の想像」のなかに、柳田自身の立場が籠められているのは疑いようがなかろう。従来、熊本の阿蘇男爵家で下野の狩の絵を見て心を動かされたり、旅行中に親友国木田独歩の死を知って感傷的になったりしたことが、柳田の椎葉行の原因だと説明されているが[*5]、それらには、椎葉行と直接に繋がるような大きな意味があったとは考えられない。

とり立てて用のない日向の秘境に柳田を向かわせたのは、阿蘇の宮地や天草での「書生の想像には及ばない」見聞によって、「平地」の民とはちがう人々の生活があることを知り、それに柳田が吸引されてしまったからである。そして、この旅は、貧しい農民を救うはずの農政学を問い直すものにもなった。

二　椎葉への旅

椎葉滞在中の柳田の足跡については、「私は椎葉の山村を旅行した時に。五夜中瀬君と同宿して猪と

*5　柳田国男研究会編『柳田国男伝』(三一書房、一九八八年)。

鹿との話を聴いた。大字大河内の椎葉徳蔵氏の家に泊った夜は。近頃此家に買得した狩の伝書をも共に見た」という『後狩詞記』序の文章や、宮本常一が村長・中瀬淳《すなお》から聞き採ったという白足袋を履いて峠を登ってきた入村時の様子、*6 後年の柳田自身の回想など断片的な資料に頼るしかなかったために、あいまいな部分が多く誤解も生じることになった。

たとえば、ほとんどの伝記・年譜の類には椎葉村の嶽枝尾（現、竹枝尾）にあった中瀬淳宅に五泊して村内を廻ったと記述されており、同宅前には今、「民俗学発祥之地」という記念碑も建てられているが、花袋宛絵葉書によって、その誤りが明白になった。そもそも、中瀬宅に五泊したのなら、序の「中瀬君と同宿して」という表現は奇妙なものになるが、実際は、中瀬宅には一泊もしていなかったのである。

十二日　神門　？　〔現、宮崎県東臼杵郡美郷町南郷神門〕
十三日　椎葉山中松尾村松岡久次郎
十四日　〃桑弓野、黒木（郵便局）
十五日　同大河内　椎葉徳蔵
十六日　〃不土野　那須源蔵
十七日　〃桑弓の　郵便局
十八日　〃椎原　那須鶴蔵
十九日　馬見原　八田氏〔現、熊本県上益城郡山都町馬見原〕

宮崎市から海岸沿いに北上した柳田は、日向市から南郷村をぬけて、七月十三日に椎葉村の東南の入口中山峠で村長以下村人たちの出迎えを受けて村に入り、村内各集落の民家を中瀬村長とともに泊まり歩き、十九日に、北の境界国見峠を越えて出ていったのである。宿泊先の地名を辿ると、広大な椎葉村の全域に足を運んでいるのがよくわかる。そして、その六泊七日の椎葉滞在中、柳田は、村人たちに会ってオコゼの話など狩猟に関する習慣や焼畑に関する話、あるいは地名や土地の言葉を聞き歩き、序にも記されているように「狩之巻」という古文書を見たりするのである。その具体的な内容は、『後狩詞記』序や「九州南部地方の民風」と題された報告（明治四十二年四月、『斯民』四編一号、『農政論集』所収）によって確認することができる。

そこには、九州に入った直後の阿蘇高原で感じたと同様の驚きが語られ、「平地人」「山民」「異人種」という、以後十数年にわたって展開される山人論の主要語彙が初めて登場する。[*7] そして、平地人とは違う土地所有の形態や焼畑を論じながら、その山村の生活を、「富の均分といふが如き社会主義の理想が実行」された「『ユートピヤ』の実現で、一の奇蹟」だと賞賛し、土地に対する山民の思想を語るのである（「九州南部地方の民風」）。このいささか大袈裟な物言いには、柳田が理想として掲げていた「中農」とはまったく別個の、山民の充足した生活への素直な驚きと戦慄が示されているとみてよい。

また、この論文末尾の、平坦地のない椎葉において「傾斜地に所々水田を作つて」いることにふれながら、「経済学以外の理法でなくては、之を説明すること」ができないとか、「山地人民の思想性情を観察しなければ、国民性といふものを十分に知得すること」ができないという発言も、日本民俗学の創

*6 宮本常一「柳田国男の旅」（牧田茂編『評伝柳田国男』（日本書籍新社、一九七九年）。
*7 柳田国男の山人論については、赤坂憲雄『山の精神史　柳田国男の発生』（＊2同）参照。

設へと向かう柳田国男の軌跡を考える場合に重要である。柳田の発想の根底に、国民＝平地人（農民）という認識が確固として存したということが明白になるからである。そして、その点からいえば、後年の山人論からの撤退は、平地の民のための農政学から出発した柳田国男にとって必然的な道筋だったのではないか。それは、撤退というより農政学から民俗学へと回帰するための通過儀礼であった。そして、試練を通過することによって、農民は常民へと姿を変えたのである。

三　『後狩詞記』と『遠野物語』の成立

長い旅から帰った柳田は、機会あるごとにその見聞を人々に聞かせたらしいが、その一人に水野葉舟もいた。明治四十一年十月二十六日のことである。そして、葉舟が東北の山村遠野に生まれ育った佐々木喜善を柳田に紹介することになり、初対面の十一月四日から聞き取りが始められ、翌年二月頃までの五、六回の対面を通して、『遠野物語』に収められた話のほとんどが聴取された。しかも、うち三回は十一月に集中しており、この時期の柳田が、喜善の語る伝承世界にいかに強い興味を抱いていたかがわかるのだが、この執心は、衝撃的な椎葉体験を抜きに説明することは不可能である。時期の重なりからみても成立の事情からみても、『後狩詞記』と『遠野物語』との二書はまさに双子として誕生した。

そもそも両書は、序・本文・古文書を並べるという全体の構成からして、たいそう似かよっている。本文は、『後狩詞記』が中瀬淳の手になる「土地の名目」「狩ことば」「狩の作法」「いろいろの口伝」と題された四章と柳田の付した注からなり、『遠野物語』は佐々木喜善の語った遠野地方の民譚百余話と柳田の注からなる。内容は大いに違うように見えるが、ともに山民の生活に根づいたものだという点で一致している。

また、唐突とも思われるかたちで、『遠野物語』の末尾に「獅子踊に古くから用ゐたる歌の曲」（明治四十二年八月に柳田が遠野を訪れた折に筆写した土地の古文書）を掲載するのも、『後狩詞記』の附録「狩之巻」と体裁を合わせるためだったと考えれば納得できる。そして、両書ともに長い序の後ろに自作の短歌一首を添えるが、これも、この二書が一対であるということを暗示する。

すでに、『遠野物語』の成立については、水野葉舟の証言や遺された初稿本などによってさまざまな指摘がなされているのに、『後狩詞記』については、序やのちの回想「予が出版事業」（昭和十四年十二月、定本23所収）を引いて断片的に論じられる程度であった。ところが、牛島盛光によって紹介された中瀬淳宛の柳田国男書簡により、本文と「狩之巻」の入手過程が明確になった。

柳田国男が六十日にわたる九州・四国への視察旅行から帰京して二ヶ月後、十月二十五日付の中瀬淳宛書簡によると、「山中の地名」や「猪狩の慣習」は貴重なものだからぜひ集めて置きたいので、「何とそ御ひまに御心掛御集め被下、可成ハ画又ハ文字にて詳しき御説明を御附被下度候」と懇請し、「椎葉徳蔵君宅にて見たる狩の儀式を記せる巻物を細読」しなかったのを残念がっている。そして、翌四十二年一月八日付の書簡には、「偖御面倒なる御依頼快く御承引被下候上、猶大河内椎葉氏所蔵の文書小生一見の砌ほしがり候事御記臆被下、併せて御写取御送給ハり候段御礼申上候」とあり、続いて、二月十

*8 『遠野物語』には毛筆の初稿本や印刷原稿、ゲラ刷りなどが遺されており、現在、遠野市立博物館に所蔵されている。その所蔵の経緯などについては、本章末に掲げた「追記」及び「付記」を参照願いたい。

*9 牛島盛光「幻の『後狩詞記』——柳田国男の手紙は語る」（『ちくま』一九九〇年一月号）、同『日本民俗学の源流——柳田国男と椎葉村』（岩崎美術社、一九九三年）。

三日付書簡では、「さて過日の御書き物ハあまり面白く候故、少部数を印刷して珍を友人と分つつもり目下活版所に托しをり候所、更ニ追加を得是亦大よろこひに候　雪解の頃ハ小冊子御送可申」と記している。

この三通の書簡から想像すると、柳田の要請に応じた中瀬淳は、『後狩詞記』の本文にあたる椎葉民俗誌を書き上げ、自ら筆写した「狩之巻」を添えて、四十一年末か正月早々に柳田の元に送ったのである[*10]。その中瀬の文章に注を加え、末尾に附録として「狩之巻」を添え（巻末に「……伝写本一本謹写訖」という奥書と明治四十二年二月二日の日付と柳田国男の署名がある）、十段からなる長い序（二月一日付）を書いて一冊の書『後狩詞記』にまとめ上げた。おそらく、校正の際に追加原稿も加えられただろう。

『後狩詞記』も『遠野物語』も、純粋に柳田自身の手になる文章と言えるのは、序と本文に付されたわずかな注だけである。そして、分量こそ違うが、その序もまた両者は双子のように接近した内容をもつ。自分の見聞した椎葉と遠野の風景や生活を描きながら出版の意義にふれた内容だが、柳田がもっとも強調したかったのは、次のような部分であろう。

> 茲に仮に「後狩詞記」といふ名を以て世に公にせんとする日向の椎葉村の狩の話は。勿論第二期の狩に就ての話である。（略）然るに此書物の価値が其為に些しでも低くなるとは信ぜられぬ仔細は。其中に列記する猪狩の慣習が正に現実に当代に行はれて居ることである。自動車無線電信の文明と併行して。日本国の一地角に規則正しく発生する社会現象であるからである。（略）私は此一篇の記事を最確実なるオーソリテイに拠つて立証することが出来る。何となれば記事の全部は悉く椎葉村の村長中瀬淳氏から口又は筆に依つて直接に伝へられたものである。
>
> （『後狩詞記』序）

此話はすべて遠野の人佐々木鏡石君より聞きたり。昨明治四十二年の二月頃より始めて夜分折々訪ね来り此話をせられしを筆記せしなり。鏡石君は話上手には非ざれども誠実なる人なり。自分も亦一字一句をも加減せず感じたるまゝを書きたり。（略）
思ふに此類の書物は少なくも現代の流行に非ず。（略）況や我が九百年前の先輩今昔物語の如きは其当時に在りて既に今は昔の話なりしに反し此は是目前の出来事なり。（略）要するに此書は現在の事実なり。単に此のみを以てするも立派なる存在理由ありと信ず。
（『遠野物語』序）

この『遠野物語』序の、「鏡石君は話上手には非ざれども誠実なる人なり」や「自分も亦一字一句をも加減せず」という文章が、グリム兄弟の『グリムの昔話』（童児及び家庭の説話）第二版に添えられた序文の趣意をとりこんだものだという岩本由輝の指摘は興味深い。[*11] そして、それと同様の方法は、「最確実なるオーソリテイ」「記事の全部は……村長中瀬淳氏から口又は筆に依つて直接に伝へられたもの」という表現で、『後狩詞記』序にも見出せるのである。これらは明らかに、本文の事実性・信憑性を強調するためのレトリックだと言えるだろう。中瀬や佐々木の人柄が実際にどうであったかということとは別に、語り手としての二人は、誠実で確実な人物でなければならなかったのである。
もう一つ、両方の序に強調されているのは、現在性という点である。「現実に当代に行はれて居る」

*10 中瀬淳が柳田国男に送った資料は、現在一括して成城大学柳田文庫に所蔵され、複製が『諸国叢書　第二輯』（成城大学民俗学研究所、一九八五年）に収められている。
*11 『柳田民俗学と天皇制』（吉川弘文館、一九九二年）。

「規則正しく発生する社会現象」（以上、『後狩詞記』序）「目前の出来事なり」「現在の事実なり」（以上、『遠野物語』序）といったことばは、「それらがともに現在という時間のなかに生起する習俗であり、民譚であること」[*12]を確認するために必要だった。そこから言えば、柳田の視線は現在にしか向いていないということになる。つまり、農政学という現実の社会に向き合った地平に立ち続けていた柳田国男の方向性は、椎葉に出会っても遠野の民譚を聞いても変わることはなかったということを示している。少なくともこの時点では、『遠野物語』は文学などではありえなかったし、「山人」は今まさに実在する者でなければならなかったのである。

＊

『遠野物語』序には、「願はくは之を語りて平地人を戦慄せしめよ」という、よく知られた言挙げがある。そしておそらく柳田国男こそが最初に戦慄した平地人であった。またそれは、巻頭の献辞「此書を外国に在る人々に呈す」とも呼応している。柳田は、心を外《と》つ国に向けた「書生」＝平地人たちに、「文明」とは別のもう一つの〈今〉を呈することによって、近代を撃とうとしたのである。

まちがいなく、柳田国男にとって宮地や天草や椎葉での体験は戦慄だった。遠野の民譚を聞いた柳田が、公務としての講演や視察とはかかわりなく、自らの意志で遠野の地に足を運んだのも、『遠野物語』出版の準備作業というよりは、九州での衝撃を追体験するためだったはずである。[*13]

ところが、柳田が目にした遠野は、山深い椎葉とはちがって、豊かに水田の広がる賑やかな町であった。たぶん、佐々木喜善の語った山人の世界とはいささか異質に見える盆地を、平地人・柳田国男は複雑な感情をまじえながら眺めていたのではなかったか。

【追記】「初稿本『遠野物語』公開への期待」（「読売新聞」一九九一年六月十三日夕刊）

民俗学研究の端緒をひらき、今も多くの人々に愛読される柳田国男『遠野物語』が刊行されたのは明治四十三年（一九一〇年）であった。その『遠野物語』に、活字化された作品とは別に、柳田が毛筆で書き記した初稿本『遠野物語』が存在し、それが柳田と親しかった長野県の郷土史家、池上隆祐氏の手元に所蔵されているということは研究者の間ではよく知られていたが、今まで一般に公開される機会はなかった。それが、読売新聞（一九九一年五月九日夕刊社会面）にも報道されていたように、池上氏の死去にともない、「研究に役立ててもらおう」という夫人の意思で遠野市立博物館に先月十日寄贈され、先ごろそれを記念した特別展示が行われた。

博物館のガラスケースには、毛筆で書かれた初稿本二冊が、同時に寄贈された印刷用ペン書き原稿一冊、朱の入った校正刷一冊とともに並べられていた。ペン字原稿のインクはすでに色褪せて八十年の歳月を感じさせたが、和紙に書かれた初稿本は墨跡も鮮やかで紙にはしみもなく、池上氏がいかに大切に所蔵されていたかがよくわかって感嘆するとともに、貴重な資料が公の機関に寄贈されたことを心から喜んだ次第である。しかも、そこは『遠野物語』の発祥の地であり、もっともふさわしい落ち着き場所を得たといえるだろう。

この作品は、岩手県遠野に生まれ育った民俗学者、佐々木喜善が語った伝承を柳田がまとめたもので、

＊12 赤坂憲雄『山の精神史』＊2同書。
＊13 この明治四十二年八月の遠野行については、遠野常民大学運営委員会編『柳田国男の遠野紀行——遠野フォークロア誕生のころ』（同運営委員会、一九九二年。のち、高柳俊郎『柳田国男の遠野紀行』三弥井書店、二〇〇三年）に詳しい。

そこには、後の昔話集では拾われることの少ない世間話やうわさ話を含めて、遠野とその周辺の村々に伝えられていた山男や山女への恐れなど、明治末期の村人の生活や心情を理解する上できわめて貴重な伝承百十八話が収められている。

ところで、『遠野物語』の価値は、民俗学や昔話研究の資料として重要であるばかりでなく、文学作品としても想像力を刺激する魅力を秘めているという点にある。すでに早くからその簡潔で的確な文体と文章力は高く評価され、三島由紀夫も、「『あ、ここに小説があつた』と三嘆これ久しうした」(「小説とは何か」)と、その衝撃を語っている。

こうした文体をもつ『遠野物語』は、遠野に伝わる話を聞いたままに記録したのではなく、詩人でもあった柳田国男がかなり大幅な推敲を加えてなったものらしい。ただし、そのことを批判的にいえば、『遠野物語』は学問的な資料としてはかなり危うい部分を抱えているということにもなる。そして、多くの研究者がその公開を心待ちにしていたのは、初稿本の内容や文章が、現行の活字本とは大きく違っているとみられるからである。

すでに初稿本の一部は昭和十年に出た『遠野物語・増補版』の巻頭に写真で掲げられており、それを見た桑原武夫は、「その微妙な推敲のあと」に驚きと賞賛を惜しまなかった(岩波文庫『遠野物語』解説)。また、池上氏に許されてその全体を確認した柳田の研究者・小田富英氏は、活字本と初稿本との文体の違いや事実への配慮などについて報告しており(『国文学』昭和五十七年一月号)、両者の差異のおおよそを知ることはできる。そして、おそらく初稿本は佐々木の話を聞きながらとったメモを整理して書き直したもので、それはすでに柳田の推敲を受けた後のものだが、初稿本の全容が一般に公開され活字本との異同を厳密に検討することができるようになれば、今までは公開されたごく一部をとり上げて評価されてきた柳田国男の文学的な「推敲のあと」がどの程度認められるのか、あるいは佐々木喜善の語った遠野の伝承との差異はどこにあるのかといった点を明確にすることができるのである。それによって、「遠野物語」研究や柳田国男研究はもちろん、ひろく口承文芸や近代文学の研究にとっても大きな成果が期待できるのである。

たとえば、以前から市立博物館にパネル展示された第二話の、遠野三山への女神の鎮座を語る話でいえば、「大昔に女神あり、三人の娘を伴ひて此高原に来り、（略）今夜よき夢を見たらん娘によき山を与ふべしと母の神の語りて寝たりしに、夜深く天より霊華降りて姉の姫の胸の上に止りしを、末の姫眼覚めて窃に之を取り、我胸の上に載せたりしかば、……」というふうに、夢の中で姉の胸の上から霊華を取った妹が「最も美しき早池峰の山」を得たと語る活字本に対して、初稿本では、「古き伝説ニ、女神三人の娘を伴ひて此高原ニ来り、来内といふ所ニ宿りし夜、天より霊華ふりて姉の姫の胸ニ止りしを、末の姫窃ニ之を取りて我胸の上ニ置きて寝たりしかば……」となっており、現実に姉の胸に降ってきた霊華を妹が横取りしたと語るのである。この初稿本の語り口は遠野やその周辺に語り伝えられている類似の伝承と同じだから、それが佐々木の語った内容に近いものだったに違いない。それを柳田は、たぶん意図的に妹の見た夢の話に改変したのであり、その理由を私は、盗みをした者が一番いい山におさまるのは道義的に許せないという柳田の倫理感のなせるわざだったのではないかと考えている。

文学的な推敲を含め、こうした内容にまで及ぶ違いを確認していくことによって、新たな『遠野物語』研究は始まるわけで、そのためにも、寄贈者の意思を生かした自由な閲覧や複製の頒布が一日も早く実現することを願わずにはいられないのである。

［付記］

現在、遠野市立博物館では毛筆本、印刷原稿、校正刷の三点について、複製本を作成して希望者への閲覧を許可している。また、『柳田国男全集』第二巻（筑摩書房　一九九七年）には毛筆本（草稿本）が翻刻され、印刷原稿（清書本）や校正刷（初校本）との違いも対照できるようになっている。そのほか、遠野常民大学編『注釈遠野物語』（筑摩書房　一九九七年）にも、初版本文とともに毛筆本が翻刻されている。

第十一章　『遠野物語』の構想と夫鳥の話

一　『遠野物語』の構想

第一話の地勢紹介記事に挿まれた始源に先立つ渾沌の湖に興味をひかれながら『遠野物語』を読み進めてゆく。すると、明治末年頃の遠野という土地に語り継がれていた伝承群の奥に、前近代の遠野の、いや、すべての前近代の山村の伝承世界がひろがり、そこに生きた人々と神々と自然の、危険に満ちあふれながらなぜか充足した共生関係を想い描いてみなければすまないような、そのような伝承群として、作品『遠野物語』は私たちの前に立ち顕れてくる。

このことは、『遠野物語』を読んでいていつも感心させられることなのだが、もともと個別に語られていたはずの伝承群の配列の仕方と、それによって与えられる完結した作品としての構成力の巧みさということに起因しているのではないか。私たちが『遠野物語』の一話一話の奥にひそむ村落像に興味を覚えるのは、それを単独の伝承として読んだ結果ではなくて、総体として構想さた作品『遠野物語』のなかで、前後に置かれた話と話との連なりがもたらす像を含めてそれぞれの一話を読むからであり、それによってある一話は、そこに表現された以上の深みを見せることになるからである。それが『遠野物語』の魅力である。

そこに、語り手としての佐々木喜善が関与していたのか、あるいは聴き手＝編者である柳田国男の意志といったものが働いていたのか、興味をそそられる問題である。

その配列や構成力は、『遠野物語』全一一九話[*1]のちょうど半分にあたる第五九話までの流れに特にはっきりと窺える。これはあくまでも私の印象なのだが、第六〇話以降の話はそれ以前の伝承群の補遺とか付け足しのようで、構成的にみて整理されきっていないと感じるのに対して、第五九話以前はそうではない。地勢紹介記事に続いて遠野三山への三人の姉妹神の鎮座由来譚を置くことで、山が単なる地形としての山ではないことを印象づけたあと、山女や山男に出遭った猟師の、あるいは神隠しとなって山男の嫁となった娘の話を第八話まで並べ、山への不思議や恐れをたたみ重ねてゆく、その手法に私たちはまず驚かされ、村落の伝承空間の深みに引きずりこまれてゆく。

そして、そのまま菊池弥之助の山中での体験談である第九、一〇話に進むと、その話が言語のオーバーラップ技法ともいえる懸け詞のような役割を果たして、第一一話の母殺しというどろどろとした家族関係を浮かび上がらせ、続けて、奇妙な老人や家にいる神や、通夜の晩の亡霊など、里や家を舞台とした伝承世界へと私たちを連れこんでゆく。そこでもたとえば、家の盛衰を司るというザシキワラシが場面転換をもたらす懸け詞になっていて（第一七・一八話）、キノコ中毒死という孫左衛門の家のありふれた事件が、村落における不思議と恐れによって生み出された悲劇に仕立てられてゆく道筋を鮮明に浮かび上がらせる。

里や家の伝承群の最後に大同の家と阿倍氏に関する歴史的な話を添えて（第二四〜二六話）、第二八話以降で再び山の伝承にもどるのだが、その繋ぎめに置かれた、沼神に手紙を托されて物見山に向かう第二七話の男が、『遠野物語』の話題を里から山へと連れもどすために境界を越える狂言廻しであるかのように読めてくる。

二度目の山の伝承群は、繰り返しのように山男や山女と猟師の不思議な体験から語り出されるのだが、第三六話から第五三話に至る十八話には、狼・熊・猿・小鳥など動物にまつわる伝承がまとまりをもって並べられている。そして、この話群においても、動物たちは山に生息する生物学的な存在としてではない不思議と恐れを秘めたモノとして、人々に対峙する。

人がそれらの動物を恐れ敬っているということは、たとえば狼にまつわる伝承群がよく示している。狼は山に棲むイヌ科の肉食獣といった現実をこえて存在するモノだから、絶滅した後も山に狼＝御犬は棲み続けるのだし、わが子の仇を討とうとする母狼も存在しなければならない。それは、第五四話から第五九話に展開される川の伝承六話のうちの五話をしめる河童の場合も同様である。

間違いなく想像上の生き物である河童は人が川に棲まわせたのだが、いったん棲みついてしまうと、河童は人を超えて増殖し続ける恐ろしく敬うべきモノとなって人に向かってくる。それが伝承世界の動物たちの姿なのだし、山に棲むモノたちや家に居つくモノたちなのであった。

前近代の村落において人々を取りまく不思議や恐れは、すべてそうしたモノたちとの危うい共生によって引きおこされる。そうしたありようと、人々の脅えを、『遠野物語』の配列と構成は巧みに描きだしているといえよう。

＊1 最後に置かれた「一一九」は、「遠野の獅子踊り」の歌詞を記した古文書なので、伝承としては一一八話ということになる。

二　夫鳥の話

こうした『遠野物語』の配列と構成にこだわって、一つの話をとりあげる。それは小鳥前生譚と呼ばれる話で、第五一話から第五三話にかけて語られる、人の魂が小鳥になったという、起源神話のうちの一話である。

A　山には様々の鳥住めど、最も寂しき声の鳥はオット鳥なり。夏の夜中に啼く。浜の大槌より駄賃附の者など峠を越え来れば、遥に谷底にて其声を聞くと云へり。昔ある長者の娘あり。又ある長者の男の子と親しみ、山に行きて遊びしに、男見えずなりたり。夕暮になり夜になるまで探しあるきしが、之を見つくることを得ずして、終に此鳥になりたりと云ふ。オットーン、オットーンと云ふは夫のことなり。末の方かすれてあはれなる鳴声なり。（『遠野物語』五一話）

この「夫鳥」Aの話に続けて「馬追鳥」「郭公と時鳥」の話が並べられているのだが、それは直前にある次の「カッコ花」の伝承からの連想されて並べられているはずだ。

B　死助の山にカッコ花あり。遠野郷にても珍しと云ふ花なり。五月閑古鳥の啼く頃、女や子ども之を採りに山へ行く。酢の中に漬けて置けば紫色になる。酸漿《ホホヅキ》の実のやうに吹きて遊ぶなり。此花を採ることは若き者の最も大なる遊楽なり。（『遠野物語』五〇話）

ただ、カッコ花↓閑古鳥↓小鳥前生譚の連想だけだとすれば、第五三話の「郭公と時鳥」が第五〇話に続いて語られるのが自然に思える。だから、カッコ花から夫鳥への展開には、もう一つ別の繋がりや連想を考えてみる必要がある。

第五一話から並ぶ三話の小鳥前生譚は、『日本昔話大成』にも話型分類されて昔話として公認されている。そのなかで、「郭公と時鳥」は全国的に分布する小鳥前生譚の代表話であるのに対して、第五一話の「夫鳥」の話と第五二話の「馬追鳥」の話は、特異な広がりと分布を示しているようにみえる。[*2] とくに、「夫鳥」の話は岩手県での採集資料を除くときわめて稀な伝承であり、しかも、『大成』や『日本昔話通観・岩手』をみると、『遠野物語』や佐々木喜善『聴耳草紙』(昭和六年刊)から流れていそうな資料が多く含まれていながら、不思議なことに、『遠野物語』だけが他の話例と違った語り口をもつのである。比較のために、『聴耳草紙』に語られている「夫鳥」の話を記す。

C　ある所に若夫婦があった。ある日二人で打揃うて奥山へ蕨採りに行った。蕨を採っているうちに、いつの間にか二人は別れ別れになって、互に姿を見失ってしまった。若妻は驚き悲しんで山中を、オットウ(夫)オットウと呼び歩いているうちにとうとう死んで、あのオットウ鳥になった。(以下、省略)

(『聴耳草紙』一一四番)

*2 「馬追鳥」の伝承については、アイヌの伝承として伝えられているマオ(アオバト)の伝承との関係を含めて「マオとワオ――小鳥になった人」と題して論じた(三浦『古代研究――列島の神話・文化・言語』青土社、二〇一二年)。

佐々木はこの話に、「私の稚い記憶、祖母から聴いた話」という注をつけているのだが、Cの話で若夫婦となっている二人が、先のAの話では、ある長者の娘とある長者の男の子として語られていた。他の話例をみると、マタギ夫婦や戦いに敗れた殿様と妻など、細かな相違はあるものの、いずれも二人は夫婦として設定され、夫を失って嘆く若妻が夫を探して呼び歩きながら死んでしまい、その魂が夫鳥になったというふうに語られている。そして、その設定は『聴耳草紙』の語り口と一致するのである。

夫鳥は、カッコウだとかブッポウソウだとかトラツグミだとか言われたりしていたが、武藤鉄城『鳥の民俗』[*3]や高橋喜平『遠野物語考』[*4]が指摘するようにコノハズクのことと考えるのがよい。ただし、伝承における鳥の声が、生態的に特定の種に限られた現実の鳥声に一致するとみる必要はない。ある鳥の鳴き声が、オットウとかオットーンとかいう鳥声として聞きなされ、それが、伝承としての「夫鳥」をつくりあげてゆくとみなすことが肝要である。

鳥の声が神の声でもあり、その聞きなしは地域によっても時代によってもさまざまにありうる。コノハズクの鳴き声もオットウやオットーンだけではないし、その聞きなしは、配偶者をさす夫でなくてもよいはずである。ただ、今までに報告された事例をみる限り、この鳥声は「夫」ということばへの連想力が強固にあったらしい。鳴き声の聞きなしがオットーンなら、子どもが父を呼ぶオットウ（父）であってもよさそうなのに、そうした伝承はきわめて稀で、福島県にしかみられない。

そこから考えても、「オット鳥」の鳴き声を、少女が恋人である少年を呼ぶことばとして「オットーン、オットーン」と聞きなすAの話の設定は、どうみても無理がありそうなのである。

穿鑿的なもの言いになるが、第五一話の設定は、佐々木喜善が柳田国男に語った内容とは違っているのではないか。『遠野物語』第五二、五三話の小鳥前生譚と『聴耳草紙』に収められた話とを比較すると、両者の内容がほとんど一致するということをみても、佐々木が、柳田に語った時と『聴耳草紙』に載せる時とで、夫鳥の話だけ語り方を変えたとは考えにくい。しかも、うら若い未婚の少女と少年とし か読めない第五一話で、若い娘が、結婚もしていない相手をオットーン、オットーンと呼ぶのはどうみても似つかわしくないし、類話からも孤立している。こうした点を考慮すると、男女二人の設定を柳田が変えたのかもしれないという想定は、それほど突飛な思いつきでもないのだが、では、柳田はなぜこのような二人を登場人物として選んだのか。

カッコ花を語る第五〇話は、『遠野物語』で唯一といっていいような穏やかな野遊びを語る話で、そこに登場するのは山と花と女や子どもたちである。そこから第五一話への展開は、鳥で繋がってゆくとともに、その年若い娘や子どもたちの山入りという穏やかな風景からの連想によって話を構成しようとする意志が柳田には働いていたのではなかったか。だから、柳田が好んでいたらしいロミオとジュリエットを想い浮かべさせる、許されない長者の家の二人の恋を予見させる設定をとったのではないかと思うのである。

ところが、第五〇話の穏やかさが実は「死助」という恐ろしい名を持つ山を舞台に語られているというところに、次の第五一話に引き出された二人の悲恋は暗示されてもいる。共同体のなかで、おのれの魂を鳥に変えなければならない者たちの翳りが、第五〇話のカッコ花から導かれるという展開をとることによって、より鮮やかに増幅されていったのである。

＊3 武藤鉄城『鳥の民俗』(武藤鉄城著作集編集委員会編『武藤鉄城著作集1 鳥・木の民俗』秋田文化出版社、一九八四年)。
＊4 高橋喜平『遠野物語考』(創樹社、一九七六年)。

第十二章　楽を奏でる土地——笛吹峠の起源譚

一　笛を吹く継子

遠野から三陸海岸の大槌・山田にぬける街道の途中に笛吹峠という名の峠がある。そこが「笛吹」峠と呼ばれる謂われを、『遠野物語拾遺』では次のように語っている。

A　昔青笹村に一人の少年があつて継子であつた。馬放しに其子を山に遣つて、四方から火を附けて焼き殺してしまつた。其子は常々笛を愛して居たが、この火の中で笛を吹きつつ死んだ処が、今の笛吹峠であるといふ。（第二話）

ずいぶん簡略に語られた話だが、このように語り継がれることによって「笛吹」峠という地名は起源をもつのであり、それによってそこは、人が通過することを許された土地になる。もともとすべての土地は神の側のものであった。人がその土地に住んだりある場所を利用したりすることができるのは、神にそれを許されたからである。そして、名付けられた固有の〈地名〉は、人が関係性をもつことのできる証しとして神から与えられた。奈良時代に編纂された諸国風土記にみられる地名起源譚の多くが神や天皇の来訪や巡行と、それに伴って発せられることばや行為によって語られているということをみても、そのことはわかるはずである。

Aの話では笛吹峠と呼ばれる地名の起源が、継子の少年が笛を吹きながら死んだという悲劇的な出来ごとによって語られている。継子いじめの話は少女として語られる場合が多いが、昔話「灰坊」のように少年として語られることもあり、民間伝承において継子はもっとも主要な登場人物である。そうした継子譚のパターンからいえば、継子はやさしくて働き者であり、そのことは、Aの話では「馬放し」に行って働くとか「笛を愛して居た」という語り口から想像することができる。というより、継母と継子という設定をとった途端に、何も語らずとも継子はやさしい働き者として定位されてしまうのである。そして当然のこととして、やさしい継子には邪険な継母がいなければならない。

馬放しに山へやって火をつけて焼き殺すといった残虐な行為をするのは、この話では直接は語られていないけれども継母のしわざであるに違いないということになる。ただ、継子譚の場合、継母にそそのかされて実の父親が我が子を殺そうとすることもある。継子と継母との類型化された対立構造のなかでは、父親は継母の側につくか継子の側につくか、そのどちらかの選択が可能だが、ほとんどの場合は継母につく。そうする以外に、新しい家族は築けないからである。*1

Aの話で、「笛吹」という地名に笛を吹く継子の話を呼びこんできたのは、まちがいなく伝承における話型によるものであった。というのも、この話は昔話「継子と笛」（『日本昔話大成』話型番号二一七）を

*1 本書第九章「狂気」。また、継子いじめ譚については、三浦『昔話にみる悪と欲望』（新曜社、一九九二年）「I　継子いじめ譚の発生」で詳細に論じたことがある。

想起させるからである。

その話というのは、「父親が旅に出ている留守に継母が煮立った釜のなかに継子を落として殺し、畑に埋める。するとそこから竹が生え、通りかかった旅の僧がその竹をもらいうけて笛に作る。父親は旅先で偶然その笛の音を聞くが、それが、おのれの死を知らせるわが子の声に聞こえたので不安になり、急いで村にもどると子どもは殺されていた」という内容の話である。

「継子と笛」では、笛を吹くのは旅の僧（ある場合には旅からもどった父親）であるが、その音は継子が自分の死を知らせる声としてあるわけだから、継子自身が吹いているのと同じである。そして、笛の音にそうした不思議が語られるのは、もともと笛や琴など楽器の音が〈神の声〉としてあったからだ。神降ろしのために楽器を奏するのもそのためであった。

笛吹峠の話で、火責めにあった継子が笛を吹くのは殺される継子の悲哀さを語るためだと読むことはできるが、笛のもつ呪力によって助けを呼び神の力をえるためだと考えることもできる。そして、それが果たせず死んでゆくことで、継子の死はより強く悲哀さを増幅してゆくことになる。

そのように語られているからといって、「笛吹」峠という地名が笛を吹く継子の話によって出てきたのではない。おそらく、風が谷間を吹き抜ける音が笛の音のように聴こえるのでフエフキと呼ばれる地名があって、その地名の由来を説明する話として笛を吹く継子の死という話型が要請され、あたかもそれが唯一の起源であるかのように語られることになるのである。つまり、Aの話には、地名フエフキという音に「笛吹き」という行為が重ねられ、そこに、昔話「継子と笛」にみられるような笛にまつわる継子譚を引き込んで起源を語る話が生じるという地名起源譚の構造を見通すことができる。

ただし、笛吹峠の場合、地名フエフキと笛を吹く行為とは、地名と出来ごととの連想だけで呼応しているのではないらしい。

二　牛若丸と笛

夜、笛（口笛）を吹いてはいけないというタブーが広く伝えられている。たぶん、夜の笛の音は恐ろしいモノを呼び出す力をもつからタブーとなるのである。それなのになぜ、牛若丸は夜の都を笛を吹きながら歩くのか。ただ単に風流な行為として与えられる小道具になるほどに、夜の笛のタブーが弱いものだったとは考えにくい。

すでに早く、『義経記』巻三には笛を吹いて歩く牛若丸が語られている。千振りの太刀を奪おうとする弁慶に、五条天神に参る途中の堀河通りと清水観音に向かう途中の清水坂とで出会った牛若丸は刃を交える。そして、そのどちらにも夜更に笛を吹きながら歩く牛若丸の姿が語られている。

お伽草子『橋弁慶』では、平家千人斬りを祈願して夜の町に出た牛若丸と弁慶との、五条の橋での対決を語るが、ここには笛は出てこない。だが、同じ構想の謡曲『橋弁慶』には「笛之巻」と呼ばれる前場の異伝が伝えられており（『謡曲大観』）、そこでは牛若丸が母から与えられた名笛の由来が語られ、後場では、その笛をもった牛若丸が夜の五条の橋に月を見に出かけて弁慶に遭うという趣向になっている。そこから推理すれば、吹いていたとは語られていないが、牛若丸はやはり笛を吹きながら五条の橋を渡っていたはずである。

ここで興味深いのは、『義経記』では千振りの太刀を奪おうとする弁慶が恐ろしき者と語られているのに対して、『橋弁慶』では牛若丸が千人斬りを狙う恐ろしき者として語られているということである。

つまり、弁慶と牛若丸とは同じ存在なのだ。そして、見るからに恐ろしき者と語られている弁慶を圧倒する力をもった牛若丸は、女にも見まがう美少年として語られるのだが、そうでありながら弁慶を倒すことができるのは、笛を吹く力が弁慶を凌いでいるからではないか。

恐ろしきモノを呼び込んでしまうとしてタブーとされる夜の笛は、一方では恐ろしきモノを和め、吹く者自身を恐ろしきモノにする力を秘めているのである。

中世の説話を読んでいると、牛若丸ばかりではなく、夜の通りを笛を吹きながら歩く男たちが多いということに気づく。袴垂《はかまだれ》という盗人が衣を手に入れようと夜の大路に出ると、朧月に照らされて「ただ独り笛を吹きて、行きもやらず練り行く人」がいる。後をつけて何度か襲いかかろうとするがその雰囲気に気押されて果たせず、結局、笛を吹く男の屋敷に連れて行かれ衣を賜るという藤原保昌の逸話(『今昔物語』巻二十五－二十四)。あるいは、月明かりの夜に直衣姿で朱雀門の前で「よもすがら笛を吹かれけるに、おなじさまなる人」がきて笛を吹き合わせて以来、月夜ごとに合奏する。ある時お互いの笛を交換しそのままになってしまったが、後にそれは鬼の笛とわかり「葉二」と名付けられたという源博雅の逸話(『十訓抄』第十－二〇)もよく知られている。[*2] また、内裏から退出の途中、「月おもしろかりければ、心をすまして、車の内にて陵王の乱序」を吹いていると、辻に陵王の装束をした小さな人が出てきて舞ったという藤原宗輔の逸話(『古今著聞集』巻七－38)など、笛の名人を語る説話には、月明かりを受けて夜の通りを笛を吹きながら歩いていて不思議に遭う話が多い。

これらの説話を読むかぎりでは、夜出歩く場合には笛を吹かなくてはいけなかったのではないかと思わせる。夜は神の時刻、恐ろしきモノの跳梁する時だから、人は忌み籠もっていなければならないはずであり、そのタブーを冒して夜の通りに出るには、恐ろしきモノに遭わないために、それなりの準備や行動が必要だったらしい。月明かりについては、『万葉集』の恋歌を分析し、「逢い引きは原則的に月の夜に限った」と古橋信孝は述べている。夜は籠もっていなければいけない時間だが、「月の光を浴びてその呪力を身につけることによって、特殊な存在になりえ、夜も外に出ることができる」からだと古橋は言う。[*3] このことは、右に紹介した中世の説話にもあてはまる。そして、笛を吹くという行為は、月の光を浴びるとともに、より積極的に「特殊な存在」になることを意味していたといえるのである。

神の声でもある笛を吹くことによって、男は神の立場に立つことになり、夜の通りを歩くことが許された存在になる。そうみることによって、按摩が夜の町を流しながら笛を吹くのは、家の中にいる相手に知らせるという実用的な理由以上に、恐ろしき時を通過するための呪的な行為だったのだということがわかるし、牛若丸が弁慶に出遭うことも、その弁慶にうち勝つ力をもつことも、笛を吹くという行為を抜きにしては考えられないのだというふうに説明できるのである。

三　境界における笛

廻り道をしたが、ここからふたたび「笛吹」峠という地名にもどろう。笛吹峠は、本篇の『遠野物語』にも何度か出てくるが、そのひとつに次のような伝承がある。

*2 源博雅の逸話は、岡野玲子の人気コミック『陰陽師 6』(スコラ、一九九七年)にも描かれている。
*3 古橋信孝『古代の恋愛生活』(NHKブックス、一九八七年)。

B　遠野郷より海岸の田ノ浜、吉利吉里などへ越ゆるには、昔より笛吹峠と云ふ山路あり。山口村より六角牛の方へ入り路のりも近かりしかど、近年此峠を越ゆる者、山中にて必ず山男山女に出逢ふより、誰も皆怖ろしがりて次第に往来も稀になりしかば、終に別の路を境木峠と云ふ方に開き、和山を馬次場として今は此方ばかりを越ゆるやうになれり。二里以上の迂路なり。（『遠野物語』五話）

ここから、笛吹峠は恐ろしきモノに出会う場所として人々に恐れられていたということがわかる。村落にとって境界とはすべてそういうところだった。峠（坂）や瀬や崎は、神の出現する場所であり神の坐す場所だったから、人は神に手向けをしてそこを通過する。神に守られていることと神に脅やかされてあることとは同じなのだ。だから、共同体の境界にあたる場所は神を迎え、神を祀るところとなる。つまり、笛吹峠に限らず、遠野という盆地のなかの村落にとって、外部に通じる峠のすべては恐ろしき場所だったのである。

C　菊池弥之助と云ふ老人は若き頃駄賃を業とせり。笛の名人にて、夜通しに馬を追ひて行く時などは、よく笛を吹きながら行きたり。ある薄月夜に、あまたの仲間の者と共に浜へ越ゆる境木峠を行くとて、又笛を取出して吹きすさみつつ、大谷地と云ふ所の上を過ぎたり。大谷地は深き谷にて白樺の林しげく、其下は葦など生じ湿りたる沢なり。此時谷の底より何者か高き声にて面白いぞーと呼はる者あり。一同悉く色を失ひ遁げ走りたりと云へり。（『遠野物語』九話）

Bの伝承に従えば恐ろしきモノを避けるために拓いたはずの境木峠もまた、やはり恐ろしき場所だった。峠はどこも恐ろしく、笛吹峠も境木峠も同じだということになる。そして、弥之助の伝承によれば境木峠を通過するときにも笛を吹いているのだから、境木峠もじつは「笛吹」峠だった。菊池弥之助は笛の名人だから風流心から笛を吹いていたのだというのでは説明にならないわけで、笛を吹いて通らなければならない場所だったから、名人である弥之助が笛を吹いていたと考えるべきなのである。

なぜ笛を吹かなくてはいけないのかというのは、すでに明らかだ。恐ろしきモノが跳梁する時刻に恐ろしき場所を通過する者は、それを許された存在になるために笛を吹かなければいけなかったのだ。「笛吹」峠という地名は、村落にとって、共同体をとりまく境界がどのような場所であり、そこを通過するとはどういう行為かということを象徴化した名前なのである。そして、その土地にこめられた人々の側の恐れが、笛を吹く継子の死という負性を抱えこんだ伝承を語り出してゆくことにもなった。

四　境界と奏楽

深沢七郎の小説で有名な山梨県の「笛吹川」にも笛を吹きながら死んでゆく若者の話が起源譚として語られている。

D　笛のうまい権三郎という若者が老母と暮らしていたが、あるとき洪水で家を流され、自分は岩に取りすがって助かるが母は行方不明になる。権三郎は川添いに笛を吹きながら母を探し続けたが見つからず、とうとう自分も川に落ちて死んでしまった。その後、深夜になるとどこからか笛の音が聞こえるので人々は恐ろしくなり、名僧に供養を頼むと笛の音はしなくなったが、そのことがあってから人々はこの川を笛吹川と呼ぶようになった。

（武田静澄『日本伝説集』からの要約）

笛吹川という地名は、水音から名付けられたとか川添いの集落で神楽などの芸能が栄えていたための命名だとか言われているようだが、[*4]その起源譚が笛を吹く若者の死という〈負〉の伝承によって語られているのは、川も峠と同じく共同体の境界に位置づけられた恐ろしき場所だったからに違いない。

このことを補強する適切な資料はないが、『日本書紀』に、

枚方ゆ　笛吹き上る
近江のや　毛野《けな》の若子い　笛吹き上る

（継体紀二十四年条）

という淀川を船で溯るときの歌謡があり、この笛は喪船《もふね》の楽奏をいうらしいのだが、葬列に限らず、川を溯ったり渡ったりする時の呪的な行為として「笛吹き」を考えることができるかもしれない。

論証しにくいことだが、古代的にいえば、境は、神がいまし神を祀る場所だから、「笛吹」という地名はもともと祭祀にかかわった場所であった可能性が強い。古代の文献には笛という文字のつく地名は見当たらないが、笛と同じ呪力をもつ「琴」を名にもつ地名はいくつかみられ、それらは祭祀とかかわっている。

琴が神降ろしの楽器であったということは、よく知られたオキナガタラシヒメ（神功皇后）の話（『古事記』）を持ち出すまでもなく明らかなことだが、地名でいうと、白鳥になって飛び去ったヤマトタケルの魂が留まった土地の一つが倭の「琴弾原」であり（『日本書紀』景行四十年条）、「琴引山」の洞窟には

オホナムヂの琴があると伝えられている（『出雲国風土記』飯石郡）。また、「琴坂」には、そこの山田で働いていた女を感《たわ》けようとして男が琴を弾いて誘ったという話が起源譚として語られており（『播磨国風土記』楫保郡）、「琴木岡」には宴をしたときに立てかけておいた琴が樟になったという伝承がある（『肥前国風土記』神崎郡）。

これらはいずれも、境界における祭祀とそこでの琴弾きという行為にかかわって伝承されていると考えられるのである。これら琴を名にもつ地名については、すでに古橋信孝が「神の出現」にかかわることを指摘し、とくに「琴木岡」の伝承に関して、「琴を弾き神の降臨を仰ぎ、共同体の繁栄をもたらそうとする祭りを行っていることまで想定してよいだろう」と述べている。[*5]

笛や琴という名を含む地名の多くが神の出現する場所である境界に位置する峠や川や山であるということから考えれば、その地名はそこで行われたであろう祭祀における楽奏とかかわるのであり、そうした場所は霊威の充満する場所としていつまでも恐れられる土地であり続けた。だからこそ、かわいそうな継子や親思いの若者が吹く笛と、それにまつわる悲しい死が地名の由来として語り継がれてゆくことになった。これが、遠野の「笛吹」峠に伝えられている起源譚から書き起こしてきた文章のまとめとして置ける、説話学的な視座に立った地名論へのひとつの見通しである。

*4 乾克己ほか編『日本伝奇伝説大事典』（角川書店、一九八六年）「笛吹き権三郎」の項、参照。
*5 古橋「歌の呪性と語りの呪性」（『古代和歌の発生』東京大学出版会、一九八八年）。

第十三章　瓜子姫の死

『遠野物語』には伝説や世間話に分類できる話が多く、口承文芸研究において「昔話」とされる話群は少ない。たとえば、『日本昔話大成』に登録されている話型に対応する話としては、第五一から五三話に収められた小鳥前生譚があるほかは、最末尾のところにヤマハハ（山姥）の登場する話が二話（第一一六、一一七話）と「紅皿欠皿」と呼ばれる継子いじめの断片（第一一八話）が見いだせる程度である。そういう点では、少なくとも『遠野物語』において昔話は、村落における主要な伝承ではなかったということになるのかもしれない。

そのなかにあって、簡略なかたちに要約されてはいるが、昔話「瓜子姫」が紹介されているのは興味深い。『日本昔話大成』においては本格昔話「誕生」に分類される話型で（話型番号一四四番「瓜子織姫」）、『遠野物語』を引くと次のような話である。

A　昔々これもある所にトトとガガと、娘の嫁に行く支度を買ひに町へ出で行くとて戸を鎖《トザ》し、誰が来ても明けるなよ、はアと答へたれば出でたり。昼の頃ヤマハハ来りて娘を取りて食ひ、娘の皮を被り娘になりて居る。夕方二人の親帰りて、おりこひめこ居たかと門の口より呼べば、あ、ゐたます、早かつたなしと答へ、二親は買ひ来たりし色々の支度の物を見せて娘の悦ぶ顔を見たり。次の日夜の明けたる時、家の鶏羽ばたきして、糠屋《ヌカヤ》の隅ツ子見ろぢや、けけろと啼く。はて常に変りたる鶏の啼きやうかなと二親は思ひたり。それより花嫁を送り出すとてヤマハハのおりこひめこを馬に載せ、今や引き出さんとするとき又鶏啼く。其声は、おりこひめこを載せなえでヤマハハのせた、けけろと聞《キコ》ゆ。之を繰り返して歌ひしかば、二親も始めて心付き、ヤマハハを馬より引き下して殺したり。それより糠屋の隅を見に行きしに娘の骨あまた有りたり。

（『遠野物語』一一七話）

老夫婦が神の子として授かったおりこひめこ（瓜子姫）は、両親が留守のあいだにやってきたヤマハハ（山姥、類話ではアマノジャクとされることが多い）に殺され、山姥が瓜子姫になりかわる。両親は気づかないまま、嫁入りの支度をして送り出そうとするが、鶏が啼き声で教えたという話である。

この話型は、全国に分布する昔話だが、列島の東西で興味深い違いを示しており、Aの話は、東北に分布する瓜子姫の話型の典型的な語り方によって伝えられている。そしてそこからは、『遠野物語』に収められた伝承群の性格がよく見通せるように思われる。

一　東北型と西南型

日本列島の文化が東と西とによって二分されることは、アクセントや習俗などの違いを通してしばしば論じられている。[*1] いくつかの昔話においても、東西で明瞭な差異をもつものがあり、そのもっとも顕著な事例の一つが、ここで取りあげる「瓜子姫」である。しかも、この場合は、東西というよりは、東北とそれ以外の地域との間に、歴然とした違いが見出せるという特徴をもつ。まずは、その両者のあらすじを紹介しておこう。

東北型＝川を流れてきた（畑から収穫した）瓜から美しい娘が誕生し、瓜子姫と名付けて大切に養う。爺婆が成長した姫の嫁入り支度のために外出したすきに、アマノジャク（山姥）が来て姫を誘い出して殺し、剥いだ姫の皮をかぶって姫に化ける。気づかない爺婆が偽の姫を駕籠に載せて嫁入りに行く途中で、（姫の化身した）鳥が鳴いて知らせたので、化けていたアマノジャクを殺す（アマノジャクは、化けているのに気づかない爺婆に姫の肉の入った汁を食わせて悪態をついて逃げる）。

西南型＝川を流れてきた瓜から美しい娘が誕生し、瓜子姫と名付けて大切に養う。爺婆が姫の嫁入り支度のために外出したすきに、アマノジャクが来て姫を誘い出して木の上に縛りつけ、着物を取り替えて姫に化ける。気づかない爺婆が偽の姫を駕籠に載せて嫁入りに行く途中で、木の上から姫が助けを求めたので、アマノジャクとわかり八つ裂きにする。救われた姫はめでたく結婚することができた。

大きな違いはただ一つ、瓜子姫が殺されるか否かということだけである。神から授かった瓜子姫が美しく成長したところで殺されてしまうのが東北型の昔話「瓜子姫」、苦難を克服して幸せな結婚に至るのが西南型の「瓜子姫」である。しかし、この差異は「瓜子姫」という昔話においては決定的なことだ。しかも、一般的な昔話の構造からみれば、東北型は、主人公が成長した途端に（あるいは成長する前に）殺されてしまうという、まことに不安定で、後味の悪い内容になっている。

この話を最初に論じたのは、柳田国男「瓜子織姫」（一九三〇年）であった。柳田は、全部で十一話の採集例（うち岩手県の事例七話）しかなかった時代に、「神の子」としての瓜子姫を「桃太郎」と対応させながら分析し、瓜子姫に機を織る神女の面影を見いだそうとした。[*2] そこでは、採集された話も少なく、地域も片寄っていたために、東西の相違を見いだすことは不可能であったが、この論文を収めた『桃太郎の誕生』（一九三三年）では「諸国の瓜子姫」という文章が書き加えられ、新たに十話の新資料（うち七話は東北の事例で、残り三話も新潟・富山・長野であった）を追加して次のように述べている。

奥州の瓜子姫は大抵は食はれしまつて居るに反して、信州以西の瓜姫は皆助かつて居る。是などは同時併存の稍望み難い点であり、従うて説話成長の異なる段階を示すものかと思ふが、尚今後の新採集までを引くるめて、予断するだけの胆力は私はもつて居ない。[*3]

採集例が極端に東北に片寄っていたという事情を考えれば致し方のないことだが、「瓜子姫」に対する柳田の興味は、あくまでも神話の残影を求めようとする方向に向いており、東西の差異そのものに対するこだわりを持っていなかった。ただ、「説話成長の異なる段階を示すものか」という閃きは、その後の研究に受け継がれてゆくことになる。

*1 網野善彦『東と西で語る日本の歴史』（講談社学術文庫、一九九八年）。
*2 柳田国男「瓜子織姫」（『桃太郎の誕生』所収、『柳田国男全集』第六巻、筑摩書房、一九九八年）。
*3 柳田国男『桃太郎の誕生』（一九三三年刊、『柳田国男全集』第六巻、注2同、三四四頁）。

昔話の採集が飛躍的に進み、とくに、一九六〇年以降、中国地方で「瓜子姫」が集中的に採録されたことによって、東北地方とその他の地域との差異が明瞭になり、地域差や伝播を考える研究者たちの注目するところとなった。その最初は、稲田浩二・福田晃編『蒜山盆地の昔話』(三弥井書店、一九六八年)の「解説」に付された伝承分布図であり、それを受けて作成された大島建彦『御伽草子集』(日本古典文学全集、小学館、一九七四年)の付録に収められた分布図であった(後に『日本昔話事典』の「瓜子姫」の項に再録)。この福田・大島らの労作によって、東北地方の「瓜子姫」の特異性は一目瞭然になったが、一方で、東北にも西南型の、西南地域にも東北型の伝承が混じっていることもわかってきた。

そうした採集調査を踏まえた福田晃は、「なにゆえにかくも多くの民俗が東西の二類型に分別されてしまうのかは、やはり日本人の精神構造を把握しようとするとき注目されねばならぬ」として、東北とそれ以西とで違いをもつ「瓜子姫」には、「東西の基礎的文化圏ともいうべき方言境界線を越える伝承上の要因がひそんでいる」と言う。そして、「猫檀家」や「継子と鳥」と「継子と笛」、「糠福米福」と「継子の椎拾い」の分布状況などを比較分析することで、「それぞれの生活風土に応じたタイプ」の形成を指摘し、「瓜子姫の転生をいう東北型が古態」と見なすことはできず、「二類型の歴史的変遷の究明は、植生の文化史とともに、近隣諸国の比較資料に期待すべき」であると述べている。[*4]

福田が期待するという比較研究の側の発言をみると、「瓜子姫」に成女式の通過儀礼の反映をみる関敬吾[*5]は、のちに書かれた「ヨーロッパ昔話の受容」において、「瓜子姫」の昔話は、柳田国男のいう完形昔話ではなく派生昔話であり、日本独自の昔話であるというより、「ヨーロッパ・アジア型の昔話の一つである『三つのシトロン』の亜型であり、わが『瓜子姫』は『白い嫁黒い嫁』との複合型である」と述べる。[*6] それに対して稲田浩二は、「日本列島周縁の、モンゴロイドを中心とする諸民族の伝承」である「にせの花嫁」および「姉と妹」に繋がるもので、「瓜子姫」が伝承されていない沖縄とアイヌに「姉と妹」タイプが伝承されているのは、昔話「瓜子姫」が「姉と妹」の一変形であることを示しているとみる。[*7] あるいはまた、インドネシアなど南太平洋の諸地域に分布する、ハイヌウェレ型と名付けられた殺される女神の神話につながるとみる説もあって興味深い。[*8]

たしかに、東北の伝承も西南の伝承も、結婚競争を語る昔話「瓜子姫」は、敵対者による瓜子姫の殺害という要素をもっているとみなすことはできようが、それによって「瓜子姫」の日本列島への定着と広がり、あるいは東北と西南との差異が生じる理由を解明できるのか否かについては明らかになっていない。昔話「瓜子姫」がこの列島上で語られ始めてから、そうとうに長い歴史をもつのは確かであり、この論考の主題である北と西との差異を考えるためには、列島における分布の確認と内容の分析が、まずは欠かせない作業となる。

*4 福田晃「昔話の地域性——東西の二類型をめぐって」(一九七八年、『講座日本の民俗9　口承文芸』所収。のち、福田『神語り・昔語りの伝承世界』第一書房、一九九七年)。
*5 関敬吾「民話」(『日本民俗学大系』第十巻、一九五九年。のち『関敬吾著作集5　昔話の構造』同朋舎、一九八一年、所収)。
*6 関敬吾「ヨーロッパ昔話の受容」(『日本の説話6』、一九七四年。のち『関敬吾著作集4　日本昔話の比較研究』同朋舎、一九八〇年、所収)。
*7 稲田浩二「『瓜姫』系譜考」(『昔話の源流』三弥井書店、一九九七年)。
*8 猪野史子「瓜子姫の民話と焼畑農耕文化」(『現代のエスプリ』臨時増刊　日本人の原点1、一九七八年一月)。

文献の側からいうと、室町から江戸初期のあたりで、書かれた短編小説『瓜姫物語』があり、その内容は西南型の「瓜子姫」と一致する。ただし、発端は「瓜の畑」からとれた瓜から姫は誕生したと語られており、これは、昔話においては東北型に限って語られる。大島建彦が、「意外な細部まで昔話のままであった」と述べている通り[*9]、その内容からみて、『瓜姫物語』は民間伝承に基づいて書かれたものであるとみて間違いなさそうである。とすれば、木の上に縛られた瓜姫が救出され幸せな結婚に至るという南西型の話型は、中世以前にすでに存在していたことになる。しかし一方、昔話「瓜子姫」に古い要素や古い信仰が見いだされるとしても、昔話「瓜子姫」は『瓜姫物語』という「高度に物語化された話を出発点としている」とみなす立場もある。[*10]

三　残虐な殺害——東北型の「瓜子姫」

神の子として誕生した瓜子姫が、幸せな結婚に至ることなく惨殺される東北型の伝承はなぜ語られるのか、という疑問を以前から抱いていた私は、かつて、昔話「瓜子姫」は「桃太郎」のパロディとして語られていたから、主人公の残酷な死が語られるのではないかと述べたことがある。[*11] それは苦しまぎれの説明でもあったのだが、川上から流れてきた神の子が桃太郎ではなく、「英雄」になれない少女であるという不幸が、瓜子姫にはつきまとっているのではないかと感じたからである。『竹取物語』のかぐや姫でも、天女伝承の主人公でも、異界から訪れた女性に地上での幸せな結婚は似合わない。結婚を拒んで、あるいは幸せな結婚を中断して帰ってゆくのが異界から訪れた女たちの宿命だった。そこからみれば、東北型の「瓜子姫」はその変形と言えないわけでもない。

それにしても、結婚もせず事業もせず、何もしないままに殺されてしまったのでは、どうして爺婆のもとにやってきたのかわからない。東北地方は飢饉なども多く、貧しさゆえの間引きも行われていたから、こうした悲惨な死が語られるのだとか、東北の人は残酷な話が好きだったのだとか言ってみても、何らの説得力も持たない。その残虐性についていうと、アマノジャクへの報復は西南型のほうが陰湿で、両足を二頭の牛馬に引かせて裂いてしまうなどという話はざらである（東北型の場合、アマノジャクは逃げたり追い払われたりするだけの話も多く、けっこうおおらかな語り口をもつ）。必要なことは、瓜子姫の死が東北の人々にとって自然なこととして受け入れられていたという点に対する説明である。

瓜子姫のあっけない殺され方に、私は、東北の人々の諧謔性をみようとしたのだが、パロディだというためには、昔話「桃太郎」が「瓜子姫」以前に存在したことを証明しなければならない。ところが、文献の「桃太郎」は江戸中期に出版された赤本にしか溯れず、内容的にも、中空部分のない「桃」に神の子が宿って流れてくるという不自然さや、理由もなく鬼退治に出かけるといった緊張感の無さなどを考慮すれば、「瓜子姫」以前にその成立を認めることはむずかしい。そもそも、「神話」的な昔話論である柳田国男「桃太郎の誕生」が展開した「桃太郎」論は、再検討すべき時期にきているのではないか。*12

*9 大島建彦『お伽草子と民間文芸』（岩崎美術社、一九六七年）七二頁。
*10 剣持弘子「瓜子姫――電波と変化に関する一考察」（昔話研究土曜会編『昔話の成立と展開　昔話論集1』私家版一九九一年）。
*11 三浦佑之『昔話にみる悪と欲望』（新曜社、一九九二年）。
*12 柳田国男「桃太郎の誕生」（一九三〇年、『桃太郎の誕生』所収、*3同書）。なお、「神話」的という言い方には、柳田における神話に溯ろうとする方法と、柳田の打ち立てた昔話理論が研究者にとってバイブルであるという二重の意味が込められている。

少なくとも、昔話「桃太郎」から神話には届かない。

そこで、改めて、昔話「瓜子姫」の成立について考えてみようと思うのだが、あらかじめ言っておけば、説得力のある解答が準備されているわけではない。ただ、東北型「瓜子姫」において瓜子姫の死が語られる理由を、東北の地域性と話の古層性にこだわって考えてみたいのである。したがって、以下の論述の対象は、殺される瓜子姫に限定される。

幸いなことに、『日本昔話大成』に数倍する口承資料を網羅した『日本昔話通観』をもったことで、昔話の全国的な分布状況は簡単に見渡せるようになった。各県別に編集された『日本昔話通観』全巻に収められた昔話「瓜子姫」（変形型も含む）を数えれば、主人公が殺される話と殺されない話とがどのような分布を示すかというのは一目瞭然となる。

四　周圏論の可能性

『日本昔話通観』に収録された話を集計すると、四〇〇話を超える採集例をもつ「瓜子姫」だが、東北地方で語られる話の特異性は、誰がみても明らかである。東北では姫が殺される話が九〇％を超え、一方、関東以西では殺されない話が八〇〜一〇〇％の高率になっている。北陸地方（とくに新潟県）が中間的な比率になっているのも注目しておきたい。量的には、東北六県の事例が全体の四〇％に及び、次いで多い中国地方の採話例が三六％を占めている。他では、新潟・群馬・長野の各県が目立つ程度で、それ以外は数話ずつしか例がない。

こうした地域による分布の精粗は昔話全体にみられる傾向だが、比較的に伝承の豊富な九州地方に、

「瓜子姫」の分布が薄いというのは興味深い点である。また、中国地方の場合、岡山・広島という瀬戸内の二県に事例が多いのが目立っているが、その採話地は北部山間地域が多く、日本海文化圏に繋がっているのではないかと考えられる。おそらく、鳥取・島根と同じ伝承圏に属し、日本海を通路として、北陸諸県から東北にいたる伝播ルートが浮かび上がってきそうである。

発端部分でいうと、『瓜姫物語』と同様の、瓜畑から手に入れるという語り口は、「殺される姫」の話型では東北六県を除くと新潟県に一話、「殺されない姫」の話型でも新潟以西に五話しか存在しないというのは注目すべき点である。江戸時代にすでに木版印刷で出版されていた狭義の『お伽草子』のように中央から発信された情報とは言いにくいが、すでに室町から江戸初期には文字化されていた「畑の瓜」から瓜子姫が誕生するというモチーフが、口承資料では極端に東北に片寄っているというのは何を意味しているのだろうか。

「瓜子姫」という昔話にとって、この発端は変えられない部分ではないはずだから、川上から流れてきたとしても、畑からもいできたとしても、以後の展開に大きな影響を与えるものではない。畑の瓜の場合も、種を鳥から授かったというふうに神授の種として語る場合もあり、柳田国男のように、川上からの到来が古いと断言できる根拠は何もない。

少なくとも近世以降には、川上から流れてくる果実として「桃」があり、「桃太郎」は昔話としてメジャーであったはずだから、「瓜子姫」における川上からという語り口は、話の古さを証明するものではなく、「桃太郎」の影響を受けた改変かもしれないと考えたほうが理解しやすいようにみえる。もし、「瓜子姫」が川上から到来した瓜によって語られるのが古いと仮定するなら、なぜそれが、東北地方で集中的に「畑の瓜」へと変化したのかという理由を見いだせない。

逆に、もともと「畑の瓜」だったものが、近世以降の出版文化に後押しされた「桃太郎」の流行によって、その影響を受けやすかった江戸や上方を中心とした関東以西の諸地域では、畑から川への変化が生じたとみたほうが説得力をもつだろう。

中国地方（おもに山間部）に、東北型の殺される瓜子姫の伝承が三十話近くも採録されているというのは重要である。この点を強調する福田晃は、「文化伝播の歴史的状況によって説明されねばなるまいが、直接には、瓜の植生の歴史にかかわる瓜の民俗というべきものによらなければならないであろう」[*13]と述べている。それが具体的にどういうことかは論じられていないが、焼畑耕作文化圏などの問題と重ねることができれば、まさに「植生の歴史」になるはずだ。たとえば、東北型でも西南型でも、昔話「瓜子姫」の結末には、アマノジャクの流した血や瓜子姫の血で植物の根が赤くなった由来が語られることが多い。そこで語られる植物は、カヤのほか、ソバやキビ・ムギ・トウキビ・クマゴなどであるが、その植生や栽培の問題を考える時、意外に大きなヒントが隠されているのかもしれない。

ただ、私にはそこに議論を展開する用意はないので、ここでは周圏論の問題として考えてみよう。仮説として、「瓜子姫」の昔話が幸せな結婚という結末をもったのは、『瓜姫物語』が書かれた時代、あるいはそれを少し溯った時代、たとえば継子いじめ譚における少女たちの幸せな結婚が物語の主題として成立した『落窪物語』以降の時代だったと考えてみる。『瓜姫物語』には「畑の瓜」と「幸せな結婚」が描かれているが、それ以前の「瓜子姫」では、「畑の瓜」と「殺される姫」のかたちで語られており、それが、ある時期を境に、「幸せな結婚」へと傾斜していった。

周圏論的にいえば、東北諸県と中国地方の山間部を中心とした周縁部分に「殺される姫」の東北型が残存し、東北においては、「畑の瓜」というもう一方の古い要素も残されることになった。そのように考えると、中国山地のほかに、新潟や群馬・長野・熊本・鹿児島などに「殺される姫」の伝承が遺物のように残されていることの説明は可能になるだろう。

おそらく、東北型の「瓜子姫」が西南型よりも古形を残しているとみなすのが、両者の関係をみたとき納得しやすいと思うのだが、そのためには、なぜ姫は死ななければならなかったのかという疑問に答える必要がある。

五　鳥に変身する瓜子姫

東北型の瓜子姫は、爺婆の留守に忍び寄ったアマノジャク[*14]に殺されてしまうが、なぜ殺されるのかと問われると答えに窮してしまう。神の子が何の事業もしないままに死んでしまったのでは、話として成り立たないと思うからである。とすれば、この少女は、死ぬために人間界に顕れたのだと考えるしかない。

そこで、死ぬことこそが少女の事業だったと考えればどうなるか。すると、少女の事業としての「死」は、「鳥」になるための死だったのではないかという仮説にゆきつく。

東北地方で語られる「殺される姫」の話では、姫の死を教える者を「鳥」とする事例が多い。東北六

*13 福田晃、*4同論文。
*14 「アマノジャク」は、『古事記』や『日本書紀』に登場するアマノサグメ（天探女）に由来するとされ、さまざまな方言形をもっている。しかし、もともと民俗語彙として通用していたかどうかは疑わしい。

県には瓜子姫が殺されてしまう話が一五六話採集されており、そのうち約半数にあたる八十一話は姫の死を鳥が教えたと語られている。しかも、要約されているために判断できない事例を除いて、教えるものを記述している事例だけでいえば八〇％が「鳥」が教えるということになり、それが普遍的な語り口であったことが確認できるのである。しかも、その中に、数は少ないが、姫自身の化身した鳥が自らの死を教えるというふうに語られる事例九話が含まれているのは、割合としては多くないが注目に値する。そのいくつかを以下に引く（引用はいずれも『通観』による）。

ウルフルメンコァ、自分できまやげるだべね（腹がたつとみえて）、「ウルフルメンコ乗る駕籠さ、隣りのアマルジャグぬてらじゃ、恨めしじゃ、ホーホケキョ」てしたど。（青森「瓜姫－姫横死型」典型話）

婆が帰って来てそれを見て、「瓜姫子の指だ。『ホーホケキョ』と言え」と拝むと、瓜姫子は鶯に生まれ変わった。（同右「瓜姫－姫変身型」典型話梗概）

「おら、はあ、赤《あぎ》や着物こも櫛こも、何《なっ》ても、いらなや、ほうけぇきょ」って鳴いで、飛んでってしまったど。鳥こになって――。（岩手「瓜子姫－姫横死型」典型話。同様のもの、類話8・10など）

嫁入りの日に、殺された姫の左手が鶯になる。（同右「瓜子姫－仇討ち型」類話2）

木の上で姫の魂が変じた鶯が「瓜子姫子ァ乗さる駕籠さ、あまのしゃぐァ乗さた、ホホーホケチョ」と鳴きつづけ、あまのしゃぐの正体が見破られた。

（秋田「瓜姫―姫横死型」類話1）

これらの事例から類推すると、その他の「鳥」も、姫の化身した鳥だと考えられていた可能性は否定できない。また、「殺されない姫」の話では、いずれの地方でも、木に縛られた姫自身が、下を通る嫁入り行列に向かって、それが「にせ嫁」であることを知らせたり、泣き声で居場所を教えたりするが、広島・鳥取・島根の事例には、縛られた姫自身の言葉の中に「鳥の鳴き声」を潜ませた表現が見いだせるというのも注目に値する。

瓜姫ゃあ柿の木でヒーロロー、あまんじゃくの祝言よ

（広島「瓜姫―あまんじゃく退治型」類話5）

お爺さん恋しや、ホーホケキョ、お婆さん恋しや、ホーホケキョ

（同右・類話6）

わしが乗っていくかごへ乗ってあまんじゃくが嫁入りするかい、ピーヒョロ

（島根「瓜姫―あまんじゃく退治型」典型話）

生きたまま木に縛られた瓜子姫が鳥の鳴き声を発するところに、この話の原型が「鳥に化身する姫」であった痕跡が窺えると決めつけるのはいささか性急すぎるとしても、中国地方の伝承と東北との繋がりが、姫の殺害というモチーフに限ったものではないということを、ここでは強調しておきたい。

六　小鳥前生譚としての「瓜子姫」

東北型の「瓜子姫」は、かつては広く日本列島に伝承されており、それは、少女の魂の「鳥」への化身を語る話としてあったというのが、私の「瓜子姫」論のとりあえずの結論である。しかもそれは、かなり古い来歴をもつ昔話だった。

『古事記』の神話に見いだせる水平的な南方型神話の濃厚さを考えると、日本列島の古層にハイヌウェレ型の神話が残存していたとしても不思議はないのかもしれない。古層に溯りたがる神話研究者は、ついついそのように考えてしまう。[*15]

鳥に化身する伝承群は小鳥前生譚と呼ばれ、『日本昔話大成』動物昔話には、十九話型が登録されている。漠然とした印象として東北地方の事例が多いだろうと思っていたが、実際に数えてみたところ、たいそう興味深い数字が出た。

小鳥前生譚全十九話型を合計した採話数は七二九話、そのうち東北六県には二二四話あり、全体の約三〇％に相当する。一県でもっとも多くの小鳥前生譚を伝えるのは、山形・岩手・新潟の順になり、いずれも五十話以上の報告をもつ。ちなみに、全国でもっとも広く分布する話は「時鳥と兄弟」で二一五話、続いて「雀孝行」の一七四話、「鳶不孝」の一一一話である。また、東北にしか伝承されていない話が四話型あり（山鳩不孝・時鳥と包丁・時鳥と小鍋・夫鳥）、「馬追鳥」もほとんど東北にしか伝わっていない。

すでに早く、継子譚に分類される「継子と笛」と「継子と鳥」の分布関係を調べ、周圏論的に分析した三原幸久によれば、[*16]殺された継子が鳥になる伝承も、東北と中国地方とに濃厚に分布する。そして、新古でいえば、継子の死体を埋めたところから生えた竹で作った笛が継子の死を教えるよりも、殺された継子が鳥に化身して鳴き声で知らせる話のほうが古いと三原は言う。

幼い子どもや若い女が死んで、その魂が小鳥になるという由来譚の一種「小鳥前生譚」の宝庫が東北であるというのは明らかだ。そして、東北型の「瓜子姫」が、これら小鳥前生譚や「継子と鳥」と包みあって存在するということも、間違いなく言えるだろう。

また付記すれば、高橋宣勝は、小鳥前生譚の変身について、自力変身でもなく他力変身でもなく、「自然発生的に起こる変身」であるとして「自発変身」と名付け、「それは内なる悲しみや後悔や恐怖が、必死の情念が、徐々に昂じて体中に広がり、やがてそれが鳥へと凝り固まっていく」ものだと説明し、これは西洋人には不可解なものに映るだろうと述べている。[*17]

また、「時鳥と兄弟」を論じた野村純一は、「通常私どもの死生観からすれば、このような惨たらしい死、（略）血に塗れての悶死といった情況はひとえに怖れ、かつ厭うてきたところであった」と述べて、次のような文章で論文を締め括っている。[*18]

「時鳥と兄弟」の話は、人生の、それも歩み始めたほんの僅かなところで思いもよらぬ蹉跌から、

*15 *8でふれた猪野史子がハイヌウェレ型の影響を指摘しているが、それを受けるかたちで、藤井倫明も原型としてのハイヌウェレ型神話の存在を強く考えている（「瓜子姫の誕生――アマノジャクの悲劇」〈『立正大学院生会雑誌』第十三号、二〇一三年三月〉など、今後の展開が期待される）。
*16 三原幸久「『継子と笛』と『継子と鳥』」（『昔話　研究と資料6』、三弥井書店、一九七七年）。
*17 高橋宣勝「小鳥前生譚と自発変身」（『昔話伝説研究』第十六号、一九九一年七月）。
*18 野村純一『昔話の森』（大修館書店、一九九八年）。

しかもそれが直接の原因になってそのまま不運な死を招いてしまった者たちへの物語であった。鳥になってしまった子どもたち、そしてまた鳥になった後もなお巡り来る季節と共に帰去来する、在りし日のそうした子どもたちへの鎮魂の賦と理解することができるであろう。

これは、東北型の「瓜子姫」にもそのままあてはめることができると思う。異界から訪れ、両親に慈しみ育てられた少女が、幸せな結婚を目前にして凶暴な魔の手によって命を落としてしまうという、あってはならない死なのである。そして、その魂の鎮めは、鳥への再生によってしかなしえないという観念が、ことに東北には息づいているのではないか。[*19]

東北を歩いていると、他の土地のどこよりもつよく、幼い者たちの魂を感じることがある。下北の霊地・恐山はいうに及ばず、各地に建てられた地蔵堂や、久渡寺（弘前市）の例祭でオシラサマを遊ばせる人々、イタコの神降ろしに耳を傾けて涙する婦人たちの背後に、幼くして命を落とした子どもたちの姿が浮かんでいる気がしてならない。ザシキワラシと呼ばれる幼童神も、そうした幼い子らの魂の凝り固まった姿ではなかったか。

外国で、死者の魂が鳥になるという発想がどの程度普遍的かは知らないが、少なくともわが国においては、古い文献や考古学的な遺物の中に、その痕跡はいくつも見いだせる。その代表は、古代の英雄ヤマトタケルであろう。タケルは、西と東とを平定して都へもどる途中で神の怒りにふれて命を落とし、その魂は白い鳥になって飛翔したと語られる。また、『万葉集』には、人の魂が鳥になるという歌が数多く残され、古墳や洞窟などの葬送遺跡からは、鳥を描いた壁画や鳥の形をした木製品や土製品の出土報告も多い。[*20]

昔話にもどれば、小鳥前生譚と呼ばれる一群の話型があり、命半ばにして死ななければならなかった薄幸な少年や少女たちが小鳥になったという話が広く語り伝えられている。それが、ことに東北地方に目立つというのも「瓜子姫」を考える場合に興味深い。

おそらく、この列島に生きた人々は、古く、幼くして死んだり志半ばで死んだ人の魂は小鳥になるという信仰を持っていたのではなかったか。それは、完結することを阻まれた短い生への哀惜であり恐れであり、それゆえに必要な魂の鎮めであった。それがことに小鳥として観念されるのは、身近に飛び回り、決まった季節に渡り来て去ってゆく鳥に、亡き人を見ようとしたからだと思われる。ちなみに、「瓜子姫」では春を告げるウグイスへの化身が多い。

東北地方を特殊化することの是非は別にして、死んで鳥に化身する東北型「瓜子姫」が、夭折した魂と響きあう物語であったというのは間違いないだろう。

*19 こうした鳥になる少女の魂の問題については、三浦「マオとワオ――小鳥になった人」(『古代研究――列島の神話・文化・言語』青土社、二〇一二年)で論じたので参照願いたい。

*20 辰巳和弘『風土記の考古学』(白水社、一九九九年)。

第十四章　『遠野物語』にみる動物観——人からの距離

一　『遠野物語』および『遠野物語拾遺』の動物たち

自然村落に生きる人は、さまざまな生き物に囲まれて生活している。それら生き物と人との関係はどのように成り立っているか、『遠野物語』という作品を通して考えてみたい。ただし、明治四十三年（一九一〇）に刊行された本篇だけでは数量が足りないので、昭和十年（一九三五）に増補された拾遺を加えて考察する。また、対象とするのは昆虫を含めた動物とするが、遠野の地に実際に棲息するか否かは問わない。

まずは、『遠野物語』および『遠野物語拾遺』（以下、場合によって「拾遺」と略称）に登場する動物を一覧表に整理したので見てほしい。各項目の数字は、それぞれの動物が登場する話の数だが、比喩として用いるなど動物を話題にしていない事例は外したので網羅的な数字ではない。表では、登場する動物を便宜的に「家畜・家禽類」「山野の動物類」「野鳥類」「魚虫類」「その他の動物類」の五類に分けた。そして、それら動物の属性を、それぞれの話にみられる性格や特徴から、「化ける」「憑く」「祟る」「禁忌・言伝え」「人が化身した」「異界の主」「恐ろしいもの」「行事・習俗」「祀る」「忠誠・愛情」「人との戦い」「家畜・狩猟獣」「その他」に分類し数量を示した。これは、それぞれの話を読みながら、私が

		動物の属性（性格や特徴）														人の認識			
		a 化ける	b 憑く	c 祟り	d 禁忌・言伝え	e 人が化身した	f 異界の主	g 恐ろしいもの	h 行事・習俗	i 祀る	j 忠誠・愛情	k 人との戦い	l 家畜・狩猟獣	m その他	話数 合計	禁忌性をもつ	畏怖の対象	知恵を持つ	人との性関係
I 家畜・家禽類	①馬／ウマ				2				4	4			16		26				◎
	②牛／ウシ						1						2		3				
	③犬／イヌ			1							3			1	5				
	④猫／ネコ						1	2						1	4		○		
	⑤鶏／ニワトリ					1							2		3				
	⑥蚕／カイコ													2	2				
II 山野の動物類	①狼・御犬／オオカミ			1				6		2	1	3			13	○	◎	○	
	②猿／サル							7							7		○	○	
	③鹿／シカ							1		1			3	1	6				
	④猪／イノシシ											1			1				
	⑤熊／クマ							1				4			5		○		
	⑥狐／キツネ	16	2					7		1				1	27			◎	○
	⑦狸／タヌキ	1													1				
	⑧貉／ムジナ							1							1				
	⑨兎／ウサギ													1	1				
III 野鳥類	①閑古鳥・郭公					1								1	2				
	②夫鳥／オットドリ					1									1				
	③馬追鳥／ウマオイドリ					1									1				
	④時鳥／ホトトギス					1									1				
	⑤雉子／キジ												1		1				
	⑥鷹／タカ													1	1				
	⑦鷲／ワシ													1	1				
	⑧サガキ（カケス）							1							1				
	⑨烏／カラス							1	1						2				
IV 魚虫類	①鮭／サケ				1	1	1								3	○			◎
	②赤い魚			1											1				
	③オコゼ									1					1				
	④山オコゼ									1					1				
	⑤鏡魚／カガミウオ								1					1					
	⑥蜘蛛／クモ							2						1	3		○		
	⑦蛇／ヘビ		1	4	1		2	2		1				3	14	◎	○		
V その他	①象／ゾウ													1	1				
	②鮫／サメ				1										1				
	③河童／カッパ		2				2							2	6		○		◎

『遠野物語』『遠野物語拾遺』に登場する動物一覧表　（注）数字はいずれも話数。◎＝強くある ○＝ある

もっとも主要な属性であると認めた項目に話を振り分けただけで、客観的な判断基準があるわけではない。また、数量を確認するために複数の選択はせず、一話ごとに主要な一項目を選んだ。そして、全体の話の内容から判断して、人がそれぞれの動物をどのように認識しているかを、表の右四列に掲げた「禁忌性をもつ」「畏怖の対象（としてその動物が認識されている）」「知恵をもつ」「人との性関係（がある）」について、その有無を示した（○＝もつ、◎＝濃厚にもつ）。

以下、一覧表から見えてくる全体の特徴について、簡略に述べておく。

まずはじめの「家畜・家禽類」では、数量としては馬が圧倒的に多い。その内容をみると、1の「家畜」に分類できる事例が十六話もあり、農耕、運搬（駄賃付け）などに使役される馬の役割が大きな比重を占めていたことがわかる。しかし、単なる家畜ではないというのもまた、遠野における馬の属性である。i「祀る」の四例はいずれも馬娘婚姻譚（オシラ様）にかかわる話で、認識の項目に◎を付けた「人との性関係」というのも、とうぜんこの系統の伝承から判断した。hの「行事・習俗」としては、雨乞いや出産、馬の年取りや馬子繋ぎがある。家畜としての役割が大きいというところに、馬と人とのあいだに特別な関係が生じる理由もあるわけで、そこに遠野で語られる伝承の特徴があるということができるだろう。

馬以外の「家畜・家禽類」では、数量としても認識としてもとくに目立った動物はいない。そのなかで、ネコがfとgとに該当するのは、全国的に分布する化け猫に関する話が伝えられているからである（拾遺第一七四、一七五話）。

次の「山野の動物類」では、オオカミとキツネが目立って多い。オオカミは、遠野ではオイヌ（御犬）と呼ばれて、山に棲むもっとも恐ろしい動物として君臨した。認識としては、とうぜん「畏怖の対象」であるとともに「知恵をもつ」動物、祟りなどの「禁忌性をもつ」動物として敬われ恐れられる。サルも「知恵をもつ」動物として「畏怖の対象」となるが、その恐ろしさはオオカミとは別物で、サルの場合は命にかかわるような恐れではない。そのほかの山野の動物のなかでは、「化ける」という属性をもつキツネが圧倒的な登場回数を誇るが、この動物については次節でとり上げる。

「山野の動物類」としては九種の棲息が確認できるが、食料になる動物と食料にならない動物とがいる。前者としては、シカが代表的な狩猟対象獣であり食料となる動物である（毛皮や角も利用される）。イノシシやウサギも狩猟獣（肉・毛皮）だが、『遠野物語』および『遠野物語拾遺』にはほとんど登場しない。また、キツネとともに「化ける」動物の代表であるタヌキ（ムジナ）の登場も少ないが、これは棲息域と関係するか。クマは特徴的なキャラクターをもつ。この動物は狩猟獣（肉・毛皮・熊の胆）であり、オオカミとは違った意味で恐ろしい野獣の代表として、猟師の体験談にしばしば登場する。とくに山中での一騎討ちが語られるのが特徴である（第四三話、拾遺第二二一、二二二話）。

クマやシカは猟師以外の人びとが頻繁に遭遇する動物ではないが、オオカミ・サル・キツネは、さまざまなかたちで一般人との接触が語られる。おそらく、これらの動物は、里と山との境界地帯あるいは里に近い山野に棲息しており、ふつうの村人との接触も多いために、恐れや畏怖の感情や認識が増幅されるのであろう。

動物に対する可食性と不可食性（人が食べるか食べないか）については、エドマンド・リーチが論じており[*1]、それを参考にして言えば、日常的にオオカミやキツネの肉を食用としないのは、まずいとか固いとかの理由ではなく（説明はそうだとしても）、それらの動物に対する畏怖や禁忌に対応しているかもしれないという想像は可能である。

人からの距離という点について言うと、実在の動物ではないが、カッパ（河童）も境界領域に棲息する。そのために人はしばしばカッパに遭遇するのであり、女を孕ませるために家に忍び込んだりもする（第五五、五六話）。これは、後述するヘビ（蛇）にも当てはまる部分があり、家の中に棲んで人に祟るのである。

「野鳥類」は、どの鳥も一、二例しか出てこないので個々の鳥の属性は見えにくいが、総体でいうと人の「魂」を宿すことがある。カッコウ（閑古鳥・郭公）・オットドリ（夫鳥）・ウマオイドリ（馬追鳥）・ホトトギス（時鳥）は、元は人間だったものが、ある事情によって死んで鳥になったと語られる（第五一〜五三話）。小鳥前生譚と呼ばれる話型で遠野地方だけにみられる話ではないが、遠野を中心として東北地方に濃く分布し、人の「魂」に対する観念とかかわる哀切な昔話が語られる。[*2]

「魚虫類」でとくに多いのはヘビだが、あとでとり上げるので、ここではサケ（鮭）に注目しておく。事例としては『遠野物語拾遺』に三例出てくるにすぎないが（拾遺第一三八〜一四〇話）、始祖にかかわる伝承をもち、女とサケとの結婚を語る伝承がある。[*3] 付記すると、東北地方を中心とした東日本におけるサケは、沖縄・奄美へとつながる西日本のワニ（フカ・サメ類）と対になる神話性をもっている。[*4]

さて、こうした諸点を踏まえた上で、本章ではキツネとヘビとをとり上げ、人との関係のとり結びかたについて個別に考察してみたい。

二　キツネ――その境界性

キツネの話は、『遠野物語』および『遠野物語拾遺』に二十七話あって数量は最多だが、そのうち二十二話は拾遺に載せられている。そこに柳田国男や佐々木喜善の取捨選択がどのように働いているかは明らかではないが、『遠野物語』と『遠野物語拾遺』との性格の違いが表れていると言えよう（キツネについては一覧表を作成したので参照願いたい）。

キツネ伝承の第一の属性は、ａの「化ける」である。これは、遠野にかぎらず普遍的にみられる属性であり、[*3] キツネが化かす相手は、圧倒的に男が多い。男は馬鹿だからだまされるのかどうかは別にして、女がキツネにだまされたという話は『遠野物語』にも『遠野物語拾遺』にも存在しない。とうぜんのことながら、キツネは女に化けて人間の男をだます。しかも、たいてい若い女に化ける。老婆に化ける例もないわけではないが（拾遺第二〇〇話）、若い女に化けたキツネに、男はまんまとだまされる。

化ける場所はどこか。キツネと人間とはどこで遭遇するかといえば、家や里のなかで遭遇する。二十七話中十二話がそうで、これは意外な感じもするが、キツネ伝承の特徴をよく示していると言えそうだ。次に多い遭遇場所は、里と山野との境界のあたりであり、野や山で出あうというのは意外と少ない。

*1 エドマンド・リーチ「言語の人類学的側面――動物のカテゴリと侮蔑語について」（『現代思想』一九七六年三月号、諏訪部仁訳）。

*2 三浦佑之「ワオとマオ――アイヌと東北と」（『口承文芸研究』第一九号、一九九六年三月。のち「マオとワオ――小鳥になった人」と改題改稿して、『古代研究――神話・文化・言語』青土社、二〇一二年、所収）。

*3 三浦佑之『村落伝承論』（五柳書院、一九八七年）。本書、第一章参照。

*4 三浦佑之「神話のなかの人と動物　西のワニと東のサケと」（中村生雄・三浦佑之編『人と動物の日本史4　信仰のなかの動物たち』吉川弘文館、二〇〇九年。のち「西のワニと北のサケと」と改題改稿して、三浦『古代研究――神話・文化・言語』*2同書、所収）。

*5 ここでは『遠野物語』および『遠野物語拾遺』だけを対象にしているが、全国の事例を整理しながらキツネ伝承について分析した論考として、中村とも子「日本昔話における狐のイメージ」（小澤俊夫教授喜寿記念論文集編集委員会編『昔話研究の諸相　小澤俊夫教授喜寿記念論文集』昔話研究土曜会、二〇〇七年）がある。

整理して言えば、キツネの第一の属性は「化ける」ことにあり、化かす相手はほとんどの場合「男」である。また、化ける場所は里に近いところか里のなかである。

こうした点からどのようなことが言えるか。

キツネという動物は、野生獣でありながら人に接触しやすい、つまり人間の社会や文化のなかに組み込まれやすい動物だということである。自然と人間との狭間、境界領域にいるのがキツネだと言えよう。自然性の強いクマやシカに対して、キツネは人のそばにいる。だからこそ化けるのだし、里のなかで人はキツネと出あうのだ。とうぜん語られる頻度も高くなる。

もうひとつ注目したいのは、キツネが化けた結果はどうなるかという点である。化けた姿が見破られずに狐の勝利になるのか、人によって正体を見破られるかを確認すると、人に化けているのを見破られたキツネが死ぬか傷を負うと語られる場合と、人のほうが病気になったり怪我をしたり笑われたりする場合とがある。その割合をみると、前者のほうが数量としては少し多くなっている（人とキツネとの関係に変化がみられない場合もある）。『遠野物語』および『遠野物語拾遺』では、およそ一〇対七の割合で人間のほうが優位性を保っている。そして、キツネ伝承においては、このバランスが重要なのではないかと思われる。

この割合が逆転すると、人のほうがキツネよりも知恵が足りないということになってしまうわけで、それでは人間の立つ瀬がない。いくらキツネは知恵があり文化性をもつとしても、人間と対等あるいはそれ以上になると、人間には具合が悪い。また、いくら話だとは言え、リアリティも保証できない。そのために伝承では、人がキツネの化けの皮を剥がしたという話が僅差で勝利し、キツネは人よりも少しだけ下位に置かれる。人のほうがほんのちょっと利口だったというところで、人とキツネとのバランスは保たれているのである。

キツネの「知恵」について言うと、知恵そのものを強調している例はそれほど多くはない。しかし、人を化かすという行為自体が知恵と考えられるわけで、ほとんどのキツネ伝承において知恵が意識されているとみてよい。また、接触しやすいということも理由に加わるのだろうが、人間がキツネに対して「親しみ」や「敬い」の感情をもっているか、それとは逆に「恐れ」の感情をもっているかを見ると、分類上は圧倒的に、「恐ろしいもの」（一覧表のg）が優位だが、恐怖を語るなかには、ある種の親しみや敬いの感情も見出せる。おそらく、文化でありつつ野生でもあることとかかわるのではなかろうか。

文化という面とつなげて考えられるのは、稲荷信仰において、キツネを神の使いとみなしている点である。『遠野物語』では孫左衛門が稲荷を祀ったとか（第二〇話）、『遠野物語拾遺』では馬木《まき》ノ内《つ》の稲荷様の起源を語るとか（拾遺第一八九話）の話がある。もちろん、近世以降に外から勧請された信仰である。

加えてもう一点、キツネの話は、化かされる話もそうだが「笑い話」として語られることが多い。ところが、『遠野物語』および『遠野物語拾遺』を読んでいると、キツネに対する恐怖が強調される場合が多く、その代表的な事例として死者に憑く話が見いだせる。

A　昔土淵村田尻の厚楽《あつらく》という家で、主人が死んで後毎晩のように、女房の寝室の窓の外に死んだ夫が来て、お前を残しておいてはとても成仏が出来ぬから、おれと一緒にあべと言った。家族は怪しく思ってそっと家の裏にまわってみると、大きな狐が来てひたりと窓に身をすりつけていた。それを後から近よって不意に斧を以て叩き殺したら、それからはもう亡者は来なかったという。

（拾遺一九〇話）

死んだ主人が女房に未練があって、キツネの体に魂を宿してやってくるという話だ。逆に言うと、キツネは人の魂を宿してしまう。このかたちの話はほかにもあり、本篇の第一〇〇話に、船越の漁師が吉利吉里から帰ってくる時の話が載せられている。峠の途中で女房に出あった。これはたぶんキツネだろうと思って殺したが、なかなか正体を現さない。連れがいたので後を頼み、自分は急いで家に帰ると、女房は何事もなく寝ていた。そして目覚めた女房が、「今恐ろしき夢を見たり。あまり帰りの遅ければ夢に途中まで見に出でたるに、山路にて何とも知れぬ者に脅かされて、命を取らるると思ひて目覚めたり」と語る。そこで男が山に引き返すと、「山にて殺したりし女は連れの者が見てをるうちにつひに一匹の狐となりたり」という（本書、第七章、Iの資料、参照）。

これは死者の話ではないが、狐が女の魂を宿してしまうという点で共通する。浮遊する魂（寝ている女房の魂は浮遊して夢を見ている）をキャッチする能力を、キツネはもつと考えられているのである。そして、そうしたキツネの属性とつながるのではないかと考えられるのが、「飯綱《いづな》使い」と呼ばれる憑き神の信仰である。

『遠野物語拾遺』第二〇一話では、ある男が遠野の町へ出る途中で、見知らぬ旅人に出会う。その男の袂の中には小さな白いキツネがいた。「これさえあれば誰でも俺のように何事でもわかるし、また思うことが何でもかなう」というので買い取った。その後「八卦置き」になったが、とてもよく当たるというので評判になり金持ちになったという。

一方、それに続く拾遺第二〇二話では、土淵村の某という者が、旅人から「飯綱の種狐」をもらい受けて「法華の行者」となる。はじめはよく当たったが、そのうち当たらなくなっていやになり、飯綱を川に棄てたと語られている。

	番号	内容の要約	
遠野物語	21	稲荷の勧請とキツネ、油揚げ	i
	60	銃口に土を詰める（知恵を持つ）	m
	94	人をだます（相撲をとって餅を取られる）人の負け	a
	100	女房に変身してだます（殺すと正体を現す）	a
	101	死霊に近づく（死者の番をしている時）	g
遠野物語拾遺	拾 188	懸ノ稲荷様（医者をだまして治療させる）	a
	拾 189	馬木ノ内の稲荷様（だまされる、昼間に急に暗くなる）	a
	拾 190	死者に近づく（残された女房の許に来る）家族が退治	g
	拾 191	亡者とキツネ（娘の死後、殴ると逃げる）祟りなし	g
	拾 192	大きな古狐（尻尾が二俣）石を降らす　赤犬に退治される	g
	拾 193	多賀神社のキツネ（魚を取られる）塩を食わせて懲らしめる	a
	拾 194	多賀神社の悪いキツネ（筆に化けさせる）	a
	拾 195	だまされる（魚を取られる）	a
	拾 196	大慈寺の縁の下に住む。だまされる（魚を取られる）	a
	拾 197	ウサギに化けて踊る（狐だろうと言う）	a
	拾 198	だまされそうになったが気付いて助かった	a
	拾 199	だまされる（女に化けており、後を付ける）家に帰り病んだ	a
	拾 200	明神様の境内にいたキツネの母子（若者との恋物語）	a
	拾 201	小さな白キツネ。飯綱使い（占い的中）後は貧乏になり野垂れ死	b
	拾 202	飯綱使い（旅人から種狐をもらう）占いに失敗し流し棄てる	b
	拾 203	狐を脅したらだまされた（川の中に落とされ、懐中に馬糞）	a
	拾 204	狐を殺して皮を売ったら仕返しされた	g
	拾 205	利口な狐をだまそうとして半死半生になった	g
	拾 206	だまされる（女に化けている）退治して狐汁にした	a
	拾 207	だまされる（女に化けている）連れの男が切り殺したら古狐	a
	拾 208	ネコに化けていたのを殺したら古狐	a

『遠野物語』『遠野物語拾遺』に登場するキツネ

内容	a 化ける	b 憑く	c 祟り	d 禁忌・言伝え	e 人が化身した	f 異界の主	g 恐ろしいもの	h 行事・習俗	i 祀る	j 忠誠・愛情	k 人との戦い	l 家畜・狩猟獣	m その他	用例話数 合計	禁忌性をもつ	畏怖の対象	知恵を持つ	人との婚姻関係
話数	16	2					6		1				1	26			◎	○

『遠野物語』『遠野物語拾遺』に登場するキツネの性格　　(注)◎＝強くある　○＝ある

イヅナ（飯綱）というのは、「半キツネ半ネズミのような動物」で、どちらかというとネズミに近いのだという。また、「寒さに弱いので炉の下やこたつ」で飼われ、ネコが食べてしまうので、イヅナを飼う家ではネコは飼えない。繁殖力が旺盛で、増えすぎるとあみ笠に入れて海に流して処分する。その性格は飼い主の命令に忠実ですばしっこく、「カミサン的職能者」でなければ見ることはできない。[*6]

イヅナはキツネとは違うが、便宜的に一覧表ではキツネの項目に含めた。イヅナ使いについては、全国的に広がるキツネ憑きやイヌ神憑つきなどの信仰や差別の問題と重ねて考えなければならない重要な課題だが、ここでは深入りする準備がない。ただ、『遠野物語拾遺』に登場する「飯綱」と呼ばれる動物には、伝承におけるキツネが担わされた属性としての知恵や霊魂を宿す力が響きあっている。少なくとも『遠野物語』および『遠野物語拾遺』に見いだせるキツネと同様の属性をもっており、そうした伝承に支えられてイヅナを語ることができたのであろう。

三　ヘビ――その異界性

ヘビが出てくる話は、『遠野物語』および『遠野物語拾遺』に十四話を数え、キツネ・ウマに続く第三位の数量である（別表、参照）。ただし、そのほとんどは『遠野物語拾遺』に拾われており、『遠野物語』本篇には、孫左衛門の家が毒キノコ中毒で一家絶滅した時の前兆の一つとして、使用人たちが屋敷にいたヘビをみな殺しにした祟りだとする話があるだけである（第二〇話）。

伝承から読み出せるヘビの属性は、強いタブー性（禁忌性）をもち「祟る」ことにある。第二〇話もそうだが、家や屋敷の中に棲むヘビは、ことにタブー性が強く、拾遺第一八一話の冒頭には「家のあたりに出る蛇は殺してはならぬ」とある。

ただし、『遠野物語』および『遠野物語拾遺』の全十四話について言えば、家や里の中で語られるヘビの伝承はそれほど多くはない。全体の分布をみると、ヘビが棲息している場所は、沼とか淵に加えて山野や沢であり、異界＝自然の中にいるとみなされている。そして言うまでもなく、その姿の異形性から「恐ろしいもの」として忌避する感情が強くなる。

一方、屋敷に棲むヘビについては、先祖の生まれ変わりであるとか、家の守り神であるとする認識があり、殺してはいけないのは、「その家の先祖の人だから」（拾遺第一八一話）と語られている。このように、家に棲むヘビは守らなければいけない、殺してはいけないという感情や言い伝えはあるが、先祖の生まれ変わりとして親近感をもっているわけではない。また、一般的にヘビは知恵をもつと考えられ、商売繁盛をもたらすとみなされているが、『遠野物語』および『遠野物語拾遺』にはそうした属性は見いだせない。あくまでも、恐怖が優先する。そのためだろうか、ヘビは巨大化して怪物的・妖怪的な性格を強くする。

B　橋野の中村といふ処にも昔大きな沼があつた。其沼に大蛇が居て、村の人を取つて食つてならなかつた。村ではそれをどうともすることが出来ないで居ると、田村麿将軍は里人を憐れに思つて、来て退治をしてくれた。後の祟りを畏れて其屍を里人たちは祠を建てて祀つた。それが今の熊野神社である。社の前の古杉の木に、其大蛇の頭の形を木の面に彫つて懸けて置く習はしがあつた。社の

*6 佐藤憲昭「『イズナ』と『イズナ使い』」（小松和彦編『怪異の民俗学1　憑きもの』河出書房新社、二〇〇〇年）。

前の川を太刀洗川と謂ふのは、田村麿が大蛇を斬つた太刀を、爰に来て洗つたからである。

（拾遺三二話）

坂上田村麿による大蛇退治の話である。東北地方でしばしば語られる伝承の一つだが、興味深いのは、退治してもらったことに感謝しているというよりは、迷惑に感じているようにみえる点である。村人（里人）にとって恐ろしいのは、退治された大蛇より退治されたあとの大蛇の祟りなのである。だから、祟りを避けようとして村人たちは祠を建てて祀ったと語られる。

こうした村人のがわの感性は、八世紀のはじめに編纂された『常陸国風土記』行方郡条に載せられた、ヤト（夜刀）の神の伝承を想起させる。ヤトは谷間の湿地をさす言葉で、そこに棲む角のある蛇がヤトの神なのだが、土地の英雄・箭括《やはず》氏の麻多智《またち》という男は、ヤトの神が棲む谷を占有して田を造ろうとする。そこで麻多智はヤトの神に、「な恨みそ。な祟りそ」と祈願し、谷より上に後退してもらう代わりに社を造ってヤトの神を祀ることにした。ところがそれから百数十年を経て、都から派遣された壬生連《みぶのむらじ》麿《まろ》という天皇の使いは、ヤトの神など魚虫の類だから皆殺しにしろと命じ、その棲み処に水源を確保するための池を造ったと語られている（本書、第三章、Jの資料、参照）。

ヤトの神の伝承にも、Bの話にも、ヘビに対する崇拝と忌避（排除）という両義的な性格が表れている。外から来た英雄は簡単に谷の神や沼の主を殺してしまうが、村人たちにとっては、あくまでも恐ろしく敬うべき存在であって魚虫の類いではない。来訪する英雄が退治してくれたとしても、村人は心穏やかに生活することができないのはそのためである。

	番号	内容の要約	
本	20	おもしろ半分に蛇を殺す（毒キノコ事件の前兆）	c
遠野物語拾遺	拾 30	下女が蛇体に変身する（沼の主の嫁？）	f
	拾 31	入水したお姫様の籠に蛇の鱗が残る（機織淵系の話）	f
	拾 32	田村麻呂に退治された沼の主の大蛇（熊野神社として祀る）	i
	拾 34	淵の主の使い（殺して祟りを受ける）	c
	拾 105	「山男」の鞄の中に入っている	g
	拾 143	置き忘れた名刀が大蛇に見えた	m
	拾 144	赤い蛇は寝ていた侍の名刀であった	m
	拾 179	木の上の大蛇	g
	拾 180	山かがし（若い娘の内股に）打ち殺す	b
	拾 181	山かがし（家のあたりに出る蛇は先祖だから殺してはならぬ）	d
	拾 182	草刈りで切った蛇が祟る（祠を建てて祀るが病んで死んだ）	c
	拾 228	大蛇を殺すとそこに毒キノコが生える（毒にあたって死ぬ）	c
	拾 255	家を出て最初に蛇に出会えば「吉」（金が入るなど）	m

『遠野物語』『遠野物語拾遺』に登場するヘビ

内容	a 化ける	b 憑く	c 祟り	d 禁忌・言伝え	e 人が化身した	f 異界の主	g 恐ろしいもの	h 行事・習俗	i 祀る	j 忠誠・愛情	k 人との戦い	l 家畜・狩猟獣	m その他	用例話数 合計	禁忌性をもつ	畏怖の対象	知恵を持つ	人との婚姻関係
話数		1	4	1		2	2		1				3	14	◎	○		○

『遠野物語』『遠野物語拾遺』に登場するヘビの性格

（注）◎＝強くある　○＝ある

C　上郷村佐比内河原の鈴木某といふ男が、片沢といふ所へ朝草刈りに行つた。刈り終つて家に帰つて、馬に草を遣らうとして見ると、刈草の中に胴ばかりの蛇がうごめいて居た。次の朝もまた片沢へ行くと、馬沓程もある胴の無い蛇の頭が眼を皿の様にして睨んで居た。これはきつと昨日の蛇と同じ蛇だらうと思ひ、大に畏れて、以後此沢には決して入らぬし、祠も建てて祀るから、どうか祟らないでけろと言つて帰つた。それで祟りもなかつたが、何代か後の喜代人といふ者が此言ひ伝へを馬鹿にして片沢へ草刈りに入つたところが、頭ばかりの蛇が草の間に藁打槌《わらうちづち》の様になつて居た。それを見て帰ると、病みついて死んだと伝へられて居り、今もこの片沢には草刈りに入らない。

（拾遺一八二話）

この話も、先のBの話と同じ構造をとって語られており、『常陸国風土記』のヤトの神の伝承とも近い。恐怖や敬いの対象となるヘビと異形の虫けらとが、二重化されて伝承を構成している。

このように眺めると、ヘビには異界的な属性が強く、恐怖の感情が大きいということになる。それをキツネの場合と同様に整理すると、自然性が強く見出せるのがヘビである。ここで言う自然性とは、殺すことに対して人のがわが強い恐れや禁忌性を抱いている状態をさす。だから、退治をしても祠を建てて祀らなければならない。

また、ヘビの祟りは執念深いものとして現れる。『遠野物語』第二〇話の毒キノコの話もそうだが、ここでは拾遺第二二八話を例にとると、砂沢という沢で大蛇に呑まれた爺さんが、腰に差した鎌でヘビの腹を切り裂いて脱出した。村人が行ってみると、たしかに大蛇が死んでいた。そして何年かのち、「銀茸に似たみごとな茸」が砂沢一面に生えた。爺さんがそれを採っていると、どこかから「油させさせ」という声がしたので、油を入れて食べると何事もなかった。ところがその茸を取り、そのまま食べた若者たちの十人中九人までが、その夜のうちに毒にあたって死んだという。

何年かのちに、しかも当事者の爺さんにではなく、無関係な若者たちに被害が及ぶところに、ヘビの祟りの恐ろしさが示されている。

高橋喜平『遠野物語考』によれば、[*7] 毒キノコの致死率は高い。そして、それらの中毒死が、第二〇話と拾遺第二二八話と、どちらも「蛇の祟り」によって語られる。このことは、ヘビの属性としての執念深さということとかかわっているだろう。ヘビを殺した場合には必ず祟りを受けるという恐怖が殺したがわにあるのは、ヘビが自然性をもっているからだ。ただし、家に棲みついたヘビに対しては先祖の霊が宿っているという敬いの気持ちがあるわけで、その両義性の強さにヘビの属性は存する。そして、こうした両義性は時代や地域を超えて存在するようにみえる。

キツネの場合、だまされる人間は男で、女に化けるキツネは女性性をもつ。それに対して、ヘビに見いだせるのは男性性である。ヘビは太古以来、男性のセックスシンボルとして存在する。『古事記』の三輪山（丹塗り矢）型神話をみればよくわかるのだが、神（蛇）はすぐに若い女性にちょっかいを出して子を孕ませる。

そうした観念は遠野の伝承にも生きている。ある家で急に三、四人が病気になり、どこからか訪れた老婆が、「小蛇」を殺した祟りだとお告げをする。病気の原因は、淵の主がこの家の娘を嫁にほしくて使いに出した小蛇を家の者が殺したためで、娘はおそらく淵の主に取られるだろうという。それを聞い

*7 高橋喜平『遠野物語考』（創樹社、一九七六年）。

た娘は病気になり、逆に病人たちは治るのだが、娘はそのまま死んでしまう。両親は、娘の死骸を淵のそばに埋めて葬式をすませた。翌日そこに行くと、娘の死骸はもうなかった（拾遺第三四話）。

小蛇を使いに出す淵の主もまたヘビで、男性性をもつ。拾遺第一八〇話に、「ヒラクゾの某という若い娘が、畑の草を取っていながら、何事か嬉しそうに独り言を言って笑っているので、いっしょに行った者が気をつけて見ていると何か柴のような物が娘の内股の辺で頭を突き上げて動いている。それは山かがしであったから、人を呼んで打ち殺した」といういささかエロチックな話が伝えられている。この話は、例の、カッパの子を孕んだ娘の話とよく似ているところから（『遠野物語』第五五話）、カッパもまた男性性をもつとみてよかろう。そうした男性性を象徴するのが、異界に属するヘビであり、その対極にいるのが、女性性の濃厚なキツネだということになるのではないかと思う。

四　人と動物とのバランス

動物を語る伝承には、人の、動物に対する心性が反映する。動物は人が存在するから伝承世界を生きるわけで、人間のがわにしか動物観というのは存在しない。そこで言いかたを変えると、動物観とは「人からの距離」ということになるだろう。

その距離に、時代や地域性による差違があるのはとうぜんだ。縄文や弥生の時代から変わらない場合もあろうが、変化することも多い。ただ、いつも中心には人間が据えられる。そして、どの動物も、人から見れば両義的な存在となる。『遠野物語』および『遠野物語拾遺』にしばしば登場する動物の場合、そうした両義性はことに強く現れる。今回とり上げたキツネもヘビも、両義性をもつ動物の代表である。

そのありかたは、ウマにしろオオカミ（オイヌ）にしろ、伝承のなかに頻繁に登場する動物はどれも同じである。その棲み処が家か里か山野かという違いはあるが、接触した人が感じるのは恐れ（忌避）であり敬いであった。

ただ、家族のようにして家の中で飼われているウマと、山野を走りまわる野生のオオカミとでは、人との距離感が違うのはとうぜんだが、それだけではなく、恐怖や敬いの質が違っている。ウマの場合は、愛情や愛おしみの気持ちが強く現れることで、オシラ祭文や『遠野物語』第六九話にあるようなウマと娘との婚姻譚も語られる。[*8] それに対して、同じ婚姻譚のかたちを取るとしても、ヘビが女を求めたり結婚したりするのとウマの場合とでは違ったものになる。

人と動物との距離は、たんに物理的な隔たりだけではない。歴史的な時間の長さという距離でもあり、人とのつき合いかたの親密度という距離でもあり、食料や労役などにおける有用性があるかないかという点で測ることのできる人との距離でもあろう。それらが複合的に組み合わされて人と動物との距離は作られ、動物観ができあがってゆく。

そのようにして人と向き合う動物の種類は、『遠野物語』および『遠野物語拾遺』で確認するかぎり、ずいぶん少ない。人との距離が問題になる主要な動物は、ウマとキツネとオオカミとヘビであった。もう一段広げても、ネコ・サル・クマ・サケに、想像上のカッパを加えるのが精一杯ではないかと思う。

さて、そうした事実を踏まえた上で、人と動物との関係性をどのように説明できるかということを論

*8 馬と女との結婚（馬娘婚姻譚）については、三浦佑之「馬と交わる女神」（『古代研究——列島の神話・文化・言語』青土社、二〇一二年）で論じた。

じなければならないのだが、今は前に進まない。ただ、先に紹介したエドマンド・リーチが論じた可食性の問題を踏まえることで[*9]、解釈の糸口が見いだせるかもしれないと思う。というのは、人との距離が問題になるオオカミ・キツネ・ヘビは、少なくとも近代の日本列島においては、いずれも「食べない」動物であるからだ。加えて、ウマも、ウシやブタとは区別された桜肉として、食べることを忌避する（忌避されてきた）動物であった。その「食う／食わない」の区別には、説明できる何らかの理由があったはずで、けっして殺生禁断という仏教的な理由だけではないはずである[*10]。

藤井弘章によれば、ウマは、イヌ・サル・クジラ・ウミガメとともに食べずに供養した動物で、それは江戸時代から確認できるという。そして、「ウマの場合は、農耕馬、軍馬、競走馬などとして使用したウマを供養した習俗」とかかわると藤井は述べている[*11]。ウマは、人との距離がもっとも近く親密な動物だというのは明らかだが、では、オオカミやヘビやキツネについてはどう説明すればいいか、あらためて考えなければならない。

*9 エドマンド・リーチ、*1同論文。
*10 肉食の禁忌について、「米への収斂と肉食の禁忌」の関係として、天皇制の問題と絡めながら論じているのが、原田信男『歴史のなかの米と肉　食べ物と天皇・差別』（平凡社ライブラリー、二〇〇五年）である。
*11 藤井弘章「動物食と動物供養」（中村生雄・三浦佑之編『人と動物の日本史4　信仰のなかの動物たち』吉川弘文館、二〇〇九年）。

引用説話索引

＊本書で本文を引用した説話にかぎって、その内容と使用したテキストを記す。ただし、古典文献については、読みやすさを配慮して私に改定した部分がある。掲げる表題は、内容に従って私につけたものである。なお、表題の下に付した数字とアルファベットは、章数と引用符号である。

『古事記』

（和銅五［七一二］年序、稗田阿礼述、太安万侶筆。使用テキストは日本古典文学大系『古事記・祝詞』［倉野憲司校注、岩波書店、一九五八年］）

中・神武天皇条「丹塗矢に刺された女」　八―B

『日本書紀』

（養老四［七二〇］年、舎人親王ら編。使用テキストは日本古典文学大系『日本書紀』上［坂本太郎ほか校注、岩波書店、一九六七年］）

崇神天皇条「夢による日継ぎの決定」　二―B

『出雲国風土記』

（天平五［七三三］年、出雲臣広成編。使用テキストは日本古典文学大系『風土記』［秋本吉郎校注、岩波書店、一九五八年］）

意宇郡「ワニに殺された娘の仇討ちをした父親」　九―C

『常陸国風土記』

（八世紀前期。使用テキストは日本古典文学大系『風土記』［同前書］）

行方郡「夜刀の神を祀る話と打ち殺す話」　三―J
行方郡「池を築造した伝承」　三―K
行方郡「角の折れてしまった蛇」　三―L

『肥前国風土記』

（八世紀前期。使用テキストは日本古典文学大系『風土記』［同前書］）

佐嘉郡「川を溯り女のもとに通う海の神ワニ」　一―L

『日本霊異記』（平安初期、僧景戒編。使用テキストは日本古典文学全集『日本霊異記』［中田祝夫校注、小学館　一九七五年］）

上・一四「異常な光を発する僧」　七－F
中・三「母を殺し故郷の妻のもとに帰ろうとした防人」　五－C
中・一三「吉祥天女と交わった修行僧」　七－D
中・一四「仏に助けられた貧乏な女王」　七－C
中・三三「初夜の晩に鬼に喰い殺された女」　八－D
中・四一「蛇の子を孕み堕胎した女」　八－C
下・八「仏を見た修行僧」　七－E
下・二八「朽ちた仏像の声を聞いた修行僧」　七－G

『日本三代実録』（延喜元（九〇一）年。使用テキストは国史大系『日本三代実録』普及版［吉川弘文館、一九七四年］）

仁和三年条「鬼に喰い殺された女」　八－F

『伊勢物語』（平安前期。使用テキストは日本古典大系『竹取物語・伊勢物語・大和物語』［大津有一ほか編、岩波書店、一九五七年］）

六「芥川の鬼と姫君」　八－G

『今昔物語集』（平安後期。使用テキストは日本古典文学大系『今昔物語集』［山田孝雄ほか校注、岩波書店、一九六二年］）

二七・八「鬼に喰い殺された女」　八－E

『宮古旧記』（十八世紀中期、忠導氏おやけ屋の大主。使用テキストは『宮古島旧記並史歌集解』［稲村賢敷、至言社、一九七七年］）

「鱶に助けられて故郷にもどった男」　一―K

『ほらふき男爵の冒険』（十八世紀後半、ゴットフリート・アウグスト・ビュルガー。
使用テキストは新井皓士訳『ほらふき男爵の冒険』〔岩波文庫、一九八三年〕）
「狼の口に手を突っ込んで殺した男爵」　六―A

『二郡見聞私記』（天保六〔一八三五〕年序、和田甚五兵衛氏武。使用テキストは『南部叢書』第九冊
〔南部叢書刊行会、一九二八年〕）
「息子を殺した狼の口に手を入れて殺した母親」　五―E

『傍廂』（嘉永六〔一八五三〕年序、斎藤彦麻呂。使用テキストは『日本随筆大成』第三期第一巻・新訂版
〔吉川弘文館、一九七六年〕）
「狼の口に徳利を突っ込んだ少女」　六―B

『初稿本・遠野物語』（明治四二〔一九〇九〕年頃、柳田国男の自筆原稿で未刊。引用は遠野市立博物館所蔵複製本による）
二「三人の女神の鎮座由来譚」　二―F

『遠野物語』（明治四十三〔一九一〇〕年、柳田国男〔佐々木喜善口述〕聚精堂。
使用テキストは名著複刻全集『遠野物語』〔日本近代文学館、一九六八年〕）
一「渾沌の大地としての湖水とその流出」　一―〇
二「三人の女神の遠野三山への鎮座由来譚」　二―A
三「髪を梳る山女に出あった猟師」　七―H
五「笛吹峠と山男山女」　十二―B
六「神隠しに遭って山で暮らす女」　三―A

八「神隠しに遭った娘が里に姿を見せた話」　三―F
九「笛を吹く菊池弥之助」　十二―C
一〇「不思議な声を聞いた男」　五―A
一一「息子に殺された母親とその慈愛」　五―B
一五「田植えを手伝ってくれたオクナイサマ」　七―A
一八「旧家を出ていったザシキワラシ」　四―B
一九「毒キノコを食べて一家全滅した話」　四―A
二〇「蛇を殺して祟りを受けた話と事件の前兆」　四―C
二一「孫左衛門の家を富まそうとする努力」　九―B
二四「大同の家の始まり」　一―B、四―F
二五「大同の家の始まりと片門松」　一―B’、四―E
三三「山中で宝物を見つけた男」　四―L
四二「狼と一騎打ちをした男」　六―C
四三「熊に組みついた猟師」　六―E
五〇「カッコ花の話」　十一―B
五一「オット鳥の話」　十一―A
五四「川の底で神隠しの娘に出あった男」　九―A
五五「河童の子を孕んだ女とその子を斬り刻んだ父親」　八―A
五六「娘の生んだ河童の子を捨てに行った父親」　八―H
六三「マヨヒガに行き何もしなかったために祝福された女房」　四―I
六四「マヨヒガに行ったが何も手に入れられなかった聟」　四―J
七五「山女に連れ去られる男たち」　三―C

『日本伝説集』
（大正二［一九一三］年、高木俊雄、郷土研究社。使用テキストは修訂版［宝文館、一九七五年］）
九四「狐に騙されて相撲をとり餅を取られた男」　七－J
一〇〇「女房の魂を宿した狐を殺した男」　七－I
一一一「捨てられた老人たちが農耕して生きのびる話」　五－D
一一七「ヤマハハに殺されたおりこひめこ」　十三－A
六・乙「心奢りによって田圃を失った長者」　七－B

『東奥異聞』
（大正十五［一九二六］年、佐々木喜善、郷土研究社。
使用テキストは『世界教養全集』第二一巻所収版［平凡社、一九六一年］）
「毎年訪れる神隠しの娘を封じ込めた話」　三－H
「早池峯山の鎮座由来譚と花盗み」　二－H

『山の人生』
（大正十五［一九二六］年、柳田国男、郷土研究社。使用テキストは『定本柳田国男集』第四巻［新装版、筑摩書房、一九六八年］）
「神隠しの娘に出あい連れもどそうとした猟師」　三－B
「裸の山女に攫われそうになった男」　三－D

『聴耳草紙』
（昭和六［一九三一］年、佐々木喜善、三玄社。使用テキストは筑摩叢書版『聴耳草紙』［筑摩書房、一九六四年］）
九七「鮭の大助と結婚した娘」　一－E
九八「鮭に救われ故郷にもどることができた男」　一－J
一一四「オットウ鳥の話」　十一－C

『日本神話の研究』
(昭和六［一九三一］年、松本信広、同文社。使用テキストは東洋文庫版『日本神話の研究』［平凡社、一九七一年］)

「人を喰ったワニを見つけだすシャーマン」　九―D

『遠野物語拾遺』
(昭和十［一九三五］年、佐々木喜善の原稿に柳田国男の弟子たちが手を入れたもの、『遠野物語・増補版』所収、郷土研究社)

二「笛を吹く継子と笛吹峠」　十二―A
三一「坂上田村麿と大蛇退治」　十四―B
一三四「飼い犬を殺して祟りをうけた話」　四―D
一三五「神隠しの娘が家に姿を見せ富をもたらした話」　三―G
一三八・前半「鮭に乗って溯上した始祖」　一―A
一三八・後半「鮭に救われ故郷にもどった男」　一―G
一三九「鮭を食べない家」　一―C
一四〇「神隠しにあった娘と鮭を食べない家」　一―D
一四一「家に伝わる開けずの箱と市松模様の布片」　一―F
一八二「大蛇を殺した祟り」　十四―C
一九〇「死んだ夫になったキツネ」　十四―A
二一三「狼に出あって逃げた兄と死んだ弟」　六―D

「南部昔話抄」4
(昭和十［一九三五］年、平野直、『昔話研究』第八号所収。使用テキストは復刻版『昔話研究』［岩崎美術社、一九八〇年］)

「父親に両手を斬られて捨てられた継子」　九―E

『喜界島昔話集』（昭和十八〔一九四三〕年、岩倉市郎、三省堂。使用テキストは再版本〔三省堂、一九七四年〕）
八八「太陽と月の花咲かせ競争と花盗み」二－C
『附馬牛村誌』（昭和二十九〔一九五四〕年、附馬牛村役場）
「片門松の由来と隠れキリシタン」四－H
『日本伝説集』（昭和四十六〔一九七一〕年、武田静澄、社会思想社）
「笛の上手な権三郎と笛吹川」十二－D
『徳之島の昔話』（昭和四十七〔一九七二〕年、田畑英勝、私刊）
一〇四「花咲かせ競争と花盗み」二－D
『遠野の昔話』（昭和五十〔一九七五〕年、遠野民話同好会編、日本放送出版協会）
「里に姿を見せた神隠しの娘」三－I
「ミルクポトケとサクポトケ」（昭和五〇〔一九七五〕年、『伊波普猷全集』第九巻月報所収、大林太良、平凡社）
「ミルクポトケとサクポトケとの花咲かせ競争と花盗み」二－E
『酒田の昔話』（昭和五十一〔一九七六〕年、野村純一編、酒田市）
四五「ネズミ浄土に行き富を得た爺とひどい目に遭った爺」四－K
『雀の仇討』（昭和五十一〔一九七六〕年、野村純一・野村敬子編、東北出版企画）
「鮭の溯上と大助」一－H

『ききみみ』四号（昭和五十二［一九七七］年、佐藤義則、私刊。使用テキストは佐藤義則『ききみみ・小国郷のわらべうた』［荻野書房　一九八〇年］）
「鮭に乗って溯上した始祖」　一―I₁

『羽前小国郷の伝承』（昭和五十五［一九八〇］年、佐藤義則、岩崎美術社）
三「湖水の流出と大地の始まり」　一―M
二一「鮭に乗って溯上した始祖」　一―I₂
二〇八「裸で髪を梳る山女に出あった男」　三―E

『大迫』（昭和五十五［一九八〇］年頃、大迫町企画商工課編、同課発行）
「早池峯山の鎮座由来譚」　二―G

「福田八郎さんの語りによる遠野案内」（昭和五十九［一九八四］年、『民話の手帖』第十九号、日本民話の会発行）
「遠野三山の鎮座由来譚」　二―I

『マタギ　日本の伝統狩人探訪記（改訂版）』（昭和五十九［一九八四］年、戸川幸夫、クロスロード）
「熊に組みついた猟師の体験談」　六―F

『民俗風信帖』（昭和六十［一九八五］年、金野静一、熊谷印刷出版部）
「片門松の由来譚」　四―G

あとがき

本書「序章」で鉄道にこだわっているのは、一九八七年に国鉄民営化が実現し、その前後数年間は、赤字路線の廃止が大きな問題になっていたからである。その出来ごとを、今どのように評価するかは意見の分かれるところだと思うが、大きな流れとしていえば、二〇〇三年から五年あたりにピークを迎えた平成の大合併につながっている。全国で市町村の合併が進み、その数は半減した。そのなかの「村」という行政単位だけでいえば、今は合併前の三分の一以下に減少しているはずだ。

この二十年、村はますます疲弊し独力では持ちこたえられなくなったためだが、町や市に編入された元の「村」が、合併によって活性化したとは到底思えない。過疎に拍車がかかり、人はますますいなくなる。「限界集落」などということばが出てきたのも、国鉄民営化以降のことだ。

三重県中部の山間地に生まれ育ち、東京暮らしのほうがずっと長くなってしまった私にとって、いいところも悪いところもある村は、いつも気にかかる。まさに、「遠くにありて思ふもの」であり、その思いが旧著を書く動機の隅っこにあった。

私がはじめて遠野の地を訪れたのは一九七九年五月で、市立博物館が開館する前年のことだった。それ以来しばしば遠野を訪れることになり、地元の研究者や有志の人々、そして行政の方とも懇意になり、さまざまなかたちでお付き合いがはじまった。ことに、本を出したあとは、遠野常民大学やそこから発展した遠野物語研究所が主催する「遠野物語ゼミナール」の講師などをさせていただいた。ゼミナールでは全国から参加するたくさんの人との出あいがあったが、その遠野物語研究所も本年三月に閉じられ、ゼミナールは昨年夏の第二〇回で幕を下ろした。

一方、二〇一一年六月には、遠野市が遠野文化研究センターを設立し、市民参加を前面に推しだしながら遠野市の文化活動を積極的に推進するようになった。ちなみに、遠野市は平成の大合併において宮守村と合併し（二〇〇五年）、その行政範囲は、『遠野物語』に、「遠野郷は今の陸中上閉伊郡の西半分、山々にて取囲まれたる平地なり」（第一話）と記されたのと同じ範囲になった。

もう三十五年にもなる遠野とのお付き合いだが、私が遠野の人々を見なおすことになったのは、二〇一一年三月十一日の東日本大震災、ことに三陸地方を襲った大津波に対する対応を知った時である。当日、遠野市では沿岸の被災情況がわかるとすぐに、といっても電気が切れて詳細は何もわからないままに、職員や市民がいっせいに支援体制を整え、三陸沿岸の市や町に食料や日用品などを届けはじめた。一例をあげると、市民ボランティアと市職員延べ二〇五〇人が、震災の日から二十九日間で一四万二四〇〇個ものおにぎりを作って被災地に届けた（『3・11東日本大震災 遠野市後方支援活動検証記録誌』遠野市、二〇一三年九月）。また、被災者を受け入れ、外から駆けつけた自衛隊や各地の警察・消防そしてボランティアなど支援隊の前線基地も設置された。今も後方支援は続いているが、まさに遠野の人々は、称賛に値する八面六臂の大活躍であった。

宿泊場所や食料を確保でき、震災の数年前に開通した新仙人トンネルを通って沿岸地域と往復できる遠野は、迅速な援助活動を進めるための拠点として恰好の土地だという理由があったのだが、じつは、そうした人と物とが流通する地域拠点としての役割を、遠野は昔から果たしていたということこそ強調しておきたい。しばしばスローガンとして叫ばれながら実効性のない「絆」が、沿岸地域と遠野とのあいだに迅速に作られたのには、歴史的な必然があったのである。

各章で引用した話のいくつかにも出てきたが、『遠野物語』および『遠野物語拾遺』には、釜石・大槌・山田・宮古はもちろん、田ノ浜や吉利吉里など、三陸沿岸の地名が登場する。それは、内陸の遠野と沿岸地域とのあいだには、さまざまな物資の交易や人と人とのつながりが存在したからである。それが話を流通させるのだし、遠野という土地に数えきれないほどの話が蓄積された理由でもあった。

なお、『遠野物語』にはただ一話だが、明治三陸大津波(一八九六年)の折に生じた出来ごとを伝える話が遺されている(第九九話)。今回の大震災のあと、多くの人が紹介して有名になったが、私も、「九九話の女――遠野物語と明治三陸大津波」という文章を書いた(河合俊雄・赤坂憲雄編『遠野物語 遭遇と鎮魂』岩波書店、二〇一四年)。この本には、臨床心理学、民俗学、日本文学など異分野の研究者が共同研究を行った成果がまとめられており、そうした試みをも可能にするテクストとして『遠野物語』は存在するということがよくわかる本である。また、『遠野物語』成立百周年に合わせて、赤坂憲雄氏との共著で、若い人に向けた入門書『遠野物語へようこそ』(ちくまプリマー新書、二〇一〇年)も出した。

『遠野物語』研究について言えば、今は亡き後藤総一郎氏が指導し遠野常民大学のメンバーによってまとめられた『注釈遠野物語』(筑摩書房、一九九七年)の成果は特筆に値する。地元の有志による事実や伝承の掘り起こしが、いかにだいじな作業かということを如実に示した労作である。加えて、遠野物語研究所の所員たちによる地道な共同研究と調査執筆活動も忘れるべきではないし、遠野物語ゼミナールを開催し続けたことで、遠野と『遠野物語』を考える多くの人を結集させたという点で大きな足跡を遺した。石井正己氏のような『遠野物語』研究の専門家を育てたのも遠野物語ゼミナールだった。

二十七年前、旧版『村落伝承論――『遠野物語』から』を出してくださったのは、五柳書院の小川康彦さんであった。今や百冊を数える五柳叢書の第五冊として出た本書旧版は、写真植字（写植）によって作られた。数年前に在庫がなくなったが、写植のために増刷するのもままならない状態であったところに、青土社の菱沼達也さんから増補版を出さないかと声をかけていただいた。

小川さんには出版人としての矜持があって、五柳叢書は今まで一冊も絶版になっておらず、他社から再版されたり文庫になったりしたこともなかった。それを今回、「新しい体裁で新しい読者に読んでもらうのは本として幸せだよ」ということばとともに小川さんの快諾を得て、青土社から増補新版を出してもらうことになった。いつのまにやら消えていく本がほとんどのなかで、このようなかたちで再生できたうえに、前回は高麗隆彦氏、今回は菊地信義氏の装幀とは、分を過ぎた光栄である。

最初の本二冊（もう一冊の『浦島太郎の文学史――恋愛小説の発生』は今も五柳叢書で健在）を出してもらった小川康彦さんと、『古代研究――列島の神話・文化・言語』に続いて二冊めの本を作ってくれた菱沼達也さんに心からの感謝を申し上げたい。世代の違う二人の、すばらしい編集者に出あえた本書は、なんと果報者であることか。

この本を手にとってくださる若い読者の方々が、何かひとつ、新鮮なおどろきを感じてくださるとしたら、これほどうれしいことはない。もちろん、旧版を読んでくださった方にも手にとっていただき、前には気づかなかった何かを掘りだしていただければ、これまた望外の喜びである。

二〇一四年六月

三浦　佑之

初出一覧

＊序章〜第九章は、旧版『村落伝承論　『遠野物語』から』（五柳書院、一九八七年五月十一日）に基づいて修正を加え、第十〜十四章を新たに増補した。

序　章　「伝承としての村落」（書き下ろし）

第一章　「村建て神話」（「〈起源神話〉論ノート――『遠野物語』から」『共立女子短期大学文科紀要』第二十八号、一九八五年二月」を改稿、第四節を追加）

第二章　「鎮座由来譚」（「花を盗む話と花を盗む夢の話――『遠野物語』初稿本を見て」『成城国文』第五号、一九八一年十一月」を改稿、第四節を追加）

第三章　「神隠しと境界」（書き下ろし）

第四章　「伝承の方位」（書き下ろし。第二節の一部は「説話と儀礼」説話伝承学会編『説話と儀礼』桜楓社、一九八六年」を改稿）

第五章　「慈母」（書き下ろし）

第六章　「証人」（書き下ろし）

第七章　「証拠」（第二〜四節は、「霊異記説話の〈夢〉――〈こもり〉幻想における仏との出会い」

〔古代文学会編『古代文学』十九号、一九八〇年三月〕を改稿。第一節と第五節を追加）

第八章　「血筋」（「事実と話――『遠野物語』から」
〔五柳書院刊『五柳』第三号、一九八二年八月〕を改稿、第四節を追加）

第九章　「狂気」（書き下ろし。第二節の一部に「古代説話論・試論――語臣猪麻呂の〈事実譚〉」
〔説話・伝承学会編『説話伝承の日本・アジア・世界』桜楓社、一九八三年〕を用いた）

第十章　「柳田国男の目覚め――『後狩詞記』と『遠野物語』」
（『国文学』第三十八巻 - 八号「特集・柳田国男」〔学燈社、一九九三年七月〕）

第十一章　「『遠野物語』の構想と夫鳥の話」（「なぜ『遠野物語』か――配列と構成をめぐって」
〔『路上』第五十五号、路上発行所、一九六八年十一月〕）

第十二章　「楽を奏でる土地――笛吹峠の起源譚」
（『歴史地名通信』十一号、平凡社地方資料センター、一九八八年七月）

第十三章　「瓜子姫の死」（『東北学』VOL.1、東北芸術工科大学東北文化研究センター／作品社、一九九〇年十月）

第十四章　「『遠野物語』にみる動物観――人からの距離」
（『季刊東北学』第二十三号、東北芸術工科大学東北文化研究センター／柏書房、二〇一〇年五月）

三浦佑之（みうら・すけゆき）
1946年、三重県美杉村（現・津市）生まれ。成城大学文芸学部卒業、同大学院博士課程単位取得退学。共立女子短期大学、千葉大学を経て、現在、立正大学教授。古代文学・伝承文学を専攻する。『口語訳古事記』（文藝春秋）で第一回角川財団学芸賞、『古事記を読みなおす』（ちくま新書）で第一回古代歴史文化みやざき賞を受賞。ほかに『古代研究』（青土社）など著書多数。

増補新版 村落伝承論
『遠野物語』から

二〇一四年六月三〇日 第一刷印刷
二〇一四年七月一〇日 第一刷発行

著者 三浦佑之

発行人 清水一人
発行所 青土社
〒一〇一－〇〇五一 東京都千代田区神田神保町一－二九 市瀬ビル
（電話）〇三－三二九一－九八三一［編集］
〇三－三二九四－七八二九［営業］
（振替）00190-7-192955

印刷所 ディグ（本文）
方英社（カバー・扉・表紙）
製本所 小泉製本

本文デザイン 高橋潤
装幀 菊地信義

ISBN978-4-7917-6798-4 C0090